“十四五”普通高等院校通识类课程精品规划教材

SHISIWU PUTONG GAODENG YUANXIAO TONGSHILEI KECHENG JINGPIN GUIHUA JIAOCAI

大学生安全教育

——安全知识保护你我他

主　编　丁志卫　武红阵

副主编　蒋建锋　李中华

阿利亚　朱文强

苏州大学出版社
Soochow University Press

图书在版编目(CIP)数据

大学生安全教育:安全知识保护你我他 / 丁志卫 武红阵主编. —苏州: 苏州大学出版社, 2021.8 (2024.8重印)
"十四五"普通高等院校通识类课程精品规划教材
ISBN 978-7-5672-3633-2

Ⅰ.①大… Ⅱ.①丁… ②武… Ⅲ.①大学生-安全教育 Ⅳ.①G641

中国版本图书馆 CIP 数据核字(2021)第 138765 号

大学生安全教育——安全知识保护你我他
DAXUESHENG ANQUAN JIAOYU—ANQUAN ZHISHI BAOHU NIWOTA
丁志卫 武红阵 主编
责任编辑 管兆宁

苏州大学出版社出版发行
(地址:苏州市十梓街1号 邮编:215006)
广东虎彩云印刷有限公司印装
(地址:东莞市虎门镇黄村社区厚虎路20号C幢一楼 邮编:523898)

开本 787 mm×1 092 mm 1/16 印张 15 字数 311 千
2021 年 8 月第 1 版 2024 年 8 月第 4 次印刷
ISBN 978-7-5672-3633-2 定价:45.00 元

图书若有印装错误,本社负责调换
苏州大学出版社营销部 电话:0512-67481020
苏州大学出版社网址 http://www.sudapress.com
苏州大学出版社网址邮箱 sdcbs@suda.edu.cn

序言

安全需要伴随人类历史发展的全过程，它是社会发展的前提，也是人类个体生存和发展的保障，是人们历来关注的焦点。安全也是大学生完成学业的保证，是青年学生思想进步、健康成长和立志成才的基本条件。

青年是中国的希望和未来，青年兴则国家兴，青年强则国家强。高校是教书育人的场所，是国家培养高素质人才的摇篮，是青年学生集中学习和活动的地方，也是社会各界和千家万户十分关注的安全稳定的重要场所。做好学生安全稳定工作，为广大师生创造良好的教学、科研和生活环境，对于保证青年学生的健康成长，维护学校乃至全社会的安全稳定至关重要。青年学生是国家的希望、民族的未来。他们的生命安全和健康成长，关系到千家万户，关系到学校发展、改革和稳定大局，关系到国家、民族的振兴和发展。维护学校的安全稳定环境，保障学生的安全，也是构建社会主义和谐社会的重要基础。

学生的安全教育历来是学校安全稳定工作的一个重中之重。没有学生的安全稳定，就没有学校改革发展的良好局面。学校应高度重视学生安全稳定工作，始终把这项工作作为学校安全稳定工作大局的一个重要组成部分，进行全面部署，明确要求。

学生时代是人一生中最为活跃的时期，所以校园总是充满着朝气和活力。但是校园并非“世外桃源”，它与现实社会无时无刻不发生着各种各样的联系，在静谧和欢乐的校园中也存在着学生必须时刻关注的安全问题。

我们也必须清醒地认识到，大学生社会阅历较浅，缺乏应有的安全知识、法律知识，安全防范意识也较差。这些客观的现实，以及少数大学生被非法侵害和参与违法犯罪的教训，提醒作为教育者和管理者的我们，必须重视并做好对大学生的安全教育，向全体学生普及法律知识，传输安全知识，增强全体学生的自我防范、自我保护能力，增强全体学生的遵纪守法观念，同时加强自身修养，坚定社会主义信念，提高自身素质，完善人格，做到自觉遵纪守法，使自己成为合格的社会主义事业的建设者和接班人。

本书的出版十分必要，也非常及时，希望广大学生能认真学习，切实增强安全意识和法治意识，不断提高自身防范能力，健康成长、成才。

丁志卫

Contents 目录

第一章 绪论

校园安全是教育高质量发展的基石，校园安全关系到每一位学生的健康成长，联系着千千万万的家庭。维护校园安全秩序，尽可能地减少突发事件的发生，要变被动为主动，要加强学生安全教育，提高学生的安全意识和安全文化素养，最大限度从源头上预防和减少各种不安全因素和风险，有效地把财产损失和人员伤亡降到最低。

校园安全是教育事业发展的最底线要求。确保师生安全，是教育工作的头等大事，一直受到党中央、国务院的高度关注。教育部始终坚持要求将安全工作作为学校工作的重要组成部分，探索和采取多种有效方式，扎实推进学校安全治理体系和治理能力现代化。

大学生安全教育首先是一种生命教育，没有稳定的环境，学生的人身安全将面临危机与隐患。大学生安全教育是一种公众教育，作为公众主体之一的大学生，其行为影响着高校也辐射全社会。大学生安全教育是一种终身教育，从学生进入校门那一刻，直到走出校门进入社会及家庭生活，无时无刻不显现着影响作用。

第一节 安全文化与安全意识

深刻理解高校安全文化，精准把握大学生安全需求，培养大学生的安全意识是我国高校安全教育工作的关键环节。大学生只有具备了一定的安全意识才能够保障自身的行为安全。特别是对于当前高校全面开展的建设“平安校园”活动来说，加强大学生安全意识培养的意义是非常深远的。培养大学生安全意识是新时期高校工作的一大重点，只有明确了大学生安全意识的内涵与意义，才能进一步指导高校安全教育工作者、思想政治工作者更好地做好大学生安全意识的培养工作，才能保障高校教育的稳步推进。

一、安全、安全观与安全文化

（一）安全

安，即“平安，无危险”；全，即“保护，保全”。在我国古代就已出现“安全”一词。宋范仲淹《答赵元昊书》：“有在大王之国者，朝廷不戮其家，安全如故。”宋苏轼《徐州谢上表》：“察孤危之易毁，谅拙直之无他，安全陋躯，畀付善地。”

“安全”，英文为“safe”，“安全”和“safe”具有共同的含义，具体来说，就是它们都具有表示一种存在状态的共同含义，即表示“不存在危险”或“没有危险”的状态。国家对“安全”给出的定义是：免除了不可接受的损害风险的状态。

安全，通常指人没有受到威胁、危险、危害、损失，人类的整体与生存环境资源的和谐相处，互相不伤害，不存在危险的隐患，是免除了不可接受的损害风险的状态。安全是在人类生产过程中，将系统的运行状态对人类的生命、财产、环境可能产生的损害控制在人类能接受水平以下的状态。

（二）安全感和安全观

安全感是指个体对生理与心理潜在的危险或风险的感受，有确定性和控制性两个特点。心理分析学派和人文主义学派的许多学者都对其进行了研究。格劳特·大卫研究了大学生的安全感，发现在不同地点、不同时间，如课堂上、白天和晚间，大学生的安全感缺失存在显著差异。国内学者刘明利研究表明，文科生的心理安全感程度要普遍高于理科生。

安全观就是人们对在不同时段内所处的方式与状态的认识和看法。从社会维度进行研究的安全观，如安全价值观、安全责任观、安全自主观、安全世界观、安全人生观等，属于认识论范畴，会随着人的认识提高而不断变化。同样，安全法制观、安全契约观、安全宣传观、安全监督观、安全协作观、安全教育观、安全文化观、安全管理观、安全控制观、安全预防观等属于社会治理范畴。习近平关于总体国家安全观的论述，主要包括政治安全、国土安全、军事安全、经济安全、文化安全、社会安全、科技安全、信息安全、生态安全、资源安全、核安全11种安全观。

（三）安全文化

要理解安全文化，首先需要引用文化的概念。对于什么是文化，不同的角度，不同的领域，为了不同的应用目的，定义是不相同的。文化不仅是通常的“学历”“文艺”“文学”“知识”的代名词，从广义的概念来认识，“文化是人类活动所创造的精神、物质的总和”。基于对文化的不同理解，会产生对安全文化的不同定义。目前，对安全文化的定义有多种，这在安全文化理论的发展过程中是正常现象。归纳一些专家的论述，安全文化一般有“狭义说”和“广义说”两类。但从其产生和发展的历程来看，安全文化的深层次内涵，仍属于“安全教养”“安全修养”“安全素质”的范畴。也就是说，安全文化主要是通过“文之教化”的作用，将人培养成具有现代社会所要求的安全情感、安全价值观和安全行为表现的人。

1.“狭义说”

安全文化是安全价值观和安全行为准则的总和。安全价值观是指安全文化的里层结构，安全行为准则是指安全文化的表层结构，它强调文化或安全内涵的某一层面，如人的素质、企业文化范畴等。或者认为安全文化就是运用安全宣传、安全教育、安全文艺、安全文学等文化手段开展的安全活动。“狭义说”主要强调了安全文化的应用领域和安全文化的手段。

2.“广义说”

“广义说”把“安全”和“文化”两个概念都作广义解。安全不仅包括生产安全，还扩展到生活、娱乐等领域；文化的概念不仅包含了观念文化、行为文化、管理文化等人文方面，还包括物态文化、环境文化等硬件方面。

两种定义具有如下共同点：

（1）文化是观念、行为、物态的总和，既包括主观内涵，也包括客观存在。

（2）安全文化强调人的安全素质，要提高人的安全素质需要综合的系统工程。

（3）安全文化是以具体的形式、制度和实体表现出来的，并具有层次性。

（4）安全文化具有社会文化的属性和特点，是社会文化的组成部分，属于文化的范畴。

两种定义的不同点在于：

（1）内涵不同。广义的定义既包括了安全物质层面，又包括了安全精神层面；狭义的定义主要强调精神层面。

（2）外延不同。广义的定义既涵盖企业，还涵盖公共社会、家庭、大众等领域；狭义的定义仅涵盖某一层面。

总而言之，安全文化是在人类生存、繁衍和发展的历程中，在其从事生产、生活乃至实践的一切领域内，为保障人类身心安全（含健康）并使其能安全、舒适、高效地从事一切活动，预防、避免、控制和消除意外事故和灾害（自然的、人为的），建立起来的可靠、和谐、协调的环境和匹配运行的安全体系；是为使人类变得更加安全、康乐、长寿，使世界变得友爱、和平、繁荣而创造的安全物质财富和精神财富的总和。

校园安全文化就是校园的安全理念、安全意识以及在其指导下的学生各项行为的总称，主要包括安全观念、行为安全、系统安全、心理安全等。所有的事故都是可以防止的，所有的安全隐患都是可以控制的。安全文化的核心是以人为本，这就需要将安全责任落实到学校全体师生员工的具体工作中，通过培育师生员工共同认可的安全价值观和安全行为规范，丰富学生安全文化知识，提高学生安全技能和安全意识，在学校内部营造自我约束、自我管理、自我教育的校园安全文化氛围，最终实现持续改善安全环境、建立校园安全生产长效机制的目标。

（四）安全意识

1. 安全意识的内涵

从安全科学的角度而言，安全指的是人的身心免受外界消极因素影响的保障条件以及存在状态。从系统工程的角度来说，安全指的是可接受的事故风险的程度。而安全意识则指的是“人们在劳动、生活过程中对安全的认识和伴随安全认识所出现的内心体验以及具体表现在劳动、生活过程中的各种安全行为方式的总称”。美国著名的心理学家马斯洛提出的需要层次理论表明，人最基本的需要就是生理需要与安全需要，而人们对于安全的需要也包括生理及心理安全两个方面。

2. 安全意识的构成

（1）知识观念。

知识观念是对认识及其成果的再认识，它不是某一类具体的知识，而是对知识的一般观念、观点与看法。知识观念可以说是人们对于知识的综合认识、基本看法与观点。知识观念整体可以分为三个方面：① 关于自然界的知识；② 关于人类自身的知识；③ 关于人与自然、个体与社会之间关系的知识。

（2）意向观念。

意向观念是指人在主观上的诉求，表达的是内心的真实愿望、意愿以及意向。意向观念能够通过知识对现实问题进行科学的评价，并产生某种需求进而能直接导致某种行为动机的过程。意向观念是不断变化的，它随着人们对于社会的改造而不断发展，意向观念也得以在实践中形成，因此，可以说意向观念同时也是对实践发展的驱动力量。

（3）决策观念。

决策观念是意向观念与知识观念的有机结合，指的是从可供挑选的行动方案中作何选择的观念，它直接决定了人们自身行为的取舍。所以决策观念是对人的实践活动进行指导的决定性观念。它既不是关于外界事物“是什么”的观念，也不是主观上“要什么”的观念，而是“要做什么”的观念，是直接控制人们各种活动的本质观念。

3. 大学生安全意识

大学生安全意识属于广义安全意识的范畴，综合表现为大学生对于安全问题的态度、评价，所掌握安全知识的多少，对安全问题表现出的兴趣，以及安全行为的倾向等。大学生安全意识是大学生对于安全问题的综合认识，指的是大学生通过自身的感知、思考、想象和记忆等对生活与学习中安全问题的正确和客观认识，并取得进一步的情形判断。大学生通过自身的安全意识科学地控制自身的行为，从而在保护自己的同时更免于他人受到伤害，并最终成为文明社会的一名守法公民。

大学生也只有具备了安全意识才能做到自我保护，并在安全的状态下进行学习与社会活动，保障自身生命与财产的基本安全。而一个具有安全意识的学生，在生活与学习中始终会主动承担责任，时刻为他人着想，更会多方面地考虑他人的利益与安全，他们谨慎亲和，善于控制自己的行为与情绪，并能将安全知识传递给他人。

第二节 安全形势与安全教育

安全是人们开展社会生活的基本前提，是人们赖以生存的必要条件。“安全第一”不仅是一句口号，更是高校教育教学、保障学生健康发展的重要原则。邓小平同志曾说：中国的问题，压倒一切的是稳定，没有稳定的环境，什么都搞不成，已经取得的成果也会失掉。

高等学校是人才荟萃的地方，是情报信息的密集区，也是政治斗争的前沿阵地，历来是境内外敌对势力渗透破坏的重点。高校是社会的一个重要组成部分，在当今时代，信息传播范围广、速度快，各种环境因素造成的大学生人身伤害、财产损失、情感纠葛等安全事件屡见报端。高校的稳定不仅关系到学校的教学、科研及各项工作的开展，关系到国家人才的培养和教育事业的发展，而且关系到国家稳定的大局，大学生应当充分认识维护稳定的重要性。

一、当前影响高校安全稳定的因素依然存在

（一）境内外敌对势力和各种思潮对高校的渗透及影响

目前国际局势正在发生着极其深刻的变化。尽管和平与发展的总趋势没有改变，但是随着世界多极化和经济全球化的深入发展，特别是全球新冠疫情发生以后，整个国际关系尤其是大国关系变得更加错综复杂。西方敌对势力把中国作为潜在对手进行遏制的立场始终没有改变，他们加紧利用一切手段和机会对我国进行思想侵蚀和政治颠覆。高校一直是敌对势力与我争夺人才的前沿阵地，也是各种思潮表现较为活跃的地方。美国及西方敌对势力把高校作为首选目标，积极寻找和培养代理人，以人权为幌子，支持和利用逃亡在境外及尚在境内的所谓“民运人士”，对我进行渗透和破坏活动：如支持邪教等极端组织和异化顽固分子进行破坏活动；通过宗教渗透和利用互联网及各种媒体进行反动宣传；以合法掩护非法，以公开掩护秘密，通过某些教学、学术交流、合作办学等渠道加紧对我高校进行政治文化渗透。

（二）涉及我国主权和民族尊严的重大事件对高校稳定产生不可预测的影响

虽然当今国际社会发展的主题是和平，但霸权主义和强权政治依然存在，世界只要有不和谐的音符出现，就会产生事端或引发冲突。高校中的青年学生对国内、国际所发生的大事保持了较高的关注度，尤其对涉及国家主权和民族尊严等的重大事件表现得特别敏感，一旦发生侵犯国家主权的国际事件，就会在高校学生中产生强烈震动和影响。极少数别有用心的人利用学生的爱国热情，煽动情绪、扩大事态，制造不稳定事端，如香港“占中”事件等。

（三）民族、宗教问题对高校稳定的影响

我国是多民族国家，各民族的风土人情、人文风俗组成了民族大家庭璀璨的文化，但各民族由于文化背景和风俗习惯不同，对同一事物也会有不同看法，有关民族方面的问题如果处理不当，就会产生矛盾，酿成事端。而民族问题往往又伴随着宗教问题，特别是近年来，由于境外某些敌对势力的操纵和受国际上民族主义思潮泛滥的影响，民族和宗教问题错综复杂，严重影响了边疆少数民族地区的稳定。

（四）邪教组织在高校的破坏活动影响校园稳定

当前，在世界邪教泛滥的大背景下，高校已经成为邪教组织渗透的重点区，传播和渗透事件时有发生，向高校师生的渗透趋势越来越明显，造成了恶劣影响，他们无视国家法律，通过非法活动严重干扰学校正常的教学和科研秩序。邪教渗透对高校建设发展和师生思想的破坏是非常巨大的，它直接影响高校和谐稳定的局面，颠覆师生的思想意识，妨碍高校思想政治工作的有效推进，引发高校不稳定、不安全事件。当前，邪教在校园的渗透已经成为引发校园不稳定、不安全事件的重要诱因之一。

（五）网络有害信息给高校带来的不稳定因素日趋明显

互联网技术的发展为高校师生学习、科研及管理提供了方便、快捷的条件，但境内外敌对势力也利用互联网传递快、传播广的特点，不断地制造和传播反动有害的政治信息，猖狂地攻击我国社会主义制度和人民民主专政的政权，攻击党和政府，灌输西方民主政治思想，煽动推翻我国的政权和社会主义制度。学校是网民最为集中的地方，其负面影响不可低估。

（六）在校师生非正常突发事件时有发生，多数引发不安定事端

近年来，大学生非正常死亡时有发生，自杀人数有所上升。恋爱、心理、家庭、学习、就业等问题已逐渐成为引发学生自杀的主要原因。

（七）刑事案件发案率呈上升趋势

高校刑事案件大多是盗窃、打架斗殴、电信网络诈骗，尤其是电信网络诈骗，手段

层出不穷，呈现高发、多发态势，受害对象不仅是学生，也存在部分教职工参与非法集资等零星现象，受骗数额巨大，严重影响师生的财产安全，影响校园安全稳定。

（八）校园火灾、食物中毒、传染病等安全事故仍有发生

高校火灾事故的主要发生地多集中在宿舍楼、实验室和学生食堂等人群密集的地方，主要原因源于学生私自使用大功率电器、不正当操作等引发火灾事故。肺结核等传染病在一定程度在高校也时有发生，且传染性较大。新冠疫情在政府、社会和高校的严格管控下，各高校采取了多项切实可行的措施，严格加强校门管理，增强人员排查，将疫情成功地阻挡在校门之外。随着高校后勤部门管理的日益加强，食物中毒事件发生的比例也日益下降。

二、校园内部管控不足也是影响校园安全稳定的因素

高校是个错综复杂的小社会，其不安全的因素也是错综复杂的，既有社会外部因素，也有校园内部因素。相比较而言，学校不安全主要是由于内部存在着不安全因素。大量事实证明，内部不安全因素主要是管理不善、制度不严、执行不力造成的。正是这些原因，诱发了滋扰、盗窃、诈骗、灾害等形形色色的事故与案件。

为了消除学校内部各种不安全的因素，相关部门应经常开展安全检查，并形成有效机制。具体来说，要从以下几个方面进行：

第一，检查治安保卫组织是否健全，治保人员的数量和质量是否合格，总结师生员工在安全保卫工作中的成绩、经验和存在问题。

第二，检查各项安全保卫责任制的贯彻落实情况，了解有无漏洞，有哪些不符合实际、应当加以改进和修订的地方。

第三，检查重要的设备和精密仪器的使用情况，了解安全措施是否落实，有无隐患和不安全的因素。

第四，检查危险物品的安全管理情况，了解易燃易爆物、剧毒物、菌种病毒、放射试剂等危险品在储存、使用方面是否符合规章制度，安全措施是否足以保证安全。

第五，检查防火情况，了解用火、用电管理是否符合规定，有无隐患。

第六，检查学生联防值班巡逻制度是否严格执行，守护力量是否坚守岗位，他们在工作、活动中是否存在什么问题。

三、大学生自觉进行安全教育的必要性

随着高校改革开放的深入，大学生的生活空间大大扩展，交流领域也在不断拓宽。在校期间，他们除了进行正常的学习、生活外，还需要走出学校参加各种社会实践活

动。在这种情况下，如果缺乏必要的社会生活知识，尤其是安全知识，势必会导致各种安全问题的发生。因此，加强大学生的安全教育，增强安全意识和自我防范能力，已迫在眉睫、刻不容缓。

1. 加强大学生的安全教育，是维护国家安全和国家利益的需要

从国家面临的安全环境来看，当前我国面临的外部环境复杂多变，安全形势不容乐观，主要表现为境外敌对势力和间谍情报机构为达到分化、西化中国的目的，一方面利用各种渠道，以公开或秘密的方式，传播西方的政治和经济模式、价值观念以及腐朽的生活方式，培养和平演变的“内应力量”；另一方面采取金钱收买、物质利诱、色情勾引、出国担保等手段，或打着学术交流、参观访问、经济合作等幌子，刺探、套取、收买我国的国家秘密和经济情报。

大学生对国家安全也存在着种种模糊的认识，主要表现为：

一是大学生对国家安全还停留在军事、战争、国防、领土、情报、间谍这样一些传统的、局部的认识上。因此，全方位理解国家安全有助于端正大学生的思想认识，增强国家安全意识。

二是讲到国家安全，大学生会自然联想到美国的中央情报局、联邦调查局以及国家安全机关、军队、警察，这种把国家安全等同于情报间谍活动的片面认识，使大学生不能自觉地把维护国家安全与自身的责任联系起来，或多或少地、有意无意地认为“国家安全与己无关”。

三是随着经济的发展，我国的国际地位与日俱增，和平环境使大学生自觉或不自觉地对国内外敌对势力的破坏活动放松了警惕，淡化了安全意识，认为“对外开放无密可保”“和平期间无间谍”等。由于思想麻痹，国家的一些机密被泄露，更有甚者，有些人经不起金钱、美色等种种诱惑，不惜丧失人格，出卖情报，使国家安全和利益造成重大损失，教训极为惨痛深刻。

总之，我国面临着复杂严峻的安全形势，而大学生的国家安全意识又相对薄弱，这就迫切需要对大学生进行安全教育。增强国家安全意识，树立新的国家安全观，既是必要的，也是紧迫的。

2. 加强大学生的安全教育，是高校治安形势的需要

随着改革开放的深入，高校由过去的封闭型办学变为开放型办学，由一般的纯教学、科研机构变为集教学、科研、生产、经贸为一体的多元化的社会机构。当前，高校管理方式社会化、办学形式多样化、学生结构复杂化，校园与社会相互交叉、相互渗透，使得校园治安形势日趋复杂严峻。其主要表现为：

一是校园环境日趋社会化、复杂化。随着高等教育事业的发展和改革开放的深入，高校由原来单一的封闭型教学单位转变为全方位、多功能、开放型的“小社会”，一所高校就像一座小城市。这种复杂的格局，客观上给高校的安全造成了诸多不利。社会上的一些不法之徒时常窜入高校进行盗窃、抢劫、诈骗等犯罪活动，有的甚至危害师生的人身安全，直接影响学校的安全稳定。

二是大量的外来务工、经商人员涌入校园，给学校的治安管理带来了巨大的冲击。随着高校后勤社会化的形成，大量的外来人员来校务工、经商。由于这部分人的文化素质偏低，法治观念淡薄，流动性较大，不易管理，因此违法犯罪现象比较突出。据调查，高校外来人员引发的案件占高校刑事、治安案件的20%以上。有的外来务工人员在工作之余惹是生非，寻衅滋事；有的以打工做掩护，盗窃学校公私财物；也有的聚众赌博，打架斗殴，严重扰乱了校园治安秩序。

三是校区多而分散，交通安全存在较大的隐患。高校合并办学，打破了学校独门独院办学的格局。由于校区分散，相邻校区间存在大量的人流、车流、物流互动，有的院（系）学生每天从甲校区到乙校区上课或去图书馆学习，校区之间人员流动性增大，稍有疏忽，就易发生交通事故。

四是校园周边治安环境日趋复杂。当前，高校周边治安形势仍然严峻，引发校园及周边地区治安问题的消极因素仍然大量存在，侵害师生人身及财产安全的治安、刑事案件时有发生。有关统计数据表明，校园周边发生的刑事、治安案件或安全问题，大多数与学生有关。这些案（事）件的发生，不仅会给学生本人及家庭造成伤害，而且也会直接影响学校正常的教学、生活秩序，严重时将危及整个社会的稳定。

因此，在社会治安形势严峻、高校周边治安环境复杂、校园治安形势不容乐观的情况下，加强大学生安全教育，提高他们的安全防范能力，可以有效地减少和避免发生在大学生中的各种安全问题，从而起到维护高校安全和稳定的积极作用。

3. 加强大学生的安全教育，是提高学生自我防范、自我保护能力的需要

近年来，在校园内外发生了许多涉及学生的意外伤害事故，其原因虽然各不相同，但有一个共同点，就是大多数当事学生对事故的发生没有任何心理准备和自我保护意识，面对伤害不知所措。当前，大学生自我防范意识和自我保护能力方面主要存在以下几个方面的问题。

一是缺乏社会经验。当代大学生由于从小都是在父母和老师的呵护下长大的，没有经受过什么挫折，思想比较单纯，对社会上的不良风气和一些坏人坏事缺乏理性的认识。由于缺乏社会经验，他们的自我应对能力相对较弱，如缺乏保管贵重物品、现金的经验，易于发生财物被盗事件；缺乏人际交往的经验，容易上当受骗；也有一些学生在受到不法侵害时，不知道如何保护自己，轻而易举地被一些不法之徒欺骗或威逼利诱。近年来发生的多起女大学生被拐卖、凌辱、残害的案件就是这方面鲜活的例子。

二是缺乏安全防范意识。一些大学生安全防范意识淡薄，对可能发生的各种安全问题缺乏必要的重视和警惕，留下了种种安全隐患。有的学生人离开房间却不锁门，贵重物品不加妥善保管、随意丢放，导致钱物失窃；有的学生违反宿舍安全管理规定，在宿舍内乱接乱拉电线，违章使用电器，乱扔烟头，并由此造成各种安全事故。

三是缺乏对社会消极思想的抵御能力。目前，我国正处在一个前所未有的改革开放时期，乘虚而入的西方资产阶级生活方式，以及“一切向钱看”的极端个人主义、利己主义、享乐主义思想，对那些涉世不深、阅历不广、经验不足、良莠不分的大学生来说具有极大的诱惑力。有的学生经不起这种诱惑，自觉或不自觉地接受了这些腐朽观念，好逸恶劳、贪图享乐，从贪小便宜、小偷小摸而发展到大肆行窃，害人害己，危害社会，堕落为社会的罪人。有些大学生在西方“性解放”思想及淫秽书刊、影视的影响下，奉行“青春不美，死了后悔”的人生哲学，在这种腐朽思想的支配下，很快成为淫乱思想的俘虏。

针对上述大学生安全意识和防范能力方面存在的问题和不足，加强大学生安全教育，使广大学生提高警惕，掌握必要的安全知识，可以起到预防犯罪、减少案件发生的作用。

第三节 安全教育内容与方法

大学生安全教育，包括国家安全教育、人身财产安全教育、消防安全教育、交通安全教育、网络安全教育、食品卫生安全及自我防护教育、心理安全教育，以及安全规章制度教育等内容。这些内容涵盖了大学生学习、生活、工作、娱乐中可能遇到的大多数安全问题，因此必须加强这些方面的教育。做好大学生日常安全教育，必须以提高学生安全防范意识为目的，以遵循“预防为主、教育优先”为原则。

一、大学生安全教育的主要内容

1. 国家安全教育

随着社会经济的发展和高校改革开放的深入，教育国际化成为发展的一大趋势，境外人员来国内高校参观访问、举办讲座讲学、留学、科技合作等情况日益增多，使高校的国家安全工作面临许多新的问题。为提高大学生的国家安全意识，使其能正确认识改革开放条件下隐蔽斗争的新形式和新特点，自觉抵御境内外敌对势力的渗透活动，当前应重点抓好“三项教育”，强化“三种意识”。

一是抓好《国家安全法》等法律法规的宣传教育，强化守法意识。学校要充分利用广播、校报等宣传舆论工具，在全校范围内开展《国家安全法》等法律法规的宣传教育活动，要使每个学生认识到：国家安全是关系到国家存亡的大事；没有国家安全就没有和平稳定的建设环境，就没有社会主义的现代化；每个大学生都有维护国家安全的责任和义务。

二是抓好爱国主义教育，强化责任意识。在开展爱国主义教育时，要联系中国近代史，联系改革开放以来全国各条战线所取得的巨大成就，激发民族自尊心和自豪感，增强大学生对党和国家的向心力和凝聚力。

三是抓好保密教育，强化防范意识。保密工作关系到党和国家的安全，关系到经济建设和社会发展的大局。因此，学校要积极开展保密教育，增强大学生的敌情观念和保密意识，使每个大学生在对外交往中能自觉遵守各项保密制度和规定，自觉保守党和国家的秘密。

2. 人身财产安全教育

近几年来，由于受社会多种因素的影响，学生宿舍盗窃案件数量和遭遇电信网络诈骗呈上升趋势，这不仅使学生遭受物质损失，而且还直接影响到学生的正常学习和生活。

（1）针对当前学生宿舍盗窃犯罪数量上升的情况，学校必须认真分析原因，进一步加强大学生安全防范教育，尽可能减少宿舍盗窃案件的发生。

一是加强宣传教育，提高学生的治安防范意识。一般来说，防盗工作多注重人防、物防、技防。人防中最重要的是防盗意识的确立和增强，而防盗意识在很大程度上取决于宣传教育工作的程度和广泛性。因此，学校要采取多种宣传形式，大力宣传安全防范工作的重要性和必要性，努力提高学生的安全防范意识，在思想上筑起牢固的安全防线。

二是运用典型案例开展防盗窃教育。针对学生宿舍盗窃案件突出的严峻现实，要通过看录像、案例分析等形式，积极开展防盗窃教育，增强学生的防盗观念，自觉落实各项防盗措施，堵塞防盗漏洞。

三是建立治安通报制度。可以通过“治安通报栏”或“治安简报”等形式，及时向学生通报学生宿舍失窃的原因、特点和规律，增强学生的安全防范意识，提高安全防范能力。

四是要教育学生自觉遵守学生宿舍安全管理规定，在宿舍内不存放大额现金和贵重物品，不擅自留宿外客，更不能丧失警惕，引狼入室。对形迹可疑的陌生人更应提高警惕，随时进行询问，不给犯罪分子可乘之机。

（2）针对学校电信网络诈骗，政府、高校、学生、社会有义不容辞的责任。

一是学生自身应整合知识，增加阅历，防骗从自身做起。俗话说：打铁还需自身硬。有效预防电信网络诈骗，大学生应该从自身做起。当代大学生的学习能力很强，能够很快接受新鲜事物，但在辨别是非问题方面还缺少经验，所以要主动融入社会，体验生活，增加阅历，整合所学知识，提高自身的防骗意识和安全意识。另外，大学生要勤于思考，理性消费，面对天上掉馅饼的事情，要多想多问，学会积极沟通，即使不幸被骗也不要灰心丧气，更不能自残轻生，要学会拿起法律的武器来对付不法分子。

二是常态化教育，安全意识、反诈防骗从教育抓起。高校应联合属地公安机关、银行等单位加强学生的反诈防骗教育。教育是高校的首要职责，大学生的防骗教育要形成常态化模式，高校要创新教育方法和教育模式，使得安全教育、法治教育、防骗教育入耳、入脑、入心，渗透式启发大学生。一方面，学校应开设电信网络安全教育课程，从身边的典型案例讲起，进行实践式教学，使学生身临其境，亲身体会。高校可与所在地公安派出所合作，让民警以真实的案例现身说法。另一方面，创新教育方式，采用大学生喜闻乐见的形式宣传预防电信网络诈骗知识。充分利用微信、QQ、微博、抖音、快手等多媒体平台，使每个学生都参与电信网络安全教育。

三是健全法制，肃清风气，防骗从你我开始。一方面，国家要完善法律法规，有效控制和打击电信网络诈骗，提高电信网络诈骗案件的侦破速度和质量，加大电信网络诈骗的惩处和震慑力度；另一方面，加强电信行业、银行业的规范治理，加大技术预防措施，肃清社会风气，弘扬正能量，动员全民、全社会共同抵制电信网络诈骗。

3. 消防安全教育

随着我国高等教育事业的迅速发展，招生数量的不断增加，校园内人员密度相应增大，消防重点部位不断增多，消防安全形势日益严峻。当前，大学生消防安全意识淡薄，缺乏必要的消防常识和自救逃生技能。有的学生遇到火灾时，惊慌失措，不知道如何报警，由于没有掌握简单的救火常识，往往小火酿成大灾；也有的学生在火灾发生时，因缺乏自防自救的知识和能力，丧失了逃生的最佳时间，最终被火魔无情地吞噬。针对上述这些问题，高校要引导学生树立消防安全责任意识和自我防范意识，知晓、辨识和预防各类火灾，掌握应对危险环境的方法、措施，熟悉火灾报警、初起火灾处置的基本程序和技能，熟知火场逃生的要求和策略。具体应从以下几个方面来加强大学生的消防安全教育。

一是组织大学生学好消防法规，用好消防法规，提高依法治火的认识。教育学生在平时的学习、生活中，严格按照《中华人民共和国消防法》的原则和规定办事，自觉遵守学校消防安全管理规定，积极配合学校做好消防安全工作。

二是要大力普及消防安全知识，增强灭火技能和火灾发生时逃生、自救、互救的本领。学校可通过举办消防知识讲座、消防运动会、图片展览，演示各种灭火器材的使用方法、常见火灾的扑救方法和不同情况下的逃生自救方法，开展模拟消防训练等形式，让学生熟悉防火、灭火全过程，从而使他们熟练地掌握“三知”（知防火知识、知灭火知识、知防火制度）、“四会”（会报警、会使用灭火器材、会扑灭初起火灾、会疏散自救）等知识。

4. 交通安全教育

当前，大学生交通安全意识普遍不强，主要体现在学生交通安全知识缺乏和交通安全意识淡薄两个方面。为了有效防范大学生交通事故的发生，确保交通安全，必须做好以下几方面的工作。

一是要加强交通法规的宣传教育，提高大学生的交通法治观念。学校要采取多种形式，大力宣传《中华人民共和国道路交通管理条例》等法律法规，通过交通法规的宣传教育，使广大学生了解在交通活动中，可以做什么，不能做什么，自觉养成遵守交通法规的良好习惯，避免交通事故的发生。

二是要积极开展交通安全周或交通安全月活动，使广大学生牢固树立起“安全第一，预防为主”的交通理念。通过交通安全教育，旨在使广大学生建立五个意识，即红绿灯意识、停车线意识、斑马线意识、靠右行意识、路权意识，形成人人自觉遵守交通法规的局面。

三是要加强大学生的心理训练。心理训练的目的是提高大学生对交通情况的反应能力和应变能力，训练内容包括注意力、观察力和应变力训练，通过训练提高学生的反应能力和心理素质，使其在行车、走路时能集中精力，注意观察周边情况，在紧急情况下可以迅速做出反应和处理，从而遏制交通事故的发生。

5. 网络安全教育

近年来，网络经济迅速发展，进入网络领域的人越来越多，高校学生几乎人人涉足网络。他们虽然有使用网络的技能，但对维护网络安全的法律法规却知之甚少，网络安全防范意识相对淡薄。在网络普及时代，大学生要全面了解国家关于互联网的法律法规，具备基本的网络道德和辨别不良信息的能力，养成良好的上网习惯，远离网络犯罪。同时，还要熟悉网络犯罪的形式、种类和防范方法，具备一定的防范和应对能力。

目前，高校校园网络受外来非法侵入现象日益突出，主要表现为黄毒侵入、反动言论侵入、教唆犯罪侵入。针对上述情况，目前网络安全教育应重点抓好以下几个方面的工作：

一是加强网络法律法规宣传教育，提高大学生网络安全意识。学校要通过创办网络安全主页，对网络安全的法律法规进行及时的登载，这样既方便学生学习网络法律法规知识，同时，也使学生一进入网络就能认识到网络安全是非常重要的，在思想上形成一道能抵御外来势力侵蚀的“防火墙”。

二是积极开展“呼唤网络文明，净化网络环境”等宣传教育活动，大力提倡网上道德，树立良好的网络风气，摈弃不文明、不道德的上网行为，自觉抵制网上有害信息的侵蚀，倡导文明、健康的网络生活。

三是积极开展网络文明宣传教育活动，用科学的理论占领网络阵地。要教育大学生不登录反动网站，不看淫秽及内容低俗的网页，不下载和传播反动信息，不在网上发表煽动性言论，对个人电子信箱中接收到的反动信件要自觉删除，保证不转发、不投递。实践证明，教育学生自觉抵制网络有害信息，提高网络安全意识，是防止校园网络遭受非法侵入的最有效方法和途径。

6. **食品卫生安全及自我防护教育**

（1）加强食品卫生安全教育。民以食为天，食品安全是有关社会稳定的大事，要让学生养成良好的科学合理的饮食习惯，不暴饮暴食，不抽烟酗酒。要让学生掌握食物中毒的相关知识，提高鉴别、防范和救助能力。

一是集体聚餐应选择证照齐全的餐饮场所，索要并保留相关票据至少3天。就餐后如有同学出现不良反应，应及时到医院就诊。

二是学生平时要加强个人卫生习惯的养成，不在无证或证照不齐的街边小店就餐，不在流动的摊贩处购买食物，改正边吃饭边学习或边玩电脑的不良习惯。建议同学们最好去学校食堂就餐，尽量减少叫外卖次数，以防止发生食品安全事故。在购买袋装食品时，要关注生产日期和保质日期，不食用过期食物。

（2）加强大学生自我防护教育。当我们受到人身或财产侵害时，要学会有效地保护，提高自我防卫能力是十分重要的。

一是要对大学生进行有关自我保护的法律知识教育，让他们学会运用法律武器保护自身的合法权益不受侵犯。要教育学生在遇到不法侵害的威胁时，及时向公安保卫部门报警，以求得他们的帮助。在遇到抢劫、强奸、行凶、杀人等不法侵害时，应大胆采取正当防卫来保护自己和他人。我国法律规定，正当防卫不负刑事责任。要教育学生在遭到不法侵害后，应该按照法律程序，依靠执法部门来处理，切不可“私下了结”或“私设公堂”来处理。否则，就会出现先受害后违法，甚至犯罪的结局。

二是要让学生明白“邪不压正”。要教育学生在受到不法侵害时，临危不惧，不可惊慌失措，“做贼心虚”是一切不法侵害人的共同特点。面对困境要大义凛然，以正压邪，从气势上压倒罪犯，迫使不法侵害人停止侵害行为。如果不能当场抓获不法侵害人，应记住不法侵害人的体貌特征，为公安部门破案提供重要线索。在同违法犯罪行为做斗争时，不能“硬拼”，一定要沉着机智，善于动脑，巧于周旋。

7. **心理安全教育**

随着高等教育体制改革力度的加大，学校对学生的培养全面引入竞争机制，这必然会对学生的思维方式和思想观念等产生巨大影响。部分学生感到心理有压力，表现为各种心理上的不适，诸如焦虑、强迫、恐怖、抑郁、冷漠、固执、消沉、暴躁等，负面情绪十分强烈，如不加以积极疏导，极有可能导致各类安全问题的发生。近年来，发生在学生中的自杀、打架斗殴、偷盗等行为，多数是由心理问题引起的。因此，学校要特别重视学生的心理安全教育，培养学生健康的心理。

一是要在大学生安全教育中引进心理健康教育内容，减少安全事故的发生。良好的心理素质是保障学生安全的内在原因，健康的心理在很大程度上能杜绝心理性安全事故的发生。学校对学生心理安全教育应采取普遍教育和个别疏导相结合的方法，有针对性地进行人际关系和谐教育、环境适应教育、健康人格教育、心理卫生知识教育、挫折应对教育，以及心理疾病防治教育等。这对优化大学生的心理素质、提高心理健康水平、预防心理疾病、促进人格全面发展与完善，有着十分重要的作用。

二是要把安全教育与心理咨询结合起来，有目的、有针对性地做好安全防范教育。学校要通过开设心理门诊、心理信箱、心理热线电话等形式，积极开展心理咨询，及时帮助咨询对象，减轻他们内心的紧张与压抑。同时，要通过心理咨询，对有违纪行为或思想上有轻生念头的学生及时进行疏导和教育，使学生在轻松的氛围下认识自己的错误，使教育真正发挥震撼和感化学生心灵的作用，使学生安全教育迈上新的台阶。

8. 安全规章制度教育

近年来，各高校按照国家相关的法律法规，结合学校的具体实际，制定了一系列安全规章制度，如学生宿舍安全管理制度、实验室安全管理制度、网络安全管理制度、消防安全管理制度、校园治安管理制度等。实践证明，这些安全规章制度在维护学生的合法权益、保障学生的安全方面发挥了积极的作用。但是，由于大学生的道德水准、思想觉悟、价值观念、自律意识各不相同，一些学生在学习、生活、实习、社会实践过程中，总会出现一些违反规章制度的行为，使个人或他人利益受到侵害。出现这些情况的主要原因是：一些学生对学校安全规章制度知之甚少，有的甚至一无所知；也有一些学生无视学校安全规章制度，有章不循，违反操作。

因此，在大学生安全教育中，应注重对学生进行安全规章制度的教育，提高学生遵章守纪的自觉性。

一是学校要采取多种形式，大力宣传学校的各项安全规章制度，使广大学生充分了解安全规章制度的内容和要求，不仅知其然，而且要知其所以然，逐步养成遵守规章制度的习惯。要通过安全规章制度考试、知识竞赛等形式，使学生加深对安全规章制度的认识。要使学生认识到，安全规章制度是多年来实践经验的总结，有些是总结事故教训，用血的代价换来的，如果为了自己省点力、省点事而违反安全规章制度，那就是对自己和他人的家庭幸福不负责任，对人民的生命财产不负责任，对社会不负责任，对国家不负责任，从而使学生懂得学校安全规章制度是同校园安全与个人安全密切相关的，以增强其遵章守纪的自觉性。

二是抓好典型事故案例教育。要组织学生对本校或兄弟院校的典型事故案例进行讨论和剖析，使广大学生达成“遵章平安，违章出事”的共识，提高学生的安全保护意识，自觉抵制违反安全规章制度的行为。

三是严格执行安全规章制度，认真查处各类违纪事件。学校对违章违纪的学生要进行公开曝光，严肃处理，决不姑息迁就，使违章人员及周围学生都能受到教育，以促进规章制度的真正落实。

二、大学生安全教育的方法

开展大学生安全教育的方法有以下几种。

1. 抓阵地，拓宽途径

加强学生安全教育强化教育的阵地，拓宽教育的途径，更新教育的手段。要发挥思想政治教育阵地作用，利用高校思想政治教育的工作体系和优势，根据实际情况和需要，因人因事地、有针对性地进行安全教育。

发挥心理咨询的优势，开展心理健康普查，了解学生心理动态，把安全教育与心理咨询结合起来，有目的、有针对性地做好安全防范教育。

2. 抓重点，以点带面

加强学生安全教育，既要全面展开，更要有重点地进行，点面结合，以点带面。

一是抓好重点人的教育。重点人是指那些存在安全隐患的人，如经常违反校纪校规的学生，对他们要重点教育，经常提醒，防止因严重违反校纪校规造成安全事故。

二是抓好重点时期的安全教育。重点时期是指易发安全事故的特殊时段，比如学生开学、放假前等时期。那时学生忙于开学准备、复习、考试，因此，容易疏于防范或滋生事端。在类似的时期来临之前，应重点做好安全教育工作。

3. 抓典型，以事警示

对学生进行安全教育，要善于利用典型的事故、案例进行宣传教育，以形象生动的事实警示学生。

可利用学生中安全事故的典型案例，在各种教育活动、环节中开展安全警示教育，如在新生入学教育、法律课堂教学、班会活动等过程中进行宣传、分析、讨论等。可选择有代表性的事件进行大力宣传，增强学生对违法违纪案件的认识，教育学生引以为戒。

4. 抓基层，落实到人

对学生的安全教育，必须学校、班级一起抓，形成齐抓共管的局面。学生安全教育能否落实，关键是对安全教育工作思想是否重视、措施是否得力。

加强学生安全教育，应制定必要的安全考核指标，实行岗位责任制，定期进行指导、监督、考核，保证安全教育工作的顺利开展。

第二章　国家安全与政治稳定

国家安全不仅关乎国家的兴亡，还关乎每个公民的切身利益。维护好国家安全，既能保护国家利益，也能保护个体利益。维护国家安全，需要发挥每个公民的力量。

《中华人民共和国国家安全法》（以下简称《国家安全法》）第十四条规定：每年4月15日为全民国家安全教育日。2021年4月15日是我国的第六个全民国家安全教育日。学习保护国家安全知识，让国家安全意识深入人心，成为公众习惯，应是全社会的期待。

第一节　国家安全要知晓

案例导入

案例　尹某利用高校教师的身份，以某网站为平台传播民族分裂思想，污蔑攻击我国民族政策。他与境外有关组织勾结，恶意杜撰、歪曲事实真相，煽动民族仇视，攻击国家和政府，为暴力恐怖活动制造借口，以实现分裂国家为目的。2014年9月，乌鲁木齐中级人民法院以分裂国家罪判处被告人尹某无期徒刑，剥夺政治权利终身，没收个人全部财产。

安全提示

破坏国家安全的行为包括窃取、泄露国家秘密，背叛、分裂国家，煽动叛乱，颠覆人民民主专政政权，境外势力渗透、破坏、颠覆、分裂活动等。上述案例中，尹某与境外势力相勾结，从事分裂国家活动，触犯了我国法律，受到了应有的惩处。

一、国家安全基本知识

2015年7月1日，第十二届全国人民代表大会常务委员会第十五次会议通过了

《中华人民共和国国家安全法》，该法自公布之日起施行。

（一）什么是国家安全

根据《国家安全法》第二条规定，国家安全是指国家政权、主权、统一和领土完整、人民福祉、经济社会可持续发展和国家其他重大利益相对处于没有危险和不受内外威胁的状态，以及保障持续安全状态的能力。也是作为政治权力组织的国家及其所建立的社会制度的生存与发展的保障，包括国家独立、主权和领土完整以及相关的国家政权、社会制度和国家机关的安全。广义的国家安全包括国防、外交、政治、经济、文化、社会、隐蔽战线安全等方面，狭义的国家安全仅指隐蔽战线安全。

（二）什么是危害国家安全的行为

《国家安全法》及其《实施细则》所称危害国家安全的行为，是指境外机构、组织、个人实施或者指使、资助他人实施的，或者境内组织、个人与境外机构、组织、个人相勾结实施的危害中华人民共和国国家安全的行为。主要有：

（1）阴谋颠覆政府、分裂国家、推翻社会主义制度的行为。

（2）参加间谍组织或者接受间谍组织及其代理人任务的行为。

（3）窃取、刺探、收买、非法提供国家秘密的行为。

（4）策划、勾引、收买国家工作人员叛变的行为。

（5）进行危害国家安全的其他破坏活动的行为。

（三）危害国家安全的常用手段

境外敌对势力和间谍情报机关为了分化、西化社会主义中国，常常采取情报窃密、勾连策反、心战谋略、行动破坏等手段，具体包括以下几个方面：

（1）利用各种渠道，以公开或秘密的方式，灌输西方的政治、经济模式，“民主”“自由”“人权”的价值观念及腐朽的生活方式，培养和平演变的“内应力量”。

（2）采取金钱、物质引诱，许诺出国担保，以色情勾引抓其把柄的手法，或打着学术交流、参观访问、现场照相留念和文明结友等幌子，刺探、套取、收买我国政治、经济、军事、科技、文化等方面的情报，以及国家和单位秘密。

（3）通过报刊、广播、音像、传单等途径，以无中生有、编造谣言、借题发挥、以偏概全、挑拨离间、搬弄是非、假冒他名、虚张声势等伎俩，进行反动“心战”宣传，扰乱师生员工的精神和心理状态，煽动不满情绪，实现其颠覆、破坏的目的。

（4）策划、支持成立旨在阴谋颠覆政府，分裂国家，推翻社会主义制度的暴力集团、恐怖组织、反动宗教、社会团体和企事业单位，甚至提供经费、场地和物资。

（5）为达到个人的某种目的，主动为境外的机构和组织人员窃取、刺探、收买、非法提供国家秘密或情报。

（四）国家安全的重点领域

国家安全的重点领域包含政治安全、国土安全、军事安全、经济安全、文化安全、社会安全、科技安全、网络安全、生态安全、资源安全、核安全、海外利益安全、生物安全、太空安全、极地安全、深海安全。

（五）总体国家安全观

2014 年 4 月 15 日上午，习近平在主持召开中央国家安全委员会第一次会议时提出，坚持总体国家安全观，走出一条中国特色国家安全道路。首次提出总体国家安全观，并首次系统提出“11 种安全”。习近平指出，贯彻落实总体国家安全观，必须既重视外部安全，又重视内部安全，对内求发展、求变革、求稳定、建设平安中国，对外求和平、求合作、求共赢、建设和谐世界；既重视国土安全，又重视国民安全，坚持以民为本、以人为本，坚持国家安全一切为了人民、一切依靠人民，真正夯实国家安全的群众基础；既重视传统安全，又重视非传统安全，构建集政治安全、国土安全、军事安全、经济安全、文化安全、社会安全、科技安全、信息安全、生态安全、资源安全、核安全于一体的国家安全体系；既重视发展问题，又重视安全问题，发展是安全的基础，安全是发展的条件，富国才能强兵，强兵才能卫国；既重视自身安全，又重视共同安全，打造命运共同体，推动各方朝着互利互惠、共同安全的目标相向而行。

（六）公民在维护国家安全中的义务

《国家安全法》第七十七条规定公民和组织应当履行下列维护国家安全的义务：

（1）遵守宪法、法律法规关于国家安全的有关规定。

（2）及时报告危害国家安全活动的线索。

（3）如实提供所知悉的涉及危害国家安全活动的证据。

（4）为国家安全工作提供便利条件或者其他协助。

（5）向国家安全机关、公安机关和有关军事机关提供必要的支持和协助。

（6）保守所知悉的国家秘密。

（7）法律、行政法规规定的其他义务。

（8）任何个人和组织不得有危害国家安全的行为，不得向危害国家安全的个人或者组织提供任何资助或者协助。

（七）公民在维护国家安全中的权利

（1）公民和组织支持、协助国家安全工作的行为受法律保护。因支持、协助国家安全工作，本人或者其近亲属的人身安全面临危险的，可以向公安机关、国家安全机关请求予以保护。公安机关、国家安全机关应当会同有关部门依法采取保护措施。

（2）公民和组织因支持、协助国家安全工作导致财产损失的，按照国家有关规定给予补偿；造成人身伤害或者死亡的，按照国家有关规定给予抚恤优待。

（3）公民和组织对国家安全工作有向国家机关提出批评建议的权利，对国家机关及其工作人员在国家安全工作中的违法失职行为有提出申诉、控告和检举的权利。

二、大学生维护国家安全的防范建议

有国家就有国家安全工作，古今中外，概莫例外。无论处于什么社会形态，或者实行怎样的社会制度，都会视国家利益为最高、最根本的利益，将维护国家安全列为首要任务。所以，每位大学生都应当成为国家安全和利益的自觉维护者。

（1）要牢固树立国家利益高于一切的观念，始终保持政治清醒，一切行为都要以维护国家、安全、利益和荣誉为重。

（2）要努力熟悉有关国家安全活动的法律法规，如《中华人民共和国国家安全法》《中华人民共和国保密法》等。

（3）要善于识别各种伪装。比如，有的谍报人员常以大学生能接受的面孔出现，用交朋友、做学术研究、出国经济担保、旅游观光、新闻采访等手段，套取国家秘密、科技政治情报和内部信息，如果大学生丧失警惕，就可能上当受骗，甚至违法犯罪。因此，在对外交往中，既要热情友好，又要内外有别，不卑不亢；既要珍惜个人友谊，又要牢记国家利益；既要争取各种帮助、资助，又要不失国格、人格。识别伪装既难又易，关键在于淡泊名利。对发现的别有用心者，要依法及时举报，进行斗争，绝不准其恣意妄为。

（4）要克服妄自菲薄、崇洋媚外等不正确思想。作为中国人要挺直腰板，自立自强，绝不可丧失骨气、悲观失望。

（5）要积极配合国家安全机关的工作。当国家安全机关需要配合工作的时候，每个同学都应当按照《国家安全法》赋予的七条义务要求，认真履行职责，尽力提供便利条件或其他协助，如实提供情况和证据，做到不推、不拒，更不以暴力、威胁方法阻碍执行公务。

（6）收到各种反动宣传品，不要传看，要及时交到学校保卫部门。

（7）要严守党和国家秘密，自觉地同泄密行为和窃密行径做斗争。

（8）始终保持坚定的爱国信念，在公开场合和涉外活动中，表明鲜明的爱国立场，自觉抵制各种拉拢和渗透策反活动。

第二节 国家秘密须严守

案例导入

案例1 2019年3月，浙江某校大学生庄宇在某全职兼职普工QQ群中寻找兼职。一位成员主动申请添加庄为QQ好友，并向其提供某军港附近地图信息采集和沿街商铺拍摄的兼职工作，要求“每天工作3小时，一周工作3天，日工资200元”。庄宇按对方要求，将个人简历、定位信息和微信收款码通过QQ发送给对方，先后8次应对方要求前往小区楼顶制高点、公园及医院附近，拍摄相关目标及附近街道店铺、路况等，每次拍摄100~200张照片，通过电子邮箱发送给对方。庄宇还应对方要求，通过购买长焦镜头观测及租船出海抵近观察等方式，先后10次赴我某海军舰队实施预警区观察并搜集信息。在此期间，境外间谍情报机关还对庄宇进行了安全培训，要求以“观察记录为主、拍照为辅”的方式搜报军舰舷号。2019年12月，舟山市中级人民法院以为境外组织非法提供国家秘密罪判处庄宇有期徒刑5年6个月，剥夺政治权利1年。

案例2 某研究生参与导师的一项涉密课题探究，撰写了一篇与课题内容有关的毕业论文。在论文送审的过程中，该生多次利用电子邮件送审，造成涉密信息泄露，受到学校记过处分。

安全提示

当前计算机网络已经成为窃密与反窃密斗争的主战场和泄密的主渠道，上述案例2中，该学生将含有涉密内容的论文通过电子邮件公开发送，属于失泄密行为，造成了严重后果。

一、国家保密教育

我国宪法规定，保守国家秘密是每个公民应尽的义务。在今后的学习、科研过程中，同学们应当提高保密意识，了解相关的保密知识，保守国家秘密，维护国家安全。

（一）加强国家保密教育的意义

国家秘密是关系到国家安全和利益，依照法定程序确定在一定时间内，只限一定范围人员知悉的事项。国家秘密按其秘密程度划分为“绝密”“机密”“秘密”三级。按其工作对象分为科学技术保密、经济保密、涉外保密、宣传报道保密、公文保密、会议保密、政法保密、军事军工保密、通信保密、电子计算机保密等。

（1）有国家就有秘密，就需要保密工作，保密工作是国家一项十分重要的工作，上至国家机关，下至单位、个人都有不可推卸的责任。随着改革开放的深入和我国经济的飞速发展，国内各高校与国外组织或外籍人士的交流、合作更加广泛，这同时也意味着增加了更多的失密、泄密机会，因此，保密工作就显得更加重要。

（2）高校是科研的集中地，许多重大科研项目都是在高校进行。因此，国外一些谍报组织和人员经常利用参观、旅游、讲学、合作研究等形式在高校活动，伺机对一些科研技术、科学成果进行窃密、收买。一些意志薄弱的师生，禁不住金钱和物质的诱惑，帮助谍报组织进行窃密活动，造成重大科研、技术泄密，给国家带来巨大损失。

（二）发现失泄密时应该采取的对策

失泄密行为是遗失秘密行为和泄露秘密行为的统称。失密行为指违反国家有关保密法规和保密纪律，将保密文件、资料记录本、声像制品等国家秘密载体遗失的行为。泄密行为指负有保守国家秘密职责的单位或个人，故意或者过失地把国家秘密泄露给内部不应知密者或者外部人员的行为。我们在发现失泄密时应采取以下对策：

（1）拾获属于国家秘密的文件、资料和其他物品，应当及时送交有关机关、单位或保密工作部门。

（2）发现有人买卖属于国家秘密的文件、资料和其他物品，应当及时报告保密工作部门或者国家安全机关、公安机关处理。

（3）发现有人盗窃、抢夺属于国家秘密的文件、资料和其他物品，公民有权制止，并应当立即报告。

（4）发现泄露或可能泄露国家秘密的线索，应当及时向国家安全机关举报。

（三）如何防止失密、泄密

（1）学习保密常识，接受保密知识教育，正确认识保密与窃密的斗争，增强保密意识，严格遵守保密制度。既要对外开放，扩大对外交流，又要确保国家机密不被泄露，正确处理两者的关系，克服那种有密难保、无密可保的糊涂认识。

（2）提高防范意识，做到在对外交往中坚持内外有别。在接触交往过程中，凡涉及国家机密的内容，要么回避，要么按上级的对外口径回答，不要随便涉及内部的人事组织、社会治安状况、科技成果、技术诀窍和经济建设中各种未公开的数据资料。

（3）在与境外人士接触时不带秘密文件、资料和记有秘密事项的记录本，若对方向我直接索取科技成果、资料、样品或公开询问我内部秘密，要区别情况，灵活予以拒绝。

（4）不经主管部门批准，不带境外人员参观或进入非开放区。不准境外人员利用学术交流、讲课的机会进行系统的社会调查。不经有关部门批准，不得填写境外人员的各种调查表，或替他们写社会调查方面的文章。

（5）在新闻出版工作中，注意保密原则，不得随意刊载有关国防、科研等事关国家机密的事项，参加国际学术会议或在国外刊物上发表文章，要按规定办理审查手续。不得为境外人员提供或代购内部读物和资料。

（6）自觉遵守保密的有关规定，尽量做到以下几项要求：

① 不该说的国家秘密不说。

② 不该问的国家秘密不问。

③ 不该看的国家秘密不看。

④ 不该记录的国家秘密不记。

⑤ 不擅自复制、销毁国家秘密。

⑥ 不在私人通信中涉及国家秘密。

⑦ 不在私人交往中涉及国家秘密。

⑧ 不在公共场所办理、谈论国家秘密事项。

⑨ 不在无保密、无保障的地方存放秘品、密件。

⑩ 不使用普通电话、手机交谈国家秘密。

⑪ 不在传真、明码电报、普通邮局、互联网等非保密渠道传发国家秘密事项。

⑫ 不带密件游览、参观、探亲、访友和出入公共场所。

保密是公民的义务，也是我们大学生的社会责任。每个大学生应该自觉贯彻遵守保密法规，自觉履行保密义务，坚决地同失、泄密和窃密行为做斗争。

（四）国家安全机关举报指南

1. 国家安全机关举报受理平台

任何组织和个人发现危害国家安全的情况和线索，均应及时向国家安全机关、公安机关举报。国家安全机关举报受理平台网址：www. 12339. gov. cn。

2. 国家安全机关举报受理电话：12339

第三节 恐怖袭击敢亮剑

案例导入

案例 2009年7月5日，新疆乌鲁木齐市发生打砸抢烧严重暴力犯罪事件，造成众多无辜群众和一名武警被杀害，大量群众和武警受伤，多部车辆被烧毁，多家商店被砸被烧。事实表明，这是一起由境外遥控指挥、煽动，境内具体组织实施的，有预谋、有组织的暴力犯罪。

安全提示

恐怖主义行为是严重威胁国家安全的因素，我们应掌握紧急情况下自救和互救的知识，在遭遇恐怖袭击时，果断做出正确的举动，将危害程度降到最低。

一、常见恐怖袭击手段

（1）袭击。炸弹爆炸、汽车炸弹爆炸、自杀性人体炸弹爆炸等袭击，砍杀恐怖袭击，冲撞碾轧恐怖袭击，纵火恐怖袭击等。

（2）枪击。手枪、步枪或冲锋枪射击等。

（3）劫持。劫持人质，劫持车、船、飞机等交通工具。

（4）破坏。纵火破坏及破坏电力、交通通信、供气供水设施等。

二、准确识别恐怖嫌疑人

实施恐怖袭击的嫌疑人脸上不会贴有标记，但是会有一些不同寻常的举止行为可以引起我们的警惕。例如：

（1）神情恐慌、言行异常者。

（2）着装、携带物品与其身份明显不符，或与季节不协调者。

（3）冒称熟人、假献殷勤者。

（4）在检查过程中，催促检查或态度蛮横、不愿接受检查者。

（5）频繁进出大型活动场所者。

（6）反复在警戒区附近出现者。

（7）疑似公安部门通报的嫌疑人员。

三、公共场所中爆炸物可能放置的位置

（1）标志性建筑物或其他附近的建筑物内外。

（2）重大活动场合，如大型运动会、检阅、演出、朝拜、展览等场所。

（3）人口相对聚集的场所，如体育场馆、影剧院、宾馆、运动员村、商场、超市、车站、机场、码头、学校等。

（4）行李、包裹、食品、手提包及各种日用品之中。

（5）宾馆、饭店、洗浴中心、歌舞厅及其易于隐蔽且闲杂人员容易进出的地点。

（6）各种交通工具上。

（7）易于接近且能够实现其爆炸目的的地点。

四、防恐怖袭击的建议

（一）发现可疑爆炸物怎么办？

（1）不要触动，并及时报警。

（2）迅速撤离。疏散时，有序撤离，不要互相拥挤，以免发生踩踏造成伤亡。

（3）协助警方的调查。目击者应尽量识别可疑物发现的时间、大小、位置、外观，有无人动过等情况，如有可能，用手中的照相机进行照相或录像，为警方提供有价值的线索。

（二）发现可疑人怎么办？

（1）保持镇静，不要引起对方警觉。

（2）拨打“110”报警，反映可疑情况。

（3）牢记特征，尽可能记住可疑人及交往人员的体貌特征，在确保不被发现的情况下，可用手机对人和物品进行拍照。

（4）确保安全，做好自身保护，防止被可疑人发觉。

（三）遇到匿名威胁爆炸或扬言爆炸怎么办？

（1）信：“宁可信其有，不可信其无”，不存侥幸心理。

（2）快：尽快从“现场”撤离。

（3）细：细致观察周围发生的可疑人、事、物。

（4）报：迅速报警，让警方了解情况。

（5）记：用手机、照相机或者摄像机等将“现场记录下来”。

（四）遇到纵火恐怖袭击怎么办？

（1）熟悉环境，暗记出口。

（2）扑灭小火，惠及他人。

（3）保持镇静，明辨方向，迅速撤离。

（4）不入险地，不贪财物。

（5）简易防护，捂鼻匍匐。

（6）善用通道，莫入电梯。

（7）火已及身，切勿惊跑。

（8）缓降逃生，滑绳自救。

（9）避难场所，固守待援。

（10）缓晃轻抛，寻求援助。

（五）遇到化学恐怖袭击怎么办？

（1）以下几种情况说明可能存在化学恐怖袭击：

① 异常的气味。如大蒜味、辛辣味、苦杏仁味等。

② 异常的现象。如大量昆虫死亡、异常的烟雾、植物的异常变化等。

③ 异常的感觉。一般情况下当人受到化学毒剂或化学毒物的侵害后，会出现不同程度的不适感觉，如恶心、胸闷、惊厥、皮疹等。

④ 现场出现异常物品。如遗弃的防毒面具，桶、罐，装有液体的塑料袋等。

（2）在遇到化学恐怖袭击时我们要做到：

① 不要惊慌，进一步判明情况。化学恐怖袭击多为利用空气为传播介质，使人在呼吸到有毒空气时中毒。现场常伴有异常的气味、异常的烟雾等。

② 尽快掩蔽。利用环境设施和随身携带的物品遮掩身体和口鼻，避免或减少毒物的分割侵袭和吸入。

③ 尽快寻找出口，迅速有序地离开污染源或污染区域，尽量逆风撤离。

④ 及时报警，请求救助。可拨打 110、119、120 报警。

⑤ 进行必要的自救互救。采取催吐、洗胃等方法，加快毒物的排出。

⑥ 听从相关人员的指挥。

⑦ 配合相关部门做好后续工作。

（六）遇到生物恐怖袭击该怎么办？

（1）以下几种情况说明可能存在生物恐怖袭击：

① 事件区发现不明粉末或液体、遗弃的容器和面具、大量昆虫。

② 微生物恐怖袭击后 48 ~ 72 小时或毒素恐怖袭击几分钟至几小时，出现规模性的人员伤亡。

③ 在现场人员中出现大量相同的临床病例，在一个地理区域出现本来没有或极其罕见异常的疾病。

④ 在非流行区域发生异常流行病。

⑤ 患者沿着风向分布，同时出现大量动物病例等。

（2）在遇到生物恐怖袭击时我们要做到：

① 不要惊慌，尽量保持镇静、判明情况。

② 利用环境设施和随身携带的物品，遮掩身体和口鼻，避免或减少病原体的侵袭和吸入。

③ 尽快寻找出口，迅速有序地离开污染源或污染区域。

④ 及时报警，请求救助。

⑤ 听从相关人员的指挥。

⑥ 不要回家或到人员多的地方，以避免扩大病源污染。

⑦ 配合相关部门做好后续工作。

五、报警时的注意事项

（1）沉着冷静。防止因为恐慌影响正常判断。

（2）确定安全。判明自己目前是否面临危险，如有危险，做好个人防护，迅速离开危险区域或就地掩蔽。

（3）报警内容。首先报告最重要的内容，包括时间、地点、发生什么事件、现场情况及后果。如枪击事件位置、嫌疑人物、体貌特征、衣着打扮、伤亡人数等；纵火事件说清发生火灾地点，如哪个区、哪条路、哪个住宅区、第几栋楼、第几层楼，附近有无危险物等。

第四节 校园传教应反对

案例导入

案例 2014 年 5 月，37 岁的吴某由于拒绝“全能神”信徒索要电话号码，被他们当成“恶魔”“邪灵”，被当场殴打致死。2014 年 10 月，烟台市中级人民法院一审判决涉案全能神信徒张某甲、张某乙两人死刑，吕某无期徒刑。

安全提示

冒用宗教、气功或者以其他名义建立、神化、鼓吹首要分子，利用制造、散布迷信邪说等手段蛊惑蒙骗他人，发展和控制成员，危害社会的非法组织，被认定为刑法规定的“邪教组织”。上述案例中，“全能神”教就属于典型的邪教组织，应当严厉打击。

一、邪教不是宗教

（1）什么是邪教。

如果要问：什么是邪教？可能有些青年学生说不大清楚，甚至有些人还会以为邪教是一种“邪恶的宗教”。这个说法是不对的。在我们国家，佛教、道教、伊斯兰教、天主教、基督教等宗教，其合法活动是受到国家法律保护的。宗教是人们对社会存在的一种反映和思想认识，它有着悠久的历史，曾在人类历史上起过重要作用。我国宪法明文规定，公民有宗教信仰的自由。同时，任何一种合法宗教活动，都有维护国家利益、稳定社会的责任。我国的宗教团体坚持爱国爱教、独立办教的方针，为社会做了很多有益的事情。

邪教则恰恰相反。邪教的“教”并不是指宗教的“教”，而是特指一种邪恶的说教、邪恶的势力。邪教组织不同于正常的宗教组织，它是冒用宗教、气功或其他名义，利用制造、散布迷信邪说等手段蛊惑人心，发展和控制成员，危害社会的非法组织。为此，我们要明确告诉青年学生，邪教不是宗教，邪教是一种“歪门邪道”。

（2）邪教与宗教的本质区别。

第一，在宗教中，神和人是有别的。再有权威、再德高望重的神职人员（僧侣、主教、神父、牧师、阿訇、道士等）也不得自称为神，邪教主却自称为神。日本“奥姆真理教”头目麻原彰晃自称是佛的转世，有一张伪造的上有光环、双腿盘坐、飘浮在空中的照片。

第二，宗教的传教活动是公开的，僧侣在寺庙中公开讲经，主教、神父在天主教堂中公开布道，教民可在教堂公开举行教务活动，这些都是人们所常见到的。邪教则经常进行隐蔽的活动。

第三，宗教并不反人类、反社会，而邪教则反人类、反社会。如日本的“奥姆真理教”在 1995 年 3 月 20 日制造了东京地铁的沙林毒气案，导致 12 人死亡，5 000 余人受伤。受害人全是普通百姓，其反社会、反人类的本性十分明显。

第四，宗教不允许神职人员个人骗财敛财，而邪教教主则大肆掠夺别人的财产，据为己有。美国“人民圣殿教”教主吉姆·琼斯的个人财产已达 1 500 万美元。我国前几年破获的一个邪教组织，其头目吴扬名自称“被立王”，短短3年时间就敛财数十万元现金。

第五，宗教有自己的典籍和教义，邪教的所谓教义都是危言耸听的歪理邪说。

从这些区别中，我们可以看到，邪教与宗教是完全不同的两个概念，二者有着明显的本质区别。实践证明，防范和惩治邪教有利于维护宗教的正常活动，惩治邪教与保护宗教是完全统一的。

二、我国宗教信仰自由政策的有关内容

（1）公民有信仰宗教和不信仰宗教的自由。

（2）宗教必须在宪法、法律和政策范围内活动。

（3）各宗教一律平等。

（4）宗教与国家政权分离。任何人不得利用宗教干预国家的行政，不得干预司法、学校教育和社会公共教育等。

（5）校园传教是违法行为。

（6）无神论与有神论之间相互尊重。任何人不应到宗教活动场所进行无神论的宣传或者在信教群众中展开有神还是无神的辩论，任何宗教组织和教徒也不应在宗教活动场所外布道、传教、宣传有神论、散发宗教传单和其他未经政府主管部门批准出版发行的宗教书刊。

三、对校园宗教坚决说“不”

高等学校是传播科学文化知识的殿堂，担负着为国家培养社会主义现代化建设人才的艰巨任务。高校的大学生应当牢固掌握辩证唯物主义和历史唯物主义，反对唯心主义，反对封建迷信。广大青年学生应当努力学习科学知识、科学思想、科学方法和科学精神。掌握科学知识是基础，确立科学思想是灵魂，运用科学方法是途径，树立科学精神是动力。只有“四科”都具备，才能正确地分析问题、解决问题，全面地认识世界、改造世界。

（1）校园不允许传教。在宗教和教育的关系上，我国宪法在确定公民有宗教信仰自由的同时，也明确了教育与宗教相分离的制度。

（2）宗教信仰自由不等于传教自由。

（3）当遇到校园传教时应如何处理？

① 拒绝为传教的人士提供联系方式并提醒其他同学此人的传教行为，避免受其骚扰。

② 将此类情况及时向学校辅导员、保卫处或公安部门报告。

（4）禁止在校园传教的法律规定。

①《中华人民共和国宪法》第三十六条规定：国家保护正常的宗教活动，任何人不得利用宗教进行破坏社会秩序、损害公民身体健康、妨碍国家教育制度的活动。

②《中华人民共和国教育法》第八条规定：教育活动必须符合国家和社会公共利益。国家实行教育与宗教相分离。任何组织和个人不得利用宗教进行妨碍国家教育制度的活动。

③《普通高等学校学生管理规定》第四十三条规定：任何组织和个人不得在学校进行宗教活动。

④《宗教事务条例》第四十四条规定：禁止在宗教院校以外的学校及其他教育机构传教、举行宗教活动、成立宗教组织、设立宗教活动场所。

四、校园防范邪教的建议

（1）提高警惕，认清邪教组织的反动本质。严格遵守国家法律法规和社会公德、职业道德、家庭美德，积极参加健康文明的文体活动，自觉抵制邪教的侵蚀。

（2）态度坚决。对邪教组织的反动宣传要做到不听、不看、不信、不传。

（3）敢于斗争。积极配合公安机关和有关部门，打击邪教组织的违法犯罪活动。

（4）及时报警。如发现邪教分子在非法串联、秘密集会、聚众闹事，印刷、偷运、散发、邮寄反动宣传品，书写、喷涂、悬挂、张贴邪教内容的反动标语等，要立即拨打“110”报警。

第三章　消防安全与环境安全

消防无小事，学校是人群聚集之地，宿舍、教室、图书馆等场所的用电、防火的规范管理是直接影响到学生人身安全的大事。要维护学生的人身和财产安全，不仅要做到安全措施得当，更重要的是要提高学生的消防安全意识和防范能力，这样既可以使学生的合法利益少受伤害，又可以使学生成为维护校园安全的重要力量。

第一节　安全用电须牢记

案例导入

案例1　2016年12月某日上午12时左右，某高校学生公寓503寝室发生火灾，“119”接警后迅速出警，及时扑灭了大火。经现场勘查，发现烧坏床铺3套、写字桌2张、衣柜3个、电扇1台、部分衣物和书籍等，室内墙壁被熏黑，所幸没有人员伤亡。火灾原因是多部手机在同一个接线板上充电，接线板超负荷运作，以致发热而导致火灾。

安全提示

此次事故是违反家用电器使用规定，超负荷使用充电器所致。家用电器都有额定功率等安全指标，使用时必须严格按照规定执行。有些学生为图方便，不顾家用电器的承载能力，将多个电器接到同一个接线板上，造成接线板发热，线路短路而导致火灾。

案例2　据《凉山日报》报道，2016年1月12日，贾姓学生上完夜自习睡觉时使用电热毯来暖被窝，很快入睡。次日凌晨，睡梦中的贾某被钻心的刺痛惊醒，睁眼时发现自己睡觉的床铺着了火，他迅速将火扑灭。因发现及时，未造成重大损失。

安全提示

造成该意外事故的原因可能有：一是电热毯使用不当，电热毯最好在睡前打开，人上床后应该立刻关闭电源，但该学生长时间未关电热毯，引起局部过热而导致火灾；二是劣质电热毯本身就存在安全隐患，容易引发火灾；三是使用超期“老龄”电热毯，由于电路老化、受潮等因素引发火灾；四是电热毯使用不当，经常折叠或挤压容易影响电热线的抗拉强度和曲折性能，降低其安全性。

随着生活水平的不断提高，生活中用电的地方越来越多，我们越来越离不开电。但是，如果不能做到安全用电，就可能发生触电的危险。据有关部门统计，我国每年因家用电器触电而死亡的人数超过3 000人，使用劣质热得快、电热毯造成的火灾达700多起，其中就有部分事故是发生在学生身上或身边的。因此，青少年学生应该掌握更多的安全使用电器的知识和技能，同时提高安全防范意识，避免发生意外事故。

一、正确使用家用电器的常识

（1）使用家用电器前应对照说明书，将所有开关、按钮都置于原始停机位置，然后按照说明书要求进行操作，直至熟练为止。如果有运动部件，如摇头风扇，应事先考虑足够的运动空间。

（2）通电后如发现家用电器冒火花、冒烟或有烧焦味等异常情况，应立即切断电源进行检查，并找专业人员进行修理，切不可随意用水或泡沫灭火器灭火。

（3）移动家用电器时一定要切断电源，以防触电。

（4）使用发热电器时必须远离易燃物。例如，电炉、取暖器、电熨斗等发热电器不能直接搁在易燃物上，以免引起火灾。

（5）禁止用湿手接触带电的物体。例如，禁止用湿手拔、插电源插头，用湿手更换电器元件或灯泡等。

（6）对于接触人体的家用电器，如电热毯、电热帽、电热鞋等，使用前应通电检查，在确保安全后方能使用。

（7）禁止用拖电线的方法移动家用电器，禁止用拖电线的方法拔插头。

（8）使用家用电器时，先插上不带电一侧的插座，最后再合上闸刀或插上带电一侧插座；停用家用电器则相反，先拉开带电一侧闸刀或拔出带电一侧插座，然后再拔出不带电一侧的插座。

（9）家用电器在不使用时要及时关掉电源，要防止雷击等事件，以免造成事故。

（10）家用电器、室内配线要定期进行绝缘检查，发现漏电、破损要及时维护。

（11）使用家用电器时应保持其干燥、清洁，不能用汽油、酒精、肥皂水、去污粉等腐蚀性或导电的液体擦抹家用电器表面。

（12）电风扇的扇叶、洗衣机的脱水筒等在工作时是高速旋转的，不能用手或者其他物品去触摸，以防止受伤。

（13）雷雨天气尽量停止使用电视机，并拔下室外天线插头，防止遭受雷击。

（14）避免在潮湿的环境（如浴室）中使用电器，更不能使电器受潮，因为这样不仅会损坏电器，还会引发触电危险。

二、触电的急救方法

（1）发现有人触电后，首先要立即让触电者迅速脱离电源，如拉下电闸切断电源、使用绝缘工具或干燥木棒等不导电的物体将导电线与触电者分离。在未切断电源或触电者未脱离电源时，切不可用手触摸触电者。如触电者处于高处，切断电源后触电者会自动从高处坠落，因此要采取预防措施，防止其摔伤。

（2）初步急救。解开触电者上身衣服，使其保持呼吸畅通；检查触电者口腔，清理口腔黏液，如有假牙则取下；如呼吸停止，立即采用口对口人工呼吸法抢救；若心脏停止跳动或不规则颤动，可用人工胸外挤压法抢救；如呼吸不恢复，人工呼吸至少应坚持4小时，或待出现尸僵和尸斑时方可放弃抢救，绝不能无故中断。

（3）尽快拨打“120”急救电话，请求医院救助。

三、电器火灾的处理方式

（1）立即切断电源，防止灭火人员触电。

（2）尽快转移易燃易爆物品。

（3）及时拨打“119”火警电话，请求消防人员支援。

（4）当人身安全受到威胁时，要保持镇静，迅速判断危险地点和安全地点，选择逃生的办法，尽快撤离危险地带。

（5）火势不大时要当机立断，披上浸湿的衣服或裹上湿毛毯、湿被褥果断地冲出去。在逃生无门的情况下，被困者要尽量待在阳台、窗口等易于被人发现和能避免烟火近身的地方，及时发出求救信号。

四、校园电器火灾预防建议

电器在给我们的生活带来便利的同时，也给我们带来了安全隐患。所以，应加强对校园的安全电器检查。那么，你知道应该怎样进行宿舍安全检查吗？

（1）检查是否有乱拉乱接电线现象，有无电器老化、电线裸露现象。

（2）检查是否有违章使用电炉、电热毯、电热杯、电饭锅、电烙铁、电热水器等大功率电器现象。

（3）检查是否在宿舍使用煤气灶、酒精炉等用具。

（4）检查宿舍有没有烟头，向宿管人员了解有没有学生在宿舍吸烟的现象。

第二节 消防安全常铭记

案例导入

案例1 2018年11月14日，上海某高校一女生公寓602室冒出浓烟，屋内6名女生被惊醒，离门较近的2名女生拿起脸盆冲出门外到公共水房取水，另外4名女生则留在房中灭火。然而，当取水的女生回来后，却发现宿舍门打不开了。木制的宿舍门被烧得变形，被火场的气流牢牢吸住了。室内4名女生从6楼阳台跳下后身亡。经查，火灾系宿舍学生使用“热得快”引发电器故障并将周围可燃物引燃所致。

安全提示

在宿舍，学生应自觉遵守宿舍安全管理规定，做到不私拉乱接电线；不使用电炉、热水壶、电热炉、“热得快”、电饭煲等电器；使用台灯、充电器、电脑等电器要注意发热部位的散热；室内无人时，应关掉电器和电源开关；不在宿舍使用明火和焚烧物品。

案例2 2019年5月5日，桂林市一出租房内发生火灾，事故导致5人死亡、38人受伤，其中5名死者系广西某高校的学生。此次事故的直接原因系电动车充电故障引起火灾。

安全提示

预防电动车引发的火灾，应当将电动车停放在安全地方，充电时应确保安全，严禁在建筑楼道内的共用通道、楼梯间、安全出口等公共区域停放电动车或为电动车充电，严禁在宿舍内为电动车电池充电。

一、校园发生火灾的主要原因

（1）明火引燃。如在床上点蜡烛、躺床吸烟、点蚊香、乱扔未熄灭的烟头和火柴等，在宿舍内焚烧杂物，在宿舍内不当使用煤气、液化气，使用煤油炉、汽油、酒精等易燃易爆物品等。

（2）乱拉乱接电线和保险丝。如因电线短路或因接触不良发热而引起火灾；有的甚至用铜丝或铁丝代替保险丝，使电路过载发生故障时不能及时熔断而造成电线起火。

（3）使用电器不当。如电灯泡靠近可燃物长时间烘烤起火；使用电热器无人监管不关电源而烤燃起火；长时间使用电器不检修，电线绝缘老化、漏电短路而起火；等等。

（4）在宿舍使用大功率电器。高校宿舍内的线路是按日常照明、使用小电器等情况而设计的，如使用电炉、电饭煲、电热杯、“热得快”等电器常使电线过载发热而起火。违章使用劣质或未获3C认证的电器产品也容易引发起火。

（5）电脑、充电宝等使用不当。如长时间使用，不注意电脑散热、长时间充电等，与书籍等可燃物靠近，也易引起火灾。

二、校园火灾隐患的重点部位和物品

1. 教室

使用教室时要保证门全部能够打开，以方便人们遇到紧急情况时能迅速疏散；教室内不能使用大功率的电器，不得违反操作规程使用电子教具；对电源线路、插座的负荷要认真检查，防止因线路老化发生短路；示教用完后的易燃物品应及时清理；教室内严禁吸烟、乱丢烟蒂；等等。

2. 实验室

实验室内不宜过多存放各种易燃、易爆、剧毒和腐蚀性的试剂，对有毒、易燃、易爆物品不得任意放置。一般的实验教学电子仪器都有熔丝保护设备，当熔丝失灵或者更换熔丝时，不得用大于规定值的熔丝，更不准用铜丝、铝线替代。操作人员应在仪器关闭后离开实验室，防止因仪器长时间通电过热而引发火灾。在使用电烙铁、电热器时要格外小心，不能在通电的情况下随意乱放，防止引燃周围的可燃物品。使用教学仪器时，其附近不准放置火柴、打火机、酒精灯和喷灯等物品。严禁在实验室里吸烟，学生做实验时必须听从老师指导。

3. 图书馆

图书馆是防火的重点场所，所以要经常对图书馆的电源线路、插座、电器设备进行安全检查，如果发现火灾隐患应及时整改。图书馆内的装饰要用阻燃材料，不能在图书馆里用火柴、打火机随意点火。不允许在图书馆里堆放其他可燃杂物，要始终保持疏散通道的畅通。

4. 礼堂或报告厅

礼堂或报告厅使用时大量人员聚集，而这些场所都采用了大量的可燃材料，如幕布、垂帐、木围板和木质柜台等，非常容易发生火灾。所以，必须落实这些场所的消防安全责任制，经常检查电源线路、用电器具，电线应穿管铺设，不得超负荷用电和私拉乱接电线，不能将大功率照明灯靠近幕布或易燃装饰物。礼堂或报告厅内不能使用明火，不准吸烟或随地丢弃烟蒂。使用礼堂或报告厅时要开启所有的安全门，保证疏散通道畅通，疏散门应向外开启，严禁阻塞安全出口和把门上锁。主要通道上要设置应急照明。

5. 学生公寓

学生公寓是防火重地，在学生公寓要自觉做到“十不准”：① 不准卧床吸烟和乱扔烟蒂；② 不准私拉乱接电线和安装电源插座；③ 不准占用、堵塞疏散通道；④ 不准在公寓楼内焚烧杂物；⑤ 不准携带易燃、易爆物品进入公寓；⑥ 不准使用“热得快”等大功率电热设备；⑦ 不准使用酒精炉等明火器具；⑧ 不准擅自变动电源设备；⑨ 不准离开宿舍不关电源；⑩ 不准损坏灭火器和消防设施。同时，同学们应熟记公寓安全通道的位置和路线，最好不要在宿舍里用蜡烛照明，以防引燃可燃物，造成火灾。

三、火警报警的正确方式

火警电话是专用紧急电话，现在全国统一规定使用的火警电话号码是“119”。当有火警时，面对突如其来的火灾，要沉着冷静，切忌手足无措、无所适从，要做到以下几点：

（1）牢记号码。电话拨打“119”报火警，打电话时要沉着冷静，拨打过“119”后，再往学院的保卫部门打电话。这样做是为了避免来回折腾，延误时间，以致酿成严重火灾。

（2）说清位置。接通电话后要沉着冷静，向接警中心讲清楚失火单位的名称、详细地址。

（3）报告火情。当听到对方报“消防队”时，即可讲清着火的对象、类型和范围，说清楚是什么东西引起的着火、火势大小。

（4）提供信息。要讲清楚自己的姓名、所在单位和电话号码，以便联系。

（5）回答问题。要注意听清对方提出的问题，以便正确回答。

（6）现场引导。报警后，立即到路口等候消防车的到来，以便引导消防车迅速赶到火灾现场。

四、灭火的基本方法

（1）隔离法：将着火的地方和物体与其周围的可燃物隔离或移开，燃烧就会因为缺少可燃物而停止。实际运用时，如将靠近火源的可燃、易燃、助燃的物品搬走；把着火的物件移到安全的地方；关闭电源、可燃气体、液体管道阀门，中止和减少可燃物质进入燃烧区域；拆除与燃烧着火物比邻的易燃建筑物等。

（2）窒息法：阻止空气流入燃烧区或用不燃烧的物质冲淡空气，使燃烧物得不到足够的氧气而熄灭。实际运用时，如用湿棉毯、湿麻袋、湿棉被、湿毛巾被、黄沙、泡沫等不燃或难燃烧物质覆盖在燃烧物上等。

（3）冷却法：将灭火剂直接喷射到燃烧物上，以降低燃烧物的温度。当燃烧物的温度降低到该物的燃点以下时，燃烧就停止了。或者将灭火剂喷洒在货源附近的可燃物上，使其温度降低，防止辐射热影响而起火。冷却法是灭火的主要方法，主要用水和二氧化碳来冷却降温。

（4）抑制法：这种方法是用含氟、溴的化学灭火剂喷向火焰，让灭火剂参与到燃烧反应中，使游离基链锁（俗称“燃烧链”）反应中断，从而达到灭火的目的。

以上方法在实际应用中，可根据具体情况，采用一种或多种方法并用，以达到迅速灭火的目的。随着科技的发展，火灾自动灭火系统在不断完善，我们要与时俱进，不断学习和掌握先进的灭火器具的使用方法。

五、灭火器的使用方法

（一）干粉灭火器的使用步骤和方法

现在市面上配备的灭火器基本是手提式干粉灭火器，应学会其使用方法。

（1）使用手提式干粉灭火器时，应手提灭火器的提把，迅速赶到着火处。

（2）在距离起火点 5 米左右处，放下灭火器。在室外使用时，应占据上风方向。

（3）使用前，先把灭火器上下颠倒几次，使筒内干粉松动。

（4）如使用的是内装式或贮压式干粉灭火器，应先拔下保险销，一只手握住喷嘴，另一只手用力压下压把，干粉便会从喷嘴喷射出来。

（5）用干粉灭火器扑救流散液体火灾时，应从火焰侧面对准火焰根部喷射，并由近而远左右扫射，快速推进，直至把火焰全部扑灭。

（6）用干粉灭火器扑救容器内可燃液体火灾时，亦应从火焰侧面对准火焰根部左右扫射。当火焰被赶出容器时，应迅速向前，将余火全部扑灭。灭火时应注意不要把喷嘴直接对准液面喷射，以防干粉气流的冲击力使易燃液飞溅，引起火势扩大，造成灭火困难。

（7）用干粉灭火器扑救固体物质火灾时，应使灭火器嘴对准燃烧最猛烈处，左右扫射，并尽量使干粉灭火剂均匀地喷洒在燃烧物的表面，直至把火全部扑灭。

（8）使用干粉灭火器应注意在灭火过程中始终保持直立状态，不得横卧或颠倒使用，否则灭火器不能喷粉。同时注意干粉灭火器灭火后防止复燃，因为干粉灭火器的冷却作用甚微，在着火点存在着炽热物的条件下，灭火后易产生复燃。

（二）消火栓灭火的使用方法

1. 室内消防栓的使用

室内消火栓是在建筑物内部使用的一种固定灭火供水设备，它包括消火栓及消火箱。一般都设置在建筑物公共部位的墙壁上，有明显的标志，内有水龙带和水枪。当发生火灾时，找到离火场距离最近的消火栓，打开消火栓箱门，取出水带，将水带的一端接在消火栓出水口上，另一端接好水枪，拉到起火点附近后方可打开消火栓阀门，当消防泵控制柜处于自动状态时直接按动消火栓按钮启动消防泵。当消防泵控制柜处于手动状态时应及时派人到消防泵房手动启动消防泵。

（1）打开消火栓门，按下内部启泵报警按钮（按钮是启动消防泵和报警的）。

（2）一人接好枪头和水带奔向起火点。

（3）另一人将水带的另一端接消火栓接口上。

（4）逆时针打开阀门，使水喷出即可。（电起火要确定切断电源）

2. 室外消防栓的使用

室外消火栓是设置在建筑物外面消防给水管网上的供水设施，主要供消防车从市政给水管网或室外消防给水管网取水实施灭火，也可以直接连接水带、水枪出水灭火。所以，室外消火栓系统也是扑救火灾的重要消防设施之一。

（1）用扳手打开地下消防栓的水袋口连接开关。

（2）将消防水带进行连接。

（3）用扳手打开地下消防栓的出水阀门开关。

（4）接连水带口及出水枪头。

（5）至少两人以上拿着喷水枪头，向火源喷水直到火熄灭为止。

六、火灾的预防措施

（1）防止发生火灾的关键，是做好火灾的预防。《中华人民共和国消防法》和各级政府、各级公安消防部门制定的消防条例和规定，以及学校的各项安全管理制度，是学生必须遵守的准则。这些法律、法规和安全管理制度，都是火灾事故教训的总结，要预防火灾，就必须认真学习掌握、严格执行、自觉遵守。

（2）在教室、实验室学习和工作时，要严格遵照各项安全管理规定、操作规程和有关制度。使用仪器设备前，应认真检查电源、管线、火源、辅助仪器设备等情况，如放置是否妥当、对操作过程是否清楚等，做好准备工作以后再进行操作。使用完毕应认真进行清理，关闭电源、火源、气源、水源等，还应清除杂物和垃圾。涉及使用易燃易爆危险品时，一定要注意防火安全规定，按照规定一丝不苟地进行操作。

（3）在宿舍，应自觉遵守宿舍安全管理规定，不在宿舍内吸烟；不乱拉乱接电线；不使用电炉、“热得快”、电热杯、电饭煲等学校禁止使用的电热设备；不在宿舍使用明火；不将易燃易爆物带进宿舍；使用台灯不要靠近枕头、被褥和蚊帐等；不在宿舍内焚烧物品；发现安全隐患及时向管理人员或有关部门报告；爱护消防设施和灭火器材，不随意移动或挪作他用；室内无人时，应关掉电器和电源开关等。这些都是防患于未然的基本防火常识。

七、发生火灾时的自救方法

（1）争取时间，尽快脱离现场。火灾发生后，不要为穿衣、找钱财等琐碎小事而延误宝贵的逃生时间，要选择与火源相反的通道迅速逃脱险境。现场有浓烟时，应尽量放低身体或是爬行，千万不要直立行走，以免被浓烟窒息。衣服被烧时不要惊慌，可立即在地上翻滚以使明火熄灭。学校楼宇内按照要求都有应急疏散示意图，可以熟悉逃生路线。

（2）选择通道，果断脱离。如果楼梯已起火但火势并不很猛烈，可披上用水浸湿的衣裤或被单由楼上快速冲下。如果楼梯火势猛烈而不能强行通过，可以利用绳子或把床单撕成布条连接成绳子，将一端拴在牢固的门窗或其他重物上，再顺着绳子从窗口滑下。如果火灾威胁严重、自己有生命危险，若楼层只有两三层高，可以考虑从窗户跳下，跳前先向下抛一些软质物品，然后用手挟住窗子往下滑以缩短高度，要尽量脚先落地以保证生命安全。逃离时千万不要乘电梯，以防电路断掉后被困在电梯中。

（3）争取时间，等待救援。当各种逃生之路均被切断时，应退回居室内，采取防烟、堵火措施，关闭门窗，并向门窗上浇水，以延缓火势蔓延的时间。要用多层湿毛巾捂住口鼻做好个人防护；同时可向室外扔些小东西，夜晚可向外打手电，发出求救的信号。有手机的或室内有电话的，用手机或电话同外界加紧联络，争取时间使外界尽快来救援。

八、扑救火灾的注意事项

（1）电路着火：首先关闭电源开关，然后用干粉或气体灭火器、湿毛毯等将火扑灭，切不可直接用水扑救。

（2）衣服、织物及小家具着火：迅速拿到室外或卫生间等处用水浇灭，切记不要在室内乱扑乱打，以免引燃其他可燃物。

（3）固定家具着火：先用水扑救，如火势得不到控制，则利用消防栓放水扑救，同时迅速移开家具旁的可燃物。

（4）汽油、煤油、酒精灯易燃物着火：切勿用水浇，先用灭火器、细沙、湿毛毯等扑救。

（5）身上衣物着火：可就地打滚压灭身上火苗，千万不要奔跑。

（6）电线冒火花：不可盲目接近，以免发生触电事故，应先关闭电源总开关或通知供电部门，断电后再进行扑救。

（7）密闭房间内着火：不要急于开启门窗，以防室外空气进入加大火势。

第三节 热水使用免烫伤

案例导入

案例1 某高校学生小明，住院动手术采取的是半身麻醉，因为腿冷，家人在其腿边放了热水袋，结果他的小腿上被烫出两个大水泡。后虽经医生全力治疗，但小明腿上还是留下了两道很明显的疤痕。

安全提示

根据患者提供的病史分析，这属于长时间低热烫伤。由于是半麻，腿易冷而且没什么知觉，等到发现为时已晚。这种烫伤创面一般不大，但往往很深，难以自愈，伤好后会留下疤痕，影响美观。

案例2 据报道，上海恭城路一家饭店的厨房蒸锅内沸水突然溅出，一名厨师被烫伤。伤者姓于，19岁，为某高校实习生。当晚，厨房的炉灶在蒸菌菇，在小于拿蒸笼时，沸腾的开水溅出蒸锅，小于的左手、右脚和两条大腿都被严重烫伤。

安全提示

本案中小于之所以被烫伤，是因为他在使用蒸锅时没有严格按照操作流程规定采取降温、降压等措施，开锅后沸水突然溅出而将其烫伤。

日常生活中，被热水烫伤的事例屡见不鲜。夏天是烫伤多发季节，如热水瓶爆裂或被打翻、冲开水时彼此相撞、洗澡时误入高温浴池等情况，都会导致被热水烫伤。有数据显示：在城市超过90%的烫伤源是热水。学校里大部分学生是住宿的，经常会遇到这种情况，因此有必要了解热水烫伤的预防和急救方法，为健康生活做好安全知识储备。

一、常见的容易被热水烫伤的情况

（1）热水瓶的瓶底滑脱、水瓶爆破或被打翻，或冲开水时不慎，都容易被烫伤。

（2）不小心拉扯桌布，引起盛放高温液体的容器（如盛有热汤的锅子、杯子等）翻倒。

（3）洗澡时误入高温池，放热水时没调节好温度等。

（4）使用高压锅而没有按照高压锅使用方法操作。

（5）热水瓶、饮水机的放置位置过低。

（6）使用热水袋、暖手宝时没有检查其质量等安全性能。

二、烫伤急救处理步骤

（1）迅速避开热源。

（2）采取“冷散热”措施。在水龙头下用冷水持续冲洗伤部，或将伤处置于盛冷水的容器中浸泡。这样可以使伤处迅速、彻底地散热，使皮肤血管收缩，减少血液渗出与水肿，缓解疼痛，减少水泡形成，防止创面形成疤痕。这是烫伤后最佳也是最可行的治疗方案。

（3）将伤处的衣服剪开，以避免被烫伤的皮肤病情加重。

（4）不要揉搓、按摩、挤压烫伤的皮肤，也不要急着用毛巾擦拭。

（5）创面不要涂抹红药水、紫药水等有色药液，以免影响医生对烫伤程度的判断；

也不要用碱面、酱油、牙膏等乱敷，以免造成感染。

（6）创面应以消毒敷料或干净衣被遮盖保护。

（7）及时送医院就诊。

三、烫伤治疗期间的注意事项

（1）饮食须注意。酒、辣椒、羊肉、生蒜、生姜、芥末、咖啡等刺激性食物会促进疤痕组织增生，所以康复期间应避免食用这些食物。

（2）不要强行揭去痂皮。创面结痂后，要待痂皮自行脱落，因为尚未完全长好的表皮细胞若没有了痂皮的保护会形成色素沉着，或发生炎症反应。

（3）不要给伤口发炎的机会。不可用挠抓、热水烫洗、衣服摩擦等方法止痒，因为这样会刺激局部毛细血管扩张、肉芽组织增生而形成疤痕。

（4）不要忽略用药的重要性，谨遵医嘱，坚持用药，不怕麻烦。

（5）出现新情况时应及时就医，不能拖延。

四、热水烫伤的分类

（1）一度伤。只损伤皮肤表层，局部轻度红肿，无水泡，疼痛明显。应立即将伤处浸在凉水中进行冷却治疗，如有冰块，把冰块外敷于伤处效果更佳。冷却 30 分钟左右就能完全止痛，随后用鸡蛋清、清凉油或烫伤膏涂于烫伤部位，这样只需 3 ~ 5 天便可自愈。

（2）二度伤。真皮损伤，局部红肿疼痛，有大小不等的水泡。大水泡可用消毒针刺破水泡边缘放水，涂上烫伤膏后包扎，松紧要适度。

（3）三度伤。脂肪、肌肉、骨骼都有损伤，并呈灰色或红褐色。此时应用干净布包住创面，及时到医院就医，切不可自行在创面上涂紫药水或膏类药物，以免影响病情观察与处理。

如果被开水烫成重伤，伤者在转送途中可能会出现休克或呼吸、心跳停止现象，应立即进行人工呼吸或胸外心脏按压。伤者口渴时，可给少量的热茶水或淡盐水服用，绝不可以在短时间内饮服大量的开水，以免导致伤员脑水肿。

五、开水烫伤处理的方法建议

（一）不正确的烫伤处理方法会加重病情

1. 迷信土方法

自行给创面涂抹牙膏、酱油、紫药水等，涂抹后一方面会影响医生对烫伤程度的观察和判断，另一方面也会增加创面感染的概率。正确的做法是，将创面经凉水冲洗后用干净、清洁的被单或敷料包裹以保护创面，然后将伤者送到医院接受正规治疗。

2. 将水泡撕破

烫伤后，在烫伤部位会起许多水泡，有的人会用剪刀把皮给挑破剪掉，这其实等于把封闭的创面变成了开放的创面，使皮肤失去了天然保护屏障，会增加皮肤感染的概率。

3. 给病人大量喝水

烫伤病人早期容易口渴，这时千万不要在短时间内给病人喝大量的白开水、矿泉水、饮料或糖水，以免引发脑水肿和肺水肿等并发症。可让病人少量多次地喝些淡盐水，以补充烧烫伤后减少的血容量，防止或减轻休克症状。

（二）轻度烫伤后可采取一些简单的小偏方

（1）敷鸡蛋清：取一个鸡蛋，去掉蛋黄，将蛋清敷在烫伤处。

（2）敷芦荟茸：取一块芦荟，去皮，将里面的肉茸敷在烫伤处。

（3）如果伤口起泡但没有破损，可以抓一些活的地龙（即红蚯蚓），将其清洗干净，将白糖连同地龙化成糖水，用棉签蘸取涂于伤口。此法可止痛并有一定疗效。

（4）切几片生梨贴于烫伤处，有收敛、止痛作用。

（5）可将干废茶叶渣在火上烘至微焦后研细，与菜油混合调成糊状后涂在伤处，能消肿止痛。

第四章 人身安全与财产安全

人身安全与财产安全是大学生校园安全的重要保障。人身安全主要侧重于讲述遵纪守法与预防人身伤害方面的内容。大学生的人身安全是指个人的生命、健康、行动等不发生不法侵害，它是大学生赖以生存和完成学业的首要条件，是最根本的安全。

财产安全是大学生完成大学学业的物质保证。如果发生了被盗、被骗、被抢等情况，就必然使大学生的财产受到损失。因此，大学生要提高安全意识，做好防盗、防骗、防抢等防范工作，以确保财产安全。

第一节 “反诈防骗”须谨慎

案例导入

案例1 吴某在QQ上认识了一名陌生人，该陌生人介绍自己是一名女大学生，没有男朋友。两人在网上聊得很投缘，感情也在嘘寒问暖中逐渐“升温”。不久后，这名“女大学生”声称，如果吴某帮她还“花呗”和“借呗”，就做吴某女朋友，对对方颇有感觉的吴某，先后通过微信、QQ、支付宝向对方转账19 137元。也可能是得意忘形，“女大学生”在得手后，竟然反过来向吴某炫耀起来，表明自己其实是一名男性。后来案情很快告破，对方确实是一名男性。

安全提示

诈骗是指以非法占有为目的、用虚构事实或隐瞒真相的方法骗取公私财物的行为。不法分子或假冒身份直接骗钱，或投其所好引诱上钩，或以交友为名骗钱骗色，或以招聘为名设置骗局。

一、诈骗的基本概念及法律界定

诈骗是危害公民财产安全的一种违法犯罪行为。它是指以非法占有为目的，用虚构事实或者隐瞒真相的方法，骗取公私财物的行为。其中骗取数额较大的，目前司法实践掌握在2 000元，以诈骗罪论处；骗取数额在2 000元以下的，属于一般违反治安管理的行为，酌情给予批评教育或者治安处罚。由于它一般不使用暴力，而是在一种平静甚至愉快的气氛下进行的，受害者往往容易上当。要预防诈骗，除了需要依靠社会的力量和法治以外，更主要的还是大学生要加强自身防范，认清诈骗分子的惯用伎俩。

二、大学生易受骗的原因

大学时代对于人生而言，是一个伴随着探索与追求、理想与奋进的黄金时代，年轻的大学生才华横溢，精力充沛，热情奔放，少不了人际交往，这是极为正常的事情。然而需要提醒的是，少数大学生只记得“世界充满爱”，忘却了世界的多样性和复杂性，忘记了美与丑、正义与邪恶并存，因而不加选择或不懂选择，轻率交友，尽管有善良的动机却落得不幸的结局，这些正是诈骗分子屡屡得手的根本原因。

诚然，同学们的初衷往往是无可非议的，但是，从众多受骗上当的事实中反思，大学生身上的确存在一些容易被利用的因素。

（一）思想单纯，防范意识较差

如今的大学生从小到大一直在学校里读书，社会生活经验少，思想单纯，分辨是非能力差。有的学生感情用事，见到自称是所谓“落难者”的人就想“慷慨解囊”，结果疏于防范，落入骗子设下的圈套。

（二）贪小便宜，急功近利

贪心是受害者最大的心理缺点。很多诈骗分子之所以屡屡得手，很大程度上是利用了人们的贪心等非分之想，受害者往往是被诈骗分子开出的“好处”“利益”所吸引，这些人见“利”就上，对诈骗分子的所言所行不加分析，不做调查，最后落得“捡了芝麻，丢了西瓜”的可悲下场。有的学生自认为可以用最小的代价获得最大的利益和好处，结果却落得个“鸡飞蛋打”。

（三）有求于人，轻率行事

每个人都免不了会遇到求他人相助的事，至于能否如愿，这就要看是何事，对象是谁。如果不辨青红皂白，为达目的而轻率交友，弄不好会上当受骗。据调查，当前大学生容易被利用的心态是：想经商助学而缺乏经商的实际经验；急于成名、爱慕虚荣而缺乏戒备之心；想谋到理想的工作而又缺少门路；等等。

三、常见的诈骗类型和手法

（一）兼职刷单返利诈骗

不法分子打着“兼职刷单、月入过万”等旗号，发布赚快钱的刷单兼职信息吸引同学们注意，一开始以小额资金骗取信任，待骗取大额资金后将求职者拉黑。

案例 2　2020 年 3 月 28 日，大学生小陈在网上看到一则兼职广告，便通过微信添加了一个叫小貂的人，对方称刷单做任务可以返利赚钱。在第一次刷单完成后，小陈确实收到相应的返利。于是，小陈通过银行卡转账的方式总共向对方刷单 11 万元，后被对方拉黑，小陈这才意识到被骗。

（二）冒充身份诈骗

不法分子伪装成领导、老师、辅导员、公检法人员、快递人员或电商客服人员等实施诈骗。

1. 冒充 QQ 好友诈骗

不法分子通过盗窃 QQ 账号冒充好友，谎称“亲人”“好友”现在有困难，由于其微信被冻结无法转账，请帮忙转钱应急。

案例 3　学生孙某在 QQ 上收到同学付某的信息，对方称她的朋友受伤住院需要一笔医药费，由于微信限额无法转账，请他帮忙转钱应急，对方向孙某要了银行账号，随后发送“转账截图”，并以“跨行转账，到账延迟”为由，请孙某先转账到他朋友微信上。孙某信以为真，通过微信扫码向付某“朋友”支付了 2 000 元。随后，孙某通过其他同学联系上了付某，付某说自己的 QQ 号被盗了，孙某这才反应过来自己被骗了。

2. 冒充老师、辅导员诈骗

不法分子在获知学生老师或辅导员姓名、办公电话等有关资料后，冒充老师或辅导员给学生打电话，以论文不通过、申请优秀奖学金、申报荣誉称号等需要花钱疏通关系为由，让受骗者将钱打到指定银行账号。

案例 4　2019 年 11 月 27 日，李某工作时手机 QQ 接到其孩子 QQ 号（被犯罪分子盗号）发来的信息，说学校需要统一交培训费，让其添加报名老师的 QQ 号交费。李某添加老师 QQ 号码后，按老师的要求通过手机银行累计转账汇款 108 400 元人民币，后发现被骗。

3. **冒充公检法人员诈骗**

不法分子冒充公检法人员拨打受害人电话，以事主信息被盗用、涉嫌洗黑钱、贩毒等犯罪为由，要求受害者将银行卡里的资金转移到指定的银行账号。

案例5　2019年4月17日，大学生右某接到一个陌生电话，对方自称是警察，说她有一笔3万多元的贷款未还，威胁右某牵扯诈骗等相关案件，然后右某根据对方的指令将银行卡内的金额汇款至指定的“安全账户”，总共被骗15万元。

（三）网络贷款、代办信用卡诈骗

“ＸＸ行全球通信用卡、多币种信用卡，快捷安全!”不法分子通过微信、QQ、邮件、手机短信等方式发布宣传可办理高额透支信用卡的广告，一旦事主与其联系，犯罪分子便以缴纳手续费、中介费、保证金等虚假理由要求事主连续转款。

案例6　2020年3月，学生华某急需用钱，通过网络寻找贷款，网页跳出一个“安逸花”客服的QQ，通过客服提供的二维码，下载一个名为“安逸花”的App。注册完成后，他申请贷款5万元。随后App显示贷款申请通过了，但华某却无法提现。客服以华同学绑定的银行卡号填写错误，需要缴纳保证金修改卡号，之后又以卡号认证失败被冻结、信用记录不良需要流水、涉嫌犯罪要清查资金等理由，要求缴纳保证金、服务费，诱使华同学多次转账汇款，华同学共计被骗4万余元。

（四）网络购物诈骗

不法分子从非法渠道获取消费者的网购信息后，冒充电商客服或网店客服人员拨打消费者电话，以产品有质量缺陷或邮递过程中出现问题等理由告知可以退款，一旦受害者信以为真，不法分子便会要求添加微信或QQ，引导受害者进行转账操作。

案例7　2020年5月8日，李同学接到一个电话，对方自称是天猫商城客服，说李同学在天猫商城购买的书架甲醛超标，存在质量问题，为了弥补李同学，会给他一部分赔偿金，并发送了一个退款操作的链接。李同学想到自己的确购买过书架，于是点击了对方提供的链接，进入一个疑似天猫商城的网站，并按照提示填写了银行卡号、密码、验证码等信息，随后手机收到12 000元扣款的短信，这时李同学才发现被骗。

（五）注销贷款账号诈骗

不法分子通过非法渠道获取了个人贷款信息（多为高校贷款平台），再冒充该贷款平台客服人员诱骗受害人转账汇款。

案例8　2020年7月25日，研究生林某接到一个陌生电话，对方自称是京东注册中心的工作人员，并说出了林某的姓名、银行卡号和学校等个人信息。对方告诉林某，国家对在校大学生提供一定的信用额度，现在国家正在逐步对校园贷款进行关闭，需要把这些额度收回，并把账户注销，为了不影响林某的征信和毕业，该工作人员要求他把京东App里的贷款额度清零，然后让其添加他们的客服QQ。随后，林某按要求联系客服，对方让他下载京东App，并要求查看其“借呗”额度。当林某开始质疑客服身份时，对方便把所谓的工作证、手持身份证的照片、带有公章的银联账户以及授权证明照片发给林某。林某相信了，并按照对方要求陆续下载、注册了10多个接待软件，借款62 600元，并转账给骗子指定的银联账户。

（六）裸聊诈骗

不法分子将自己包装为“性感女神”，通过交友软件、短视频平台等渠道引诱目标者裸聊，并录制全过程，随后便用视频敲诈受害者，威胁受害人若不给钱，就把裸聊发到网上、发给亲朋好友。

案例9 2020年5月4日，大学生王某在社交软件上认识了一个长相娇艳的女子，并通过QQ加了该陌生女性为好友。在聊天过程中，对方提出裸聊，随后向王同学发送了一个二维码，让他下载某直播手机软件。裸聊过后，该女子称该直播软件已经存储了王某的手机通讯录，以裸聊视频威胁要求其转钱，迫于压力，王同学分6次共向对方转账5.26万元。

（七）“杀猪盘”诈骗

“杀猪盘”的基本套路一般是，先网上认识，骗取对方取得信任，然后以各种原因借钱或者诱导投资，进而骗取钱财，随后将对方拉黑失联。

案例10 由于疫情，学校开设了网课。学生梅某在网上冲浪时遇到了“高富帅”男子高宇。梅某和男子交往一周后，从未谋面的两人确定了恋爱关系。此后，这位“高富帅”男子不断向梅某借钱。梅某陆续向高宇转账达9万余元。不久，高宇“失联”。

四、防范电信网络诈骗的建议和策略

（一）防范电信网络诈骗，做到“五不一打”

1. 不点：不明短信链接不要点

那些不明来路的短信链接，很可能就是骗子发送过来的。他们想尽办法引诱你点开链接，链接里面就是木马病毒。若点进去，手机绑定的银行卡、支付宝的账号密码就被他们窃取了。

2. 不怕：冒充公检法诈骗不要怕

要记住，公安局、检察院、法院等司法机关绝对不会通过电话办案，更不会设置安全账户让你转钱过去证明清白。

3. 不信：转账指令不轻信

现在的骗子，会潜入QQ或微信群，盗用老师、同学、亲友的头像和名字，之后再假借他们的名义，要求你转账，遇到对方提出转账要求时，要当面或者电话核实清楚。

4. 不贪：积分兑换现金不要贪

犯罪分子利用改号软件冒充某单位的工作人员给你拨打电话、发短信，向你提供房补、车补、中奖退税、积分兑换等，遇到此类事情千万不要相信，更不要贪便宜。

5. 不转：不核实清楚，千万不要转账

无论骗子表演了什么花样，他们的最终目的就是让你给他们转账。此时一定要记住，不核实清楚，千万不能转账。

6. 一打：被骗后，立即拨打“110”报警

一旦发觉被骗，要尽快向公安机关报案，提供骗子的银行卡号和手机号码，可以为银行部门及时冻结被骗资金争取时间。

（二）防范电信网络诈骗，记住“六个一律”

（1）只要一谈到银行卡，一律挂掉。

（2）只要一谈到中奖了，一律挂掉。

（3）只要一谈到“电话转接公检法”的，一律挂掉。

（4）所有短信，让大家点击链接的，一律删掉。

（5）不认识的人发来的微信链接，一律不点。

（6）一提到“安全账户”的，一律挂掉。

（三）防范电信网络诈骗，记住“八个凡是”

以下情况，十有八九是电信诈骗。

（1）凡是自称公检法要求汇款的。

（2）凡是叫你汇款到“安全账户”的。

（3）凡是通知中奖，领奖要你先交钱的。

（4）凡是通知“家属”出事要先汇款的。

（5）凡是在电话中索要银行卡信息及验证码的。

（6）凡是让你开通网银接受检查的。

（7）凡是自称领导要求汇款的。

（8）凡是陌生网站要登记银行卡信息的。

第二节 校园贷款莫轻信

案例导入

案例1 2016年3月，某高校一名同学用自己身份证及冒用同学的身份证，从不同的校园金融平台获得无抵押信用贷款高达数十万元，当无力偿还时跳楼自杀。

案例2 2016年4月，学生余某骗取近20名同学的身份信息在8家网贷平台上贷款，涉案总金额达70余万元。

案例3 苏州某大学学生被介绍做担保人，其拒绝后，被对方强抢手机及身份证，并被言语威胁恐吓说出支付宝密码，强行转走1万余元。

案例4 苏州园区某大学的一名学生，2020年10月为了购买苹果手机及其他消费，申请网上贷款，陷入“套路贷”陷阱后不断找其他小贷公司贷款还债，并最终欠下多家公司共计70余万元的债务，而原始金额仅为3万元。

安全提示

校园贷，针对的群体就是在校大学生。大学生在校期间可能会有各种情况导致资金不足，这时，无孔不入的骗子们就开始表演了，他们打着“低息”“无押金无担保”等广告引诱学生上当受骗。一旦沾上，利息越滚越大，学生还不起，越陷越深，造成恶性循环。所以，校园贷是万万不能碰的！

一、远离校园贷

校园贷是指一些网络贷款平台面向在校大学生开展的贷款业务。现阶段，国家规定一律暂定网贷机构开展在校大学生贷款业务。

（一）校园贷的“花样“方式

一是用“免抵押、低利息”为诱饵诱导学生贷款，并要求缴纳贷款手续费、管理费、保证金等费用。

二是声称能通过培训提高综合技能，夸大培训效果，签订培训合同，诱导学生贷款支付学费。

三是与兼职诈骗结合，要求学生贷款购买手机等产品做“销售代理”。这些贷款的利息和滞纳金很高，学生如不能如期还款，将迅速背上难以承受的债务压力。

四是针对学生“裸条”借贷。近年来，“裸条”借贷出现在大学生群体中。裸条（裸贷）是在进行借款时，以借款人手持身份证的裸体照片代替借条。当发生违约不还款时，放贷人以公开裸体照片和与借款人父母联系要挟、逼迫借款人还款。

（二）校园贷的各种“坑”

1. 费率不明

网络借贷平台出于抢占市场和竞争的需要，会隐瞒或模糊实际资费标准，逾期滞纳金、违约金等，很多同学因为一时冲动购物而选择贷款，最终要偿还的“本息和”相当于贷款本金近1.5倍甚至更多，校园贷的年息通常高达20%以上，变成了高利贷。

2. 催收手段不文明

一些网络借贷平台催款时采取不文明的手段，如果不能按时还款，平台就会把逾期信息告知学生的关系圈，甚至恐吓骚扰学生，严重干扰和伤害借款学生。

3. 将风险转嫁给家庭

大学生有一定的消费欲，但是没有稳定的经济来源，所以其还款来源往往来自家庭，高额的利息会给学生家庭造成较大的经济压力。

（三）校园贷的防范建议

（1）对校园贷有正确的认识，不使用校园贷。

（2）防范他人冒用自己的名义申请网贷平台贷款。要谨慎使用个人信息，不随意泄露；妥善保管身份证、银行卡，坚决不将身份证、银行卡借给他人使用；如已陷入不良网贷困扰，应及时向学校报告有关情况，并寻求公安部门帮助。

（3）不贪图小利帮助别人提供贷款担保。

（4）不轻易泄露自己的身份信息、手机信息和银行卡信息。

（5）不参与网贷平台的校园业务促销和代理。

（6）学习金融信贷法律知识，妥善保护个人信息，养成合理的消费观。

（7）提高警惕，抵制虚假宣传和广告。

广大学生要明白，天上不会掉馅饼，对广告宣传中的“免费”“优惠”“打折”要多留一份心眼、多打几个问号；平常要多学一些金融常识，增强防范意识，切勿盲目信任陌生人。

二、防范“套路贷”

“套路贷”是对以非法占有为目的，假借民间借贷之名，诱使或强迫被害人签订“借贷”或变相“借贷”“抵押”“担保”等相关协议，通过虚增借贷金额、恶意制造违约、肆意认定违约、毁匿还款证据等方式形成虚假债权债务，并借助诉讼、仲裁、公证或者采用暴力、威胁以及其他手段，非法占有受害者财物的违法犯罪活动的概括性称谓。

案例5 女大学生小李意外弄坏了室友的手机，因担心父母责怪，她找到了一个线上贷款平台。很快，第一笔数额为3 000元的贷款顺利下放。一个月后，没有收入来源的小李开始违约，催收员便将这笔债务“转让”给了另一家贷款公司。此后，这样的“转让”在55家公司一再上演，而原本3 000元的贷款，也像雪球一样越滚越大。从2017年3月至2018年6月，15个月里，增长到69万元。不久，小李的父亲受到了陌生人的恐吓，还收到了女儿的不雅照，连家门口都被人泼上油漆。小李的父亲抵押了房子，帮女儿还掉58万元的贷款，但剩下的11万元，他再也凑不齐了。此时，贷款的违约金、滞纳金还在增长，小李甚至想到了一死了之。

（一）“套路贷”的基本套路

“套路贷”借民间借贷之名，通过“虚增债务”“制造资金走账流水”“肆意认定违约”“转单平账”“虚假诉讼”等手段，达到非法占有他人财产的目的，在本质上属于违法犯罪行为。“套路贷”一般有如下几种“套路”：

（1）制造民间借贷假象。不法分子以“小额贷款公司”名义招揽生意，与受害者签订借款合同，制造民间借贷假象，并以“违约金”“保证金”等各种明目骗取受害者签订“虚高借款合同”等明显不利于受害者的合同。

（2）制造银行流水痕迹，刻意造成受害者已经取得合同所借全部款项的假象。

（3）单方面肆意认定受害者违约，并要求受害者立即偿还“虚高借款”。

（4）恶意垒高借款金额。在受害者无力支付的情况下，不法分子介绍其他假冒的“小额贷款公司”或个人，或者“扮演”其他公司与受害者签订新的“虚高借款合同”予以“平账”，进一步垒高借款金额。

（5）软硬兼施地进行索债，或提起虚假诉讼，通过胜诉判决实现侵占受害者或其亲属财产的目的。

（二）“套路贷”的防范建议

（1）理性消费，量入为出，切勿过度消费。

（2）谨慎选择借款渠道，确需借款的，要选择向银行等正规金融机构进行贷款申请。

（3）如果遇到“套路贷”行为人暴力催债，甚至威胁借款人身安全时，应第一时间向公安机关报案。

第三节 防盗防抢防侵害

预防和打击高校盗窃抢劫案，不仅是公安机关和学校保卫部门的重要任务，也是每个大学生应尽的责任和义务。增强防盗意识，了解校园内盗窃犯罪的基本情况、规律和特点，掌握防盗的基本常识和技能，是防盗防抢、保证安全的基础。

案例导入

案例1 某大学一个宿舍的几个同学共同出资7 000余元，想合伙买一台计算机，但当天因故未能买成，拟第二天再去买，便将钱存放在一个同学的皮箱里，结果第二天清晨出早操时，窃贼从窗户翻入室内撬开皮箱，将7 000余元全部盗走。

案例2 学生王某在教室自习室自习时出去接了个电话，将装有平板电脑和笔记本电脑的双肩包放在座位椅子上，10分钟后回来时发现双肩包不见了，损失近9 000元。

安全提示

高校内盗窃发案率比较高，由于少数大学生对自己要求不严，盲目追求时髦和人生享乐，人生观和价值观发生扭曲，法律意识又淡薄，没有钱花就去偷，逐步走上了违法犯罪道路。

一、预防盗窃警惕高

盗窃案是高校发生的主要案件类型之一，同学们需要提高警惕，妥善保管好公私财物，确保财产安全。

（一）校园盗窃案的常见手段

在高校发生的盗窃案件中，作案分子采取的方法和手段主要有溜门入室、顺手牵羊、翻墙入室、盗刷饭卡等，其他还有网络技术盗窃、利用钥匙或直接撬门入室和利用信用卡（存折）进行盗窃等。

1. 溜门入室盗窃

利用这种手段而实施盗窃的案发地大多在学生宿舍，作案分子利用门未锁而溜进室内进行盗窃。在室内有人的情况下，作案分子如果是陌生人，则会以找人或推销商品等借口来掩盖自己的真实目的；作案分子如果是熟人，则会以找同学或“串门”为由，借机作案或趁机逃走。

2. 顺手牵羊盗窃

利用这种手段而实施的盗窃案件多发生在教室、图书馆、餐厅、球场等公共场所。作案分子利用物品在人不在或人在睡觉等不备之时而伺机实施盗窃。作案分子除了一些惯偷之外，还有一些人是临时见财起意而实施盗窃，所以往往还带有随机性，很难防范。犯罪嫌疑人翻越没有牢固防范设施的窗户、栅栏等入室行窃，尤其是住在一楼的宿舍，一旦被发现则有可能发展成为抢劫等恶性犯罪。

4. 利用钥匙入室作案

作案分子主要利用以前作案时盗得的钥匙或事先配好的钥匙开门入室盗窃。目前有部分大学生因为懒惰和图方便，总喜欢把钥匙插在门锁上，这更为犯罪分子提供了可乘之机，入室盗窃的作案目标以现金和价值高、便于携带的物品为主。

5. 利用信用卡（存折）进行盗窃

这类盗窃案件的作案分子大多是利用同学、朋友的特殊关系而得到被害人的信用卡（存折）及其密码，伺机进行盗窃。因为有关系好这层假象，所以这类案件还有一定的隐蔽性。

6.“钓鱼”盗窃

所谓“钓鱼”，是指犯罪分子用竹竿把学生晾在窗外或窗户附近的衣物钩走，或把纱窗弄开，钩走学生放在桌、凳上的衣服等物品。天气变暖时，学生寝室的窗户大多打开，极易发生此类被盗案件。

（二）盗窃分子的主要作案时间

盗窃是犯罪分子用不法手段秘密地取得他人财物，因而犯罪分子必然要回避人，尽量不让人发觉。一般来说，犯罪分子在作案时间上有如下规律：

（1）上课时间。上课时间学生大多去上课，特别是上午一、二节课，宿舍内几乎空无一人，是犯罪分子的可乘之机。

（2）夏秋季节。天气炎热，许多学生敞开门窗睡觉，为盗窃分子大开方便之门。

（3）新生入学、老生毕业之际。天南海北的新生，带着数万元的学费、生活费来到大学，对大学情况尚不了解，加上缺乏生活经验，警惕性不高，也是犯罪分子的可乘之机；老生毕业时，宿舍内进进出出的人较多，卖旧书、卖生活用品，收购废品的人也较多，学生忙于离校，警惕性放松，也容易发生盗窃事件。

（4）放假前后。放假前，学生忙于复习考试，精力集中在学习上。这期间家里寄来路费，学生手中的现金较多；放假期间，绝大多数学生回家，宿舍内人员很少，犯罪分子撬锁作案的比较多；开学后，学生带来的现金较多，稍有疏忽，便有可能被盗。

(5) 早操时间。早操时间一些同学不愿起床，睡意蒙眬，给盗窃分子溜门提供了可乘之机。

(三) 校园盗窃案件的特点

一般盗窃案件都有以下共同点：实施盗窃前有预谋的窥测过程；盗窃现场通常有遗留痕迹，指纹、脚印、物证等；盗窃手段和方法常带有习惯性；有被盗窃的赃款、赃物可查。由于客观场所和作案主体的特殊性，决定了高校盗窃案件有以下特点：

(1) 时间上的选择性。不法分子在有人的情况下是不会行窃的，作案人必然选择作案地点无人的空隙实施盗窃。例如，上课期间，同学们都去教室上课了，作案人便会光顾宿舍；休息时间或节假日期间，实验/训室、办公室、计算机房通常均处于无人状态，作案人便会乘隙而入。

(2) 目标上的准确性。高校中内盗案件比较多。对于学校贵重物品的存放地点，诸如机房、财务室等在什么位置，作案人掌握得一清二楚；哪个学生有钱或贵重物品常放在什么地方，有没有锁在箱子中或柜子里，钥匙放在何处，作案分子都基本上了解。不动手便罢，一旦动手目标十分准确，通常很快便得手。

(3) 技术上的智能性。高校中盗窃案件的作案主体，一般以高学历、高智商的人居多，有的作案人本身就是大学生。他们智力超群，盗窃技术高于一般盗窃作案人员。他们经常会用受害人的钥匙开受害人的锁，或制作“万能”钥匙等，进行智能型违法犯罪活动。

(4) 作案上的连续性。如上所述，正是由于作案人比较“聪明”，所以其第一次作案很容易得手。“首战告捷”以后，作案人往往产生侥幸心理，加之报案的滞后性或破案的延迟性，作案人极易屡屡作案而形成一定的连续性。

(5) 作案人员的构成特点。外部人员窜入高校内部作案还是占大多数，大学生作案占有一定比例。各高校内部大学生作案，此类案件占有一定比例，且有逐年上升趋势。

(四) 公共场所的防盗要点

1. 宿舍防盗

(1) 贵重物品不用时最好锁在抽屉、柜子里。

(2) 注意保管好自己的钥匙，不要轻易借给他人，更不可将钥匙插在门锁上。

(3) 锁好门窗，贵重物品尽量不放在宿舍。

(4) 假期离开宿舍时，要锁好门窗，不将贵重物品放在室内。

(5) 最后离开宿舍的同学要锁好门窗。

(6) 不要留宿外来人员。

(7) 刷卡进门时要防备可疑人员尾随进入。

（8）发现外来推销人员，立刻向宿舍管理员或辅导员报告。

2. 教室、图书馆、食堂防盗

（1）贵重物品随身携带或放在寄存处。

（2）不要用放有手机、钱包、笔记本电脑等贵重物品的书包占座。

（3）手机、钱包等贵重物品应放在衣服贴身口袋内妥善保管，不要放在外衣口袋中。

（4）对形迹可疑的陌生人要提高警惕，留心观察。

（5）离开前清点物品，发现物品被盗时，及时向保卫部门报告。

3. 运动场防盗

（1）在运动场运动时，尽量不要携带手机等贵重物品。

（2）如果确需携带，请交熟人代为保管或放置在安全的存包柜内。

4. 乘车防盗

（1）上车下车不要拥挤，要有序排队。

（2）上车时，用手护住装有现金或贵重物品的口袋。

（3）乘车过程中，要将背包或手袋放在身前。

5. 逛街、购物、就餐防盗

（1）处出时尽量少带现金。

（2）不将背包和手袋背在背后，不把钱放在后裤兜中。

（3）试衣时，要将背包和手袋交同伴照管或拿在自己手中。

（4）在超市购物时，不将包或衣物放在手推车或篮子里，以防被拎包。

（5）在外就餐时，将背包和手袋放在自己能看得到的地方。

（6）遇到热闹，不要光看热闹而疏忽自己的钱物。

（五）预防盗窃的相关建议

（1）要牢固树立防盗意识，克服麻痹思想。千万不要以为大学校园是太平世界，是保险箱。盗窃分子的眼光时时盯着大学校园，特别是盯着缺乏防盗意识的大学生。大学校园里时常有盗窃分子出入，身边的大学生中极个别人也有盗窃行为。因此，在防止盗窃时，既要防外贼，也要防内贼。

（2）要妥善保管好现金、存折、汇款单等。现金最好的保管办法是存入银行，存银行要就近储蓄，储蓄时加入密码。密码应选择容易记忆且又不易解密的数字。身份证是最有效的证件，存折丢失，可以凭身份证去挂失，凭身份证去取款。因此，存款单据、汇款单据、存折及现金卡要同身份证、学生证分开存放，防止被犯罪分子同时盗走。

（3）要保管好自己的贵重物品。贵重物品不用时，不要随便放在桌子、床上等明眼处。寒暑假离校时应将贵重物品带走，或托给可靠的人保管。贵重物品、衣物最好做上一些特殊记号，一旦被盗，报案时可以说明，认领时也有依据。

(4) 要养成随手关窗、锁门的好习惯。外出离开宿舍时，要关好窗、锁好门。一个人在宿舍时，即便上厕所、上水房洗衣服，几分钟、十几分钟的时间，也要锁好门，防止被犯罪分子溜门盗窃。

(5) 在教室、图书馆看书时，在食堂吃饭时，不要用书包占座，不在书包里放现金、贵重物品、钥匙，防止被盗。

(六) 盗窃案件的处置方法

(1) 立即报告学校保卫部门或拨打“110”报警，同时注意保护现场。

(2) 如发现犯罪嫌疑人，应立即报告学校保卫部门。

(3) 积极配合公安机关和学校保卫部门调查。

二、防抢防暴巧动脑

抢劫是指以非法占有为目的，用暴力、胁迫或者其他方法，强行夺取公私财物的行为。抢夺是指以非法占有为目的，乘人不备，公开夺取公私财物的行为。这两类犯罪行为都侵害到他人的人身权利，且易转化为伤害、强奸、杀人等恶性事件，社会危害性很大。

案例3 某天夜间，学生朱某及女友在公园聊天时，被两名持刀男子抢劫，抢走手机等物品价值8 000余元。

案例4 某天晚上，某高校一男生和一女生在散步时，突然数名小流氓围了上来，威胁他们交出钱来，两名同学临危不乱，假意屈服，交出身上的部分财物，随后立即向公安机关报案，不久犯罪嫌疑人被全部抓获。

(一) 大学校园里“两抢”案件的特点

(1) 案发时间多为晚上，特别是校园内夜深人静、行人稀少时；午休时间也可能案发。

(2) 案发地点多为校内偏僻场所，人少的地段。

(3) 抢劫、抢夺的对象多为携带贵重物品的人、滞留在阴暗处的恋爱男女或独自一人，特别是女生。

(4) 犯罪分子的目标是抢夺现金、贵重物品。

(5) 犯罪分子较凶残，多数携带凶器，极具侵害性。

(6) 作案人一般为校园附近农村、工厂或城镇中不务正业有劣迹的青年。

(二)“两抢”案件的防范建议

(1) 外出时不要携带过多的现金和贵重物品，特别是不要经过抢劫、抢夺易发生地段，如果因购物需要必须携带大量现金或较多的贵重物品，应请同学随行。

（2）现金或贵重物品最好贴身携带，不要置于手提包或挎包内。

（3）不外露或向人炫耀贵重物品，应将现金、贵重物品藏于隐蔽处。

（4）尽量不要在午休、夜深人静时单独外出，特别是女生。不要在僻静、阴暗处行走、逗留，如必须经过僻静阴暗处，最好结伴而行，或者携带一些防卫工具。

（5）发现有人尾随或窥视，不要紧张，也不要露出胆怯的神情，可以大胆回头多盯对方几眼，或哼首歌曲，或大叫同学、老师的名字，并改变原定路线，向有人、有灯光的地方走去。

（6）女生独自外出或回校，穿着不要过于暴露。

（三）“两抢”案件的应对策略

（1）同学们夜间不要单独到偏僻的地方去，如确需出行，应找多人结伴同行。

（2）一旦遇到抢夺、抢劫行为，要保持镇定，克服畏惧情绪，冷静对待，针对不同情况采取不同的对策。

（3）尽可能大声呼救，或故意高声与犯罪嫌疑人说话，以便他人救援。

（4）当自己处于犯罪嫌疑人的控制之下无法反抗时，要保持镇定，与其周旋，可以交出部分财物，使犯罪嫌疑人放松警惕，看准时机进行反抗或逃脱其控制。

（5）趁犯罪嫌疑人不注意时在其身上留下记号，如在其衣服上擦点泥土、血迹，在其口袋中装点有标记的小物件等。

（6）在确保自身安全的前提下，可利用有利地形，用身边的砖头、木棒等足以自卫的武器进行反抗。

（7）注意观察，尽量准确记下犯罪嫌疑人的长相、身高、体态、发型、衣着、语言和行为等特征。

（8）及时向公安机关或学校保卫部门报案，并提供线索。

三、远离暴力滋扰斗殴

案例5 在某高校附近的一家舞厅内，先后发生两起学生被社会青年打伤的事件，其中学生樊某被5个社会青年打致脑内出血昏迷，学生赵某被社会青年用啤酒瓶砸伤，导致昏迷休克，头部被缝了7针。

案例6 2019年5月12日，某高校邹、邱等同学因在学校与蒋同学有琐事纠纷，酒后两人到蒋同学宿舍滋事。蒋同学开门后，邹同学用热水壶、邱同学用棍棒共同对蒋同学进行殴打。蒋同学离开宿舍时，在宿舍门口走廊再次被邹等人殴打，蒋同学持随身携带的匕首将邹、邱等人刺伤，邹、邱同学经抢救无效身亡。蒋同学被依法逮捕。

（一）大学生遭受滋扰的主要形式

（1）不法人员通过多种途径与大学生进行交往，如发生矛盾或纠葛，便入校寻衅滋事、伺机报复。

（2）有的不法人员在游泳、购物、看电影、参加舞会、观看比赛，甚至走路时与学生产生矛盾，进而酿成冲突。

（3）有的不法人员专门尾随女生到宿舍、教室等处进行骚扰、调戏，对女生动手动脚。

（4）有的犯罪分子邀约到校园内斗殴滋事，围观或路过的大学生无端遭殃。

（5）有的校外人员与学生争抢运动和活动场地引发矛盾和冲突。

（二）防范暴力伤害建议

（1）加强自身修养，严格要求自己，决不能染上恶习惹事滋事。

（2）遇事保持冷静，注意策略方法，以说理为主，正面劝告对方，避免陷入纠缠。

（3）留心观察、掌握证据，运用法律武器保护自己和他人。

四、交友适度防性侵

案例7 某高校一女生被犯罪嫌疑人以招工面试为名，骗至家中暴力强奸。

2019年5月，某高校女生雨天独自回校，在道路僻静处遇到陌生人“问路”，后被猥亵。

2020年5月18日，女大学生陈某通过网约车软件打车，认识了一名自称在某高校做老师的男子。6月6日晚，双方约好到男子家中见面。其间，男子强行亲吻陈某，并想跟陈某发生性关系，后陈某拿着砸碎的碗片奋起反抗才得以脱身。

（一）性骚扰和性侵害的主要形式

（1）暴力型性侵害。指犯罪嫌疑人使用暴力和野蛮手段，如携带凶器猥亵、劫持或以暴力威胁加之言语恐吓，对女性实施调戏、威胁甚至强奸。

（2）胁迫型性侵害。指利用权势、地位、职务之便，对有求于自己的受害者加以利诱或威胁，实施非暴力的性侵害。

（3）社交型性侵害。指在自己的生活圈子里发生的性侵害。实施犯罪的大多是熟人、同学、同乡甚至是男朋友，受害者身心受到伤害以后，往往出于各种考虑而不敢加以揭发。

（4）诱惑型性侵害。指利用受害者追求享乐、贪图钱财的心理，诱惑受害者而使其受到的性侵害。

（5）骚扰型性侵害。指利用靠近女生的机会，有意识地挤碰女生，主要发生在公交车、商店等公共场所；或是向女生寻衅滋事，用污言秽语进行侮辱。

（二）在校生过早恋爱的危害

（1）影响生理发育。

青少年正处于生理发育的旺盛期，身体并未完全成熟。因为人的情绪状态会影响内分泌，早恋的青少年常把握不住自己的情感，起伏波动大，易产生一些莫名的烦恼，导致精神不佳、心悸、头痛、失眠等，从而影响身体健康发育。

（2）影响心理发展。

青少年的心理发展最旺盛又最脆弱，情绪容易激动，对自己喜爱的对象和活动极其狂热，而又缺乏冷静思考，容易受伤害。他们恋爱时沉溺其中，失恋时痛不欲生。青年学生对爱情的理解尚不全面，自制力差，一旦与某人建立了恋爱关系，很可能就会认为对方只能与自己一个人交往，当看到对方与别人交往时，往往有可能控制不住自己的情绪，从而做出伤害对方及他人之事，自己也受到极大伤害。

（3）影响学习和生活。

恋爱会使学生精力分散，注意力不集中，兴趣转移，情绪不稳定。恋爱时的学生时常处于担心因违纪被学校处罚和感情发展不能自控的矛盾冲突中，行为总是偷偷摸摸、躲躲闪闪，精神处于高度紧张状态，难以有心思学习，常常是人在教室心在外。尤其是女生，情感细腻敏感，恋爱往往会使其不能全身心投入学习。还有的学生在恋爱中时常幻想，规划未来，并希望一次成功，因此非常投入，不惜以牺牲学业、违反校规为代价，结果顾此失彼，最后导致两头落空。

（4）影响正常的恋爱生活。

青少年由于涉世不深，阅历不足，生活经验欠缺，对社会缺乏足够的了解，往往感情胜过理智。青春期少男少女谈恋爱，可以说都是在身心都很不成熟的情况下进行的，加上没有经济基础，很容易中途夭折。

（5）恋爱不当有可能导致犯罪。

学生年轻气盛，虚荣心很强，男生在女朋友面前更不愿意丢脸，往往会因为他人一句不礼貌的话或一个不雅的举动而丧失理智，大打出手，甚至聚众斗殴，以显示自己的能力，从而违法犯罪。另一方面，学生恋爱还需要物质上的保证，一旦经济上出现困难，恋爱中的学生就容易误入歧途，产生偷、骗、抢的念头，一旦控制不住便会走向犯罪。

（三）男女交往应当注意把握尺度

男女生交往多数是出于友谊，有的是为了丰富自己的生活，锻炼自己的社交能力；有的是由于感到孤独，想找个知己倾诉；有的女孩的潜意识里有恋父情结，这种心理需求是可以理解的，但交往一定要适度。男女生交往中言谈举止要大方，符合青少年的道德规范，交往尺度要把控好，单独相约时避免一时冲动，发生不应该发生的事，造成不良后果。尤其是女生要学会自我保护。

男生在与女生交往时应该做到以下“四要”：一要理解女生的生理和心理特点；二要主动关心和帮助女生；三要有责任感；四要遵守道德规范，有自制能力。

女生在与男生交往时也应该做到以下“四要”：一要举止端庄、大方、得体、持重；二要避免过分的接触与玩笑；三要理智地谢绝异性的过分要求；四要敢于反击异性的挑逗与侵害。

（四）女生出行交往更应注意安全

（1）夜间行走要保持警惕。要走灯光明亮、往来行人较多的大道。对于路边黑暗处要有防备心理，最好结伴而行，不要单独行走。如果走校外陌生道路，要选择有路灯且行人较多的路线。

（2）女生外出时，遇到陌生男子问路时不要为其带路，向陌生男子问路时不要让他带路。

（3）不要穿过分暴露的衣衫和裙子，短裙宜过膝，上衣要包肩、非低胸、不露腰，不要穿行动不便的高跟鞋。

（4）不要搭乘陌生人的机动车、人力三轮车或自行车，防止落入不法分子的圈套。

（5）遇到不怀好意的男性挑逗要及时斥责，表现出自己应有的自信与刚强。如果碰上坏人，首先要高声呼救，假使四周无人，切莫慌张，要保持冷静，利用随身携带的物品或就地取材进行自卫反抗，还可采取周旋、拖延时间的办法等待救援。

（6）一旦不幸遭受侵害，不要丧失信心，要振作精神，鼓起勇气同犯罪分子做斗争。要尽量记住犯罪分子的外貌特征，如面貌、体型、语言、服饰以及特殊标记等。要及时向公安机关报案，提供证据和线索，协助公安部门侦查破案。

（五）女生在遭遇性侵害时的应急对策

（1）遇到性侵害时要头脑清醒，保持镇静。临危不乱的态度可以对罪犯起到震慑作用，使犯罪分子在心理上感到胆怯。

（2）遇到性侵害时要有坚持反抗到底的信心，尽量拖延时间，伺机摆脱。但择机反抗行为不宜过分激烈，应避免刺激对方，以免受到更大伤害。

（3）寻求适当机会和方式逃脱。例如，可先假装同意，使犯罪分子放松警惕，然后逃跑，并在逃跑时大声呼救。

（4）采取积极的防卫措施。当遭遇性侵害时，要想一想自己身上有无可以用作防卫的工具，如水果刀、指甲钳、发夹等；观察周围有没有可以利用的器物，如棍棒、酒瓶、砖头等。当受到侵害时，用其击打犯罪分子要害部位，如头、眼睛、关节等，使其丧失侵害的能力，以使自己能够趁机逃跑。

（5）遭遇陌生人侵害时，要努力记住犯罪分子的体貌特征，保护好现场及物证，及时报案。

（六）防骚扰防性侵的建议

1. 避免容易遭受性侵害的时间和场所

（1）容易遭受性侵害的季节：夏季。

（2）容易遭受性侵害的时间：夜晚。

（3）容易遭受性侵害的地方：教室、游泳池等公共场所和公园假山、树林、路灯昏暗的街道楼边等僻静之处。

2. 宿舍安全须知

（1）经常进行安全检查，如发现门窗损坏，要及时报修。

（2）就寝前要关好门窗，在天热时也不能例外。

（3）夜间如有人敲门问询，要问清来人身份再开门。

（4）周末或节假日，尽量避免独自一人住宿，回宿舍就寝时，要留心门窗是否敞开，防止有犯罪分子潜伏伺机作案。

（5）无论一人或多人在宿舍，当遭遇犯罪分子侵害时，都要保持冷静的头脑，以保证生命安全为第一要素，在周旋的同时，要及时报警。

第五章　生活安全与食品安全

安全是学校必须具备的条件，也是做好教育工作的前提。学校治安好了，校园就安宁，师生就会如沐春风，有了良好的校园氛围，师生才会有安全感。

学生要把安全放在心上。做好安全工作，安定是前提，校园安定了，学生读书、生活就有了安全感，才能安心学习，因此，安全关系着安定，安全与在校学生关系甚密。

第一节　人际交往讲原则

案例导入

案例 1　陈某，女，20 岁，是家中独生女。因父母忙于工作，自幼由爷爷和奶奶照顾，目前是大学二年级学生。她性格内向，自幼朋友甚少，学习刻苦，成绩一般，曾复读一年。自大二开学以来，她常感到焦虑、郁闷、苦恼，感觉“大家都挺虚伪的，一回到寝室，就胸口发闷”。原因是她觉得自从大二以来，室友们都不怎么关心学习了，只顾玩、找男朋友，最讨厌的就是那个本地女孩，总是和她作对：她晚上睡得比较晚，那个女孩子早上就起得特别早，陈某让她说话小声点，她就很冒火地和陈某吵起来了。陈某觉得她肯定是在报复自己。还有一件事，班上的同学都想入党，寝室也有 3 个室友申请了，但只有陈某被列为发展对象。一天，陈某回寝室看到她们几个在聊天，听到她们好像说“就会讨好老师，拍马屁”。陈某一听就知道是在说自己，从那天以后她们几个人的关系就变得很差了。陈某心里特别不舒服，感到孤立无援。因为心情一直很糟糕，在学习上不能静下心来，根本无法专心复习，还有一个多月就要期末考试了，陈某怕考不好，更怕会挂科，越想心里越乱，越不知所措。

案例 2　小茜和小婧原来是同一所中学的同学，又同时考入同一所大学的同一个专业，还是同寝室的室友。小茜平时的学习成绩要比小婧好一些，因此有一点优越感。但让小茜没想到的是，小婧由于品行端正、活泼大方、善于与人为友且乐于助人，因此被大家选为班干部。自我感觉很好的小茜却什么“官儿”也没当上，她失落了，积压了满腹的怨气和牢骚。小茜认为，如果没有小婧的存在，她肯定能当上班干部，完全是小婧“坏了好事”，因此，她很讨厌小婧。平时，小茜不仅到处说小婧的坏话，还变着法子故意与小婧作对，制造不愉快，甚至搞一些“恶作剧”，对小婧施以报复。小茜有时把小婧的钢笔、词典等学习用品，用破布包起来扔到垃圾桶里；有时偷偷地将小婧饮水杯里的热水倒掉。还有一次，趁小婧不注意，小茜竟然将小婧泡在盆里准备洗的衣服扔到了校外的护城河里。就这样，小茜的人际交往状况越来越糟，还受到了学校的警告处分。

案例3 林某，男，20岁，某本科院校二年级学生，他性格内向、孤僻，不善言谈，很少与人交往。入学一年多来，他和班上同学相处得很不融洽，曾经跟宿舍同学发生过几次不小的冲突，关系相当紧张。后来他竟擅自搬出宿舍，与外班的同学住在一起。从此，他基本上不和班上同学来往，集体活动也很少参加，与同学的感情逐渐淡漠，隔阂加深。他认为自己没有一个能相互了解、相互信任、谈得来的知心朋友，常常感到特别的孤独和自卑，情绪烦躁，痛苦之极。巨大的精神痛苦无处倾诉，长期的苦恼和焦虑使他患上了神经衰弱症。经常的失眠和头痛使他精神疲惫，体质下降，学习效率极低，成绩急剧下降，考试也不及格。他深感自己已陷入病困交加的境地而无力自拔，失去了坚持学习的信心。他开始厌倦学习，厌恶同学和班级，一天也不愿再在学校待下去了。于是，他不听老师的劝告，也不顾家长的劝阻，坚持要求休学。

安全提示

从迈进新校门的那天起，同学们就进入了一个全新的环境，并有了全新的人际交往圈。通过交往，同学之间从陌生到了解，并建立友谊，相互帮助，共同度过这段青葱的校园时光。

当下的青年学生思想前卫，个性张扬，自我意识很强，青年时期也是世界观、人生观逐渐形成的关键时期，但青年学生往往缺乏必要的社会经验和社交知识，易冲动，不能理智地把控自己，在交往中面对困顿往往无所适从，面对诱惑往往难以自拔。一旦交友不慎，沾染了诸如黄赌毒的恶习，轻则荒废学业、影响身心健康，重则走上违法犯罪的道路。这方面的教训有很多，也很惨痛。

因此，在这一关键的阶段，我们要积极行动，帮助青年学生树立正确的世界观，提高自觉性，增强法治观念，追求健康高雅的情趣，抵制各种精神垃圾的侵蚀，走好人生的关键一步。

当代大学生所处的是一个多变的时代。社会变革不仅使社会生活发生了一系列的变化，也使大学生的思想、观念、交往方式发生了深刻的变化，大学生的人际交往也呈现出一些新的特点。

第一，当代大学生思想活跃、精力充沛、兴趣广泛、活泼好动，人际交往需求迫切。他们力图通过交往去拓宽视野，获得同伴的认可、接受、尊敬和信任，满足自己多方面的需要。

第二，交往对象以同龄人为主。众多的交往机会、相似的人生经历、共同的学习任务，使得大学生的交往对象更多地选择同寝室、同班级、同乡等相似背景的同学。

第三，大学生交往动机中功利性少、情感性多。大学生之间的交往更注重情感的沟通与交流，对交往中的直接功利性动机一般不肯轻易认同。

第四，大学生对异性之间的交往愿望强烈，大学生活又提供了许多与异性交往的机会，因此，异性交往的愿望常常会变成交往的具体行为。

一、积极提升人际交往能力

在生活中不难发现，有的人身上仿佛有一种不可抵挡的魅力，周围的人都乐于聚在其身边，这类人往往能够在短时间内结识许多朋友。这类人一般都有如下特点：

（1）具有良性的自我意象和自我认识。

（2）能够主动而热情地待人。热情是最能打动人、对人最具吸引力的特质之一。一个充满热情的人很容易把自己的良性情绪传染给别人。

（3）把每个人都看成重要人物。自我尊严得以维护，自我价值得到承认，这是许多人最强烈的心理需求。我们只有注意到这一点，才能在交往中应对自如。

（4）乐于做一个忠实的听众。这也是良好人际关系的一个重要条件。努力做到这一点，是对别人的一种关怀和爱的体现。

二、大学生人际交往问题

（1）自卑。大学生在人际交往的过程中，有部分人会因为自卑心理而导致人际交往出现问题和障碍。有了自卑心理作祟，自己会极度不自信，不敢在公众场合表现自己，更不敢主动去与人交往，这样长久发展下去，人际交往障碍也会越来越严重。

（2）嫉妒。嫉妒心理也是影响大学生人际交往活动的问题之一。嫉妒的人往往会看不惯别人比自己好，每当别人比自己好时，就恶言相向，这样不仅伤害了别人的感情，更会让自己的人际交往和人际关系越来越糟糕。坦白地说，不管你愿意还是不愿意承认，嫉妒这种病态心理，几乎人人都或多或少、程度不同地存在着。要想实现人际交往顺利，克服嫉妒心理至关重要。

（3）孤僻。孤僻的人由于性格使然，不爱和别人相处和打交道。可是，人都是社会性的动物，将自己封闭起来只会对自己的成长和发展不利。在大学生人际交往中，孤僻性格的人经常独来独往，根本不能将自己融入集体生活，这样下去，人际关系自然也不能处理好。

（4）不信任。交友需要信任，就如同人需要空气和水一样。信任是开启心扉的钥匙，人与人之间是否融洽，全看有没有信任感。如果不信任朋友，也就难以诚恳待人。

三、如何适应校园人际关系

在中学阶段，学习内容、学习时间甚至学习计划等都是由各科老师安排的，学习成效也主要由老师来进行检查。而在大学里，师生关系将变得较为松散，班主任或辅导员最多一周与学生见一次面；一旦到了大学的高年级，一个月也难得见到老师一面。学生更多地要独自面对学习和生活中的问题，学生要学会做自己的老师。因此，能否与同学建立良好的人际关系是一个关键。

在学习和生活上，大学教师只把握大的方向，具体的工作大多由学生自己或班干部来组织完成。为了能够较好地适应这种新的师生关系，大学新生要学会自己来确定学习目标，自己制订学习计划，自己安排学习时间，自己选课，自己检查学习效果，并且主动找教师征询意见，请教师帮助解决困难，定期向教师汇报学习状况，提出自己的计划并与教师共同探讨。

在大学新生的人际关系中，问题最多的还是同学之间的关系。由于班级和宿舍里的同学分别来自不同的地域和不同的家庭，他们在思想观念、价值标准、生活方式、生活习惯等方面都存在着明显的差异，在遇到实际问题时往往容易发生冲突。差异是客观存在的，每个大学新生都必须面对它、接受它。

（1）首先要学会承认各人有各人的生活习惯和价值观念。如果你与别人生活在一起，你就得连同他（她）的生活方式一起接受。如果别人的生活方式有碍于你的生活（如夜里看电视影响你的休息，未经允许随便动你的东西等），你就需要委婉地提出意见，并适当地进行自我调整（如调整作息时间、把自己的东西收起来等）。

（2）要想处理好同学之间的关系，还要做到对人宽，对己严，切忌以我为中心。在平时的生活中，宜做到三主动：即主动与同学打招呼，主动和同学讲话，主动帮助别人。在帮助别人的时候，不要过于计较能不能、会不会得到别人的回报。

（3）此外，要主动去做一些公共的工作，以增加同学们对你的好感。在给同学提意见的时候，必须多动脑筋，注意讲究方法和技巧。比如，同宿舍的人爱彻夜卧谈，影响了大家的休息，直接提意见制止他们可能难以奏效，可以相应地调节自己的作息时间，或推迟上床的时间，或听听音乐。需要注意的一点是，给别人提意见一定不能当着众人的面，以免使对方难堪、丢面子。

四、构建和谐的校园人际关系的重要性

构建和谐的校园人际关系，有利于发挥高校培养人和发展精神文明的作用，有利于养成一种轻松愉快的良好环境，不仅可以使师生心情愉悦，增强群体凝聚力，而且可以调动学生的学习积极性和主动性，增强学生对学校的认同感和归属感，进一步增强学生的主人翁意识和社会责任感。

在学校里，学生是主体，教师是主导，机关和部门以及其他人员是后勤保障。培养和构建和谐的校园人际关系对学生个人、对学校、对社会、对国家都是十分有利的。因此，我们有必要弄清楚和谐的校园人际关系的重要性。

（1）对于学生个人来说，和谐的校园人际关系有利于学生的全面发展，有利于提高学生的综合素质。学生是学校的主体，同时也是和谐校园人际关系的主要培养者和最终获益者。社会要求学生必须德、智、体、美全面发展，要做到和谐的校园人际关系，作为个体的人，学生首先必须自己各方面的素质和谐发展。因此，学生在努力培养和谐人际关系的同时，必然会自觉处理好学习和其他素质的关系，在好好学习的同时也会注意对自己非智力素质的开发和培养，使自己首先做到和谐、全面的发展。

（2）对于学校来说，和谐校园人际关系的培养有利于和谐校园文化的培养和发展创新，有利于学校的和谐良性发展。学生是校园文化的主要创造者，同时也是和谐校园的主要建设者。只要大学生首先实现了自我和谐发展，在学校和相关部门的支持与配合下，一定可以创造出和谐的校园文化。和谐的校园人际关系同时也是和谐校园文化的载体之一。在和谐校园文化的熏陶和感染之下，和谐社团、和谐宿舍、和谐学院以及和谐机关一定可以培养和造就出来，和谐校园的培养目标也就实现了。所以，和谐校园人际关系的培养与和谐校园文化以及和谐校园之间存在着相互促进、相互提携的关系。

（3）对于社会来说，和谐校园人际关系的培养最终有利于和谐社会的顺利实现。学校是为社会培养未来建设者的重要阵地，同时学校也是宣传和执行党和国家路线、方针和政策的重要机构。因此，经过学校对学生和谐社会理念的培养和输入，和谐的校园人际关系一定能得到顺利培养，学生的和谐发展，校园的和谐发展，校园文化的和谐发展也一定能顺利实现。学校培养出来的人才不仅具备和谐发展的理念，而且具备建设社会主义和谐社会的能力和才干，所以，和谐社会、和谐校园与和谐的校园人际关系、和谐校园文化之间依然存在着相互促进、相互影响的关系。

第二节 日常生活有条理

大学，自古以来就被父母当作孩子学业的终极殿堂。我们在走进大学校园之前，会无数次幻想丰富多彩的大学生活；当我们真正走进大学校园才发现，幻想和现实还是有差距的。本节从时间管理、责任意识等方面入手，具体阐述在校大学生应该如何管理好日常生活。

案例导入

案例1　我想学习但是死活学不进去怎么办?

“在图书馆泡了一整天，晚上出来感觉头昏脑涨，仔细想想，好像什么都没学进去，还白白浪费了一整天的时间。”让我们看看这里面发生了什么事。回想一下，自己去图书馆看书前是“我不得不去”，还是“我愿意去”？很多同学还处在高中和初中时代的学习惯性里，“学习是为老师，是为父母，是为所谓的未来，和我扯不上一点关系”。这是“被学习”，所以“不得不去图书馆看书学习”，进而“死活学不进去”。

安全提示

平衡“被学习”与“要学习”：如果我去图书馆，至少会带两种书，我会先用半小时的时间看一些自己感兴趣的东西，热热身，然后再去看枯燥的专业课，这样会引导我进入高效时段，学得累了，站起来走走，然后再看看有趣的东西，再切换到专业课，这样的节奏和方法也同样适用于工作。“死活学不进去”往往是因为“我要学到死”“看不进去专业课我就不休息”这样的心态。

在“被学习”中寻找动力：如果有一天你爱上一个你讨厌的人，这才是最要命的事。每个人身上都有闪光点，枯燥的课本内容也不例外，比如说微积分，其实它可以解决生活中的很多问题，我们知道，大多数可乐罐是铝制的，市面上标准可乐罐的容积是355毫升，但在保证容量的前提下，现有的可乐罐有没有做到最省料呢？通过学习微积分，计算极值就能解决这个问题，这不是我们最常做的内容吗？如果学习是枯燥的，那么就从解决有趣的问题开始。

案例2　我不知道将来做什么，也不知道现在学什么才是今后能用上的，纠结啊！

做选择和做计划必须站在自己看得见方向的高度，同样是1.2米的距离，在地上，你可以轻松跨越，但如果让你站在30米的高空，同样是1.2米，你还能轻松跨越吗？恐怕很难，你可以从低到高慢慢试验，总有一个高度会让你突然变得很害怕和犹豫，这个高度就是你可以掌控的范围，当高度再升高时，你就无法掌控了，所以会纠结。

安全提示

只计划看得见的未来：比如说大学四年如何度过，这是可以去计划的。不同的人，看到未来的远近不一样，因为他们所站的高度不同，这个高度是什么？就是"经验"，失败的经验，成功的经验，累积下来就会垫在你的脚下让你看到更远的地方，所以，我建议：计划看得见的未来，创造看不见的未来。

最浪费时间的就是纠结：有时候做出选择比选择什么更重要，时间管理里的一个核心观点就是"找出你的下一步行动"，放在这里同样适用。如果你纠结于某个问题，不要只用脑袋想，要付诸行动，拿一张纸，把两件事情写在最上面，然后分别列出两件事情的好处和坏处，去思考这个问题："哪一个我可以放弃？"这个方法经常帮助我做出选择。

案例3　我经常被突发事件干扰，所以总是没法按计划完成任务。怎么解决？

安全提示

突发事件是调皮的孩子，总是出其不意地在你面前哭闹，让你不得不去关注它，多陪陪它。大学时候的临时突发事件和工作之后略有不同，大学往往是"诱惑"，工作往往是"打断"，所以，在大学时代要想不被突发事件干扰，就要经得起诱惑，比如说你准备看书的时候有人找你踢球，你准备写论文的时候有人约你吃饭，这时候你必须有自制力和目标感，其实也就是信守对自己的承诺，计划下午看书，实际上就是一个承诺，对自己的一个承诺，不要轻易地去改变它。

一、时间管理出效率

进入大学后，学习变得更加自由，面对充裕的课余时间，许多学生不知所措，如何有效地进行时间管理成了摆在学生面前的"大问题"。

案例4 近日，央视曝光了一位清华学霸的每日计划表，瞬间就冲上了热搜。在这张计划表里，密密麻麻地写着他每天的学习进程。凌晨1点睡觉，清晨6点起床，6点40开始学习。除了每天完成固定课程外，还包括每周两次的讲座充电，两门外语的学习，还有固定的锻炼时间，连晚上9点到凌晨1点都安排得满满当当。

据知情人透露，这位学霸来自经济落后地区，当年是市级高考状元，但家境非常一般。来清华后，他凭借着勤奋与坚韧，连拿4年的一等奖学金，成绩保持在全院前三。还未毕业就被某央企以特殊人才提前聘用，成为后备干部。

在清华，自然是高手如云，可这位貌不惊人、出身一般的学霸却能脱颖而出，靠的是什么？不仅是过人的天分，更重要的是简单的两个字：自律，对时间的高效利用。

安全提示

那些学霸们并不是比别人多聪明，而是他们一直在合理利用时间，并且坚持下去。

案例5 一位权威的教育专家通过对当前高校学生在时间管理方面的调研，分析、总结了大学生在时间管理方面存在的一些问题。

（1）时间管理意识缺乏。经历了紧张的中学生活，进入相对自由的大学，大部分学生表示对如何管理时间很茫然，只有28%的大学生具有较强的时间管理倾向。

（2）时间计划效率偏低。很多大学生仅仅把计划停留在纸面甚至头脑中，在执行上比较僵化，这就导致36.5%的大学生表示计划不会去执行，56%的学生在计划的执行过程中不能针对自身的具体情况做出适当的调整。

（3）时间管理满意度不高。这主要体现在时间利用效率、零碎时间和闲暇时间的利用上。在零碎时间的利用方面，仅有26.8%的大学生认为自己善于利用零碎时间，35.2%的大学生认为自己不善于利用零碎时间。

安全提示

所谓自由，并不是随心所欲，而是自我主宰。很多时候，不是优秀才自律，而是自律了才变得优秀。当一个人自律到极致的时候，即便起点不高，即便受尽嘲讽，全世界依旧会为他让路。说到底，三分天注定，七分靠打拼，唯有自律的人，才能掌控自己的人生。

（一）大学生时间管理的意义

时间管理的意义正如邓拓所说："古来一切有成就的人，都很严肃地对待自己的生命，当他活着一天，总要尽量多劳动、多工作、多学习，不肯虚度年华，不让时间白白地浪费掉。"我们应将时间当作最美好、最宝贵的财富，用这笔财富进行一项项人生的投资来充实和完善自己，实现自我价值。

（二）提高时间利用效率的原则

（1）学会舍弃。在学习的时候，许多学生面前总放着一大堆书，但每次只能拿起一本书认真阅读，而不是同时拿起十几本书随意浏览——这是一种最浪费时间的学习方法。

那么，该选择哪一本呢？答案很简单：最重要的那本。对第二重要的那本坚决不看。当把最重要的那本看完之后，第二重要的也就变成了最重要的了。确保自己一直都在做最重要的事情，实际上也就确保了自己的时间一直都在被高效地利用。

（2）做自己力所能及的事。要保证自己的学习效率，就要多做和自己水平相适应的题目，既有成就感又能提高自己的解题能力。太简单的题目不要去做，太难的题目也不要去做。循序渐进，慢慢地提高标准，才能真正高效地利用时间。

（3）根据不同内容的学习特点来安排时间。面对那些需要大量阅读、理解、背诵的东西，要安排时间比较长、精力比较充沛、不容易受到干扰的时间段来做。

（4）注意适当休息。在制订时间计划的时候，保证必要的休息是应该的。有很多同学喜欢熬夜，因为夜里安静，有利于学习，但这样就会影响白天的学习，睡得很不安稳，学得也不踏实。

（5）学会执行。就像我们学习需要预习和复习一样，计划既需要每天执行之前牢记在心，也应该在每天执行之后进行检查，只有这样才能不停地督促自己，持之以恒。时间管理也是一样，列出表格把时间填满不是本事，知道如何在正确的时间填入正确的内容，认真执行才是最重要的。

（三）我们该如何合理地解决玩游戏问题

（1）可以每天给自己制订时间计划表，规定玩游戏的时间段和时长，不能影响正常的学习和生活。

（2）在玩游戏的过程中，也要不断地分析游戏的魅力，训练大脑思维，让大学生从对游戏和生活的无聊转为对游戏的思考。

（3）要玩一些有益健康的网络游戏，充分认识网络游戏对自身成长的作用与影响。

（4）要明白娱乐和游戏只是网络的一个方面，充分利用网络的优势促进学习才是王道。

（5）更好地树立正确的"三观"，运用网络扩大知识视野，努力使自己在竞争中立于不败之地。

每个人都要好好管理自己的时间，要能够把那些零碎的时间、浪费的时间活化，好好去利用它。要想让自己避免被打扰，关键在于能不能放弃些重要的事情。

每一个人所谓的“忙”，就是让更多紧急的事情占用自己的时间，所以一定要学会调整，减少那些紧急的时间，这样才有自己的时间做重要的事，这对时间管理是很重要的。让每分钟都过得充实而有意义是珍惜时间的表现，提高效率更能使时间创造双倍的价值。

有些人喜欢走极端，总以为珍惜时间就是把每一分、每一秒都用在工作上，因为害怕浪费时间，总是来也匆匆、去也匆匆，心急火燎，结果却往往适得其反。这些都是时间管理的误区。

时间是每个人与生俱来的一笔财富，而善于掌握和运用这笔财富，则是一种对生命的经营。将身边每一分、每一秒的时间都利用起来，自己将会积累一大笔财富，不要让它们匆匆溜走，否则会追悔莫及。

总之，培养时间管理能力对大学生的成长十分重要。大学生的可塑性很强，科学的指导和管理将对其未来的发展产生重大影响。

二、大学生社会责任意识状况的基本认识

（一）社会责任意识的基本内涵

（1）社会责任意识是作为个体的人在心理上形成的自觉地处理好个人与他人、与社会关系的一种自觉的意识。既然是自觉的意识，它就必然经历一个从被动到主动的过程，是伴随着年龄、阅历的增长而累积的过程。

（2）社会责任应当是一个包含多种责任形式，由低级到高级、由微观到宏观的责任体系。每个人所能够承担的社会责任是有差别的，因此，不能把所有的社会责任都赋予青年学生，太多的责任实际上也是不可能承担的。

（3）社会责任意识的养成是一个受多种因素影响的渐进过程，因环境因素的影响，不同时代、不同时期社会责任意识的内涵是不同的。应当用与时俱进的眼光和思维来看待当代青年所具有的社会责任意识。

（4）在强调社会责任意识时，应当强调它不仅仅只是一个需要付出的过程，而应当具有“我为人人、人人为我，帮别人就是帮自己”的意识和理念。在教育的过程中也应当灌输这种理念。

（二）大学生社会责任意识教育存在的问题

“00”后大学生有着这一代人所独有的、有别于其他年代人的代际优势，同时由于网络化等多种因素的影响，其中有部分学生在社会责任意识方面存在以下几方面突出的

问题：

（1）人生目标模糊。一些学生缺乏清晰的奋斗目标，对于自己的学业生涯、职业生涯和人生目标缺乏规划。试想一个连自己都不清楚自己未来的人，怎么有可能树立明确的社会服务与社会责任意识呢？

（2）价值标准混乱。一些青年学生受各种思潮的影响，在判断是非及行为标准上，突出强调个人价值而弱化社会价值，甚至出现了价值扭曲的现象，真善美得不到褒扬，假丑恶却大行其道。

（3）过于以自我为中心。部分学生突出强调个人价值的实现，甚至为了实现自我价值不惜牺牲和损害他人及社会利益，极个别人甚至滑向极端利己主义。

面对上述倾向，我们对大学生社会责任意识的教育也存在着一定的问题。事实上我们并不缺理论，对于社会责任影响的因素及其教育机制也有那么多的专家学者在研究并且成果丰硕，但是我们教育的实效性依然是不尽如人意。比如，教育理念滞后，教育内容空泛、不成体系，教师队伍能力素质参差不齐。正如教育部部长陈宝生所言，“内容比较陈旧、工艺比较粗超、包装不怎么时尚”，特别是对大学生责任意识教育的地位不够重视，偏重对理想的教育，轻视对责任意识的教育。责任意识教育主要以单一的灌输式为主，忽视了责任意识教育的实际效果；缺少对当代大学生社会责任意识教育的优秀校园文化，不重视榜样教育；少部分高校教师的理论教育与行为教育有不协调的状况存在，教育效果就比较差。

（三）大学生社会责任意识存在问题的原因分析

（1）首要的原因在于家庭教育的畸形化。现在的学生中，不少都是独生子女，而独生子女教育存在的问题已经屡见不鲜。突出的问题在于娇生惯养和缺乏感恩与爱的教育。“根基不牢，地动山摇”，如果在系人生第一颗扣子时就出了差错，后面的教育是很难扭转的。

（2）教育体系，尤其是基础教育体系出了问题。从幼儿园、小学到中学，在应试教育的指挥棒下，一切围绕着知识灌输，围绕着分数提高，而忽略了学生品行养成、人际关系调整、责任与担当意识等方面的教育。

（3）市场经济与教育的产业化，使得部分学生片面地认为上大学我是出了钱的，是我出钱买的教育，学与不学、怎么学、学什么都是自己的事，个人的成长与成功完全是自我奋斗及家庭资助的结果，全然不考虑他人和社会的帮助和支持。

（4）互联网及移动多媒体带来的冲击比较大。部分学生沉迷在网络虚拟社会中不能够自拔，其思维方式与行为方式越来越与社会脱节。特别是网络社会中缺乏规矩与约束，使得部分学生只注重自我感受而缺乏社会责任感。

（四）大学生社会责任意识养成的路径探讨

1. 最核心的途径还是教育

青年大学生的社会责任意识的增强主要体现在以下三个方面。

（1）要抓好作为最基础教育的家庭教育。任何孩子出了问题，归根结底还是和家庭教育的缺失、父母教育的偏差有必然的联系。家庭教育应当以感恩教育为核心，如果一个孩子从小到大不知道感恩，很难指望他会回馈社会、承担社会责任。

（2）学校教育应当以学生的社会化教育为核心。教育学生把个人的成长发展与国家社会的发展，与处理好个人与他人、个人与社会、个人与国家的关系相结合，加强认同感教育，提高对于国家和民族发展的自信心和自豪感，加强榜样的示范作用。

（3）在教育过程中，应当多增加一些个人应当承担的义务教育，而不仅仅是权利的教育，使学生在道德与法律的约束下增强责任感。

2. 增强大学生对所承担社会责任的意识需要靠体验

（1）参加社会实践。仅仅靠课堂教育是很难让学生增强社会责任意识的，一条很好的途径就是加强大学生参与社会实践，增强他们对社会的接触、感悟和认识。目前的实践活动更多地停留在知识与能力的提高上，而缺乏社会责任方面的训练与体验。因此，要让大学生在社会实践中，通过走进社会、服务社会，特别是参与公益性活动，在实践中锻炼自己、提高自己对社会的认识。

（2）提高个人修养。大学生社会责任意识的培养固然离不开各种客观因素，但归根结底还是要依靠大学生自身。首先要通过理论实习、社会实践来正确地评价自己，多方面地认识自我，找到自己与优秀群体的差距和不足，及时改正和弥补；其次要培养自身的意志力和坚定的信念，并能合理地自我调控；另外要通过自我监督、自我教育等方法来逐步提高自我教育的能力，要把自己融入家庭、学校和社会，共同努力，逐步承担起自己的社会责任，提高社会责任意识。

第三节 饮食安全记心上

学校食堂一般是学校为学生或教职员工准备的用餐的地方。一般学校食堂主要是供应校内师生一日三餐的，也有食堂对外开放。

学校食堂必须按照国家相关标准和相关法律法规获得经营许可和卫生认证。学校食堂就餐人数多，就餐时间集中，就餐者绝大多数是年轻学生，所以饮食安全问题是首要问题，其次是饮食的菜色品种问题。

一、饮食安全常识

（一）禁止生产经营的食品种类

（1）腐败变质、油脂酸败、霉变、生虫、污秽不洁、混有异物或者其他感官性状异常，可能对人体健康有害的。

（2）含有毒、有害物质或者被有毒、有害物质污染，可能对人体健康有害的。

（3）含有致病性寄生虫、微生物，或者微生物毒素含量超过国家限定标准的。

（4）用非食品原料加工的，加入非食品用化学物质的或者将非食品当作食品的。

（5）超过保质期限的。

（6）为防病等特殊需要，国务院卫生行政部门或者省、自治区、直辖市人民政府专门规定禁止出售的。

（7）含有未经过国务院卫生行政部门批准使用的添加剂的，或者农药残留超过国家规定容许量的。

（二）伪劣食品的判别

伪劣食品犹如过街老鼠，人人喊打，但人们在日常购物时却难以识别。伪劣食品防范“七字法”，以通俗、易懂、易记的方式引导消费者强化食品安全自我防范，目的是使伪劣食品因缺乏市场而退出市场。防范“七字法”即防“艳、白、长、反、小、低、散”。

一防“艳”。对颜色过分艳丽的食品要提防，如草莓像蜡果一样又大又红又亮，咸菜梗亮黄诱人，瓶装的蕨菜鲜绿不褪色等。要多留个心眼，有可能是添加了各种色素。

二防“白”。如果食品呈现不正常、不自然的白色，十有八九会有漂白剂、增白剂、面粉处理剂等化学品的危害。

三防“长”。尽量少吃保质期过长的食品，3℃贮藏的包装熟肉禽类产品采用巴氏杀菌的，保质期一般为7～30天。

四防“反”。警惕防反自然生长的食物，如果食用过多可能对身体产生影响。

五防“小”。要提防小作坊式加工企业的产品，这类企业的食品平均抽样合格率最低，触目惊心的食品安全事件往往出现在这些企业。

六防“低”。指在价格上明显低于一般价格水平的食品，价格太低的食品大多有“猫腻”。

七防“散”。即散装食品，有些集贸市场销售的散装豆制品、散装熟食与酱菜等可能来自地下加工厂。

（三）预防食源性疾病的建议

（1）不购买、不食用腐败变质、污秽不洁及其他含有害物质的食品。

（2）不食用来历不明的食品，不购买无厂名厂址和保质期等标识不全的食品。

（3）不光顾无证无照的流动摊档和卫生条件不佳的饮食店；不随意购买、食用街头小摊贩出售的劣质食品、饮料。

（4）不食用在室温条件下放置超过 2 小时的熟食和剩余食品。

（5）不随便吃野菜、野果。野菜、野果的种类很多，有的含有对人体有害的毒素，缺乏经验的人很难辨别清楚。

（6）生吃瓜果要洗净。瓜果蔬菜在生长过程中不仅会沾染病菌、病毒、寄生虫卵，还有残留的农药、杀虫剂等，如果不清洗干净，不仅可能染上疾病，还可能造成农药中毒。

（7）不饮用不洁净的水或者未煮沸的自来水。水是否干净，仅凭肉眼很难分清，喝白开水最安全。

（8）直接食用的瓜果应用洁净的水彻底清洗并尽可能去皮，不吃腐烂变质的食物。

（9）进食前或便后应将双手洗净。人的双手接触各种各样的东西，会沾染病菌、病毒和寄生虫卵，只有养成吃东西前洗手的习惯，才能减少“病从口入”的危险。

（10）在进食的过程中如发现感官性状异常，应立即停止进食。

（四）常见的饮食卫生误区

（1）好热闹喜聚餐。每当节假日，人们大多喜欢三三两两到餐馆“撮一顿”，或是亲朋好友在家聚餐。这样做不利于健康，不符合饮食卫生，特别是当前这一非常时期，最好实行分餐制。分餐的做法是对他人和自己的生命健康负责。

（2）用白纸包食物。有些人喜欢用白纸包食品，因为白纸看上去好像干干净净的。可事实上，白纸在生产过程中会加许多漂白剂及带有腐蚀作用的化工原料，纸浆虽然经过冲洗过滤，仍含有不少化学成分，会污染食物。至于用报纸来包食品，则更不可取，因为印刷报纸时，会用许多油墨或其他有毒物质，对人体危害极大。

（3）用酒消毒碗筷。一些人常用白酒来擦拭碗筷，以为这样可以达到消毒的目的。殊不知，医学上用于消毒的酒精度数为 75°，而一般白酒的酒精含量多在 56°以下，白酒不能等同于医用酒精。所以，用白酒擦拭碗筷，根本起不到消毒的作用。

（4）抹布清洗不及时。实验显示，在家里使用一周后的全新抹布，滋生的细菌数会让你大吃一惊。如果在餐馆或大排档，情况会更差。因此，在用抹布擦饭桌之前，应当先充分清洗。抹布每隔三四天应该用开水煮沸消毒一下，以避免因抹布使用不当而给健康带来危害。

（5）用卫生纸擦拭餐具。化验证明，许多卫生纸（尤其是非正规厂家生产的卫生纸）消毒状况并不好，这些卫生纸因消毒不彻底而含有大量细菌，即使消毒较好，卫生纸也会在摆放的过程中被污染。因此，用普通的卫生纸擦拭碗筷或水果，不但不能将食物擦拭干净，反而会在擦拭的过程中给食品带来更多的污染机会。

（6）用毛巾擦干餐具或水果。人们往往认为自来水是生水、不卫生，因此在用自来水冲洗过餐具或水果之后，常常再用毛巾擦干。这样做看似卫生细心，实则反之。须知，干毛巾上常常会存活着许多病菌。目前，我国城镇自来水大多经过严格的消毒处理，用自来水洗过的餐具或水果无须再用干毛巾擦拭。

（7）将变质食物煮沸后再吃。有些人比较节俭，会将轻微变质的食物经高温煮过后再吃，认为这样就可以彻底消灭细菌。医学实验证明，细菌在进入人体之前分泌的毒素是非常耐高温的，不易被破坏分解。因此，这种用加热方法处理剩余食物的方法是不可取的。

（8）把水果烂掉的部分剜掉再吃。有些人吃水果时，习惯把水果烂掉的部分削了再吃，以为这样就没问题。然而，微生物学专家指出，即使把水果上面已烂掉的部分削去，剩余的部分也已通过果汁传入了细菌的代谢物，甚至还有微生物开始繁殖，其中的霉菌可导致人体细胞突变而致癌。因此，水果只要已经烂了一部分就不宜再吃了，还是扔掉为好。

二、高校外卖食品的特点及存在的问题

随着生活节奏的加快，越来越多的人选择外卖这一方式以满足自己的饮食需求，而大学生在这一群体中占比很高。不少大学生因对食堂一成不变的饭菜感到不满而选择五花八门的外卖，多数店家看中大学生这一主要消费群体，在周边的商业街地区建立自己的外卖实体店，并入驻平台，以此方式盈利。

截至 2019 年 12 月，中国网上外卖注册用户规模达 7.06 亿，手机网上外卖用户规模达 5.97 亿，显然，外卖市场已经形成规模，而且潜力巨大。

（一）主要特点

（1）种类繁多。外卖食品的品种繁多，与食堂相比，外卖食品对大学生具有更大的诱惑力。

（2）价格优惠。学校附近外卖实体店的消费对象主要是大学生，故店家在了解大学生经济状况的基础上，其标记的外卖价格与提供给上班族的外卖相比，更为经济实惠，平台有时候会采取一些优惠的方式，让大学生以较低价格购买外卖，以达到薄利多销的目的。

（3）方便快捷。某些大学生离开了父母的管制，生活不够自律，也懒得到食堂排队买饭，故其往往会选择直接送至宿舍楼下的外卖，方便快捷。

（二）存在的问题

（1）食品卫生无法保证。虽然外卖服务能够在食品方面给大学生提供更多的选择，

但互联网模式下的外卖并非由卖家直接提供给消费者，而是由外卖员将已经做好的外卖送给消费者，故消费者对于该食品是由何种材料做成以及如何做成都无从知晓。通过外卖获得商家已经做好的食品与消费者到实体店吃现成的食物相比，前者存在食品卫生问题的可能性更大；而且，商家是盈利者，其目的是实现收益最大化，当有成本更低的材料可供使用时，必然会选择该材料以获取更大利益。因此，外卖食品存在较大的卫生安全隐患，大学生在经济条件允许的情况下应尽量选择品牌好、信誉高的商家。

（2）卫生安全未得到重视。在国家对校园外卖尚未管理时，配送人员都是无健康证在岗，平台公司管理不严密，安全问题日渐突出，现阶段平台公司只是追求配送时间和订餐状况，几乎没有考虑餐饮安全以及配送途中的卫生问题。

配送员也无送餐卫生意识，对外卖的卫生安全没有予以高度重视。而平台对于商家食品的安全卫生问题没有严格把关，导致一些商家为了贪图小利而购买低成本食材，或将剩菜剩饭进行二次使用等一系列不规范行为，这些都是卫生安全存在的主要问题。

（3）配送制度不完善。校园外卖配送问题也是一项重大的难题。例如，平时配送超时或者配送地点过远会导致一系列的损失，影响食物质量等情况。

国内目前最被人们熟知的外卖平台是“美团”与“饿了么”，但是由于校园外卖点餐的局限性，学生只能够在固定的平台进行网上点餐，而且还要达到一定的点餐费用才能进行派送，有时又无法进行凑单，这些问题显示出配送制度必须完善，必须合理且有效地分配资源。

校园外卖是一个正在发展的新产业，牵涉到卫生安全、外卖配送、商家入驻等，这些都是在校园外卖平台上常遇到的问题，外卖行业的发展可以培养现代大学生的创新精神，解决部分学生的生活困难。但在校学生在选择外卖食品或者食堂就餐时，注意食品安全还是第一位的。

第六章　交通安全与户外活动

随着我国交通建设的飞速发展，人们的出行变得越来越便捷。大学生外出学习交流、参观旅游、户外拓展的机会也越来越多。

大学生交通安全是指大学生在校园内外的道路上行走、乘坐或骑行交通工具时的人身安全。只要有行人、车辆、道路这三个交通安全要素存在，就有交通安全问题，所以增强安全意识、熟悉交通应急知识是防止交通事故发生、提高安全保障的重要组成部分。

第一节　交通规则应遵守

案例导入

案例 1　2019 年 4 月，江苏常州两名青年走到斑马线中间时，绿灯变为红灯，而此时他们仍低头盯着手机屏幕径直向前。此时，一辆小轿车正常驶来，一下子把两人撞飞。

在校园的公共道路上，这些被称为“低头族”的人随处可见，“低头族”在过马路、骑车时引发的交通事故也日益增多。

案例 2　2020 年 5 月，广东中山一女子边走路边用右手接听手机。当她横过马路时，出现在其右边的一辆白色货车将其撞倒在地，随即她又被迎面而来的一辆车碾压过去。目击者称，车祸现场非常惨烈。

安全提示

随着高校改革的不断深入，高校与社会的交往越来越频繁，校园内人流量、车流量急剧增加。校园内汽车、电动车很是普遍，学生开汽车上学已不再是新闻了。一般校园道路都比较狭窄，交叉路口没有信号灯管制，也没有专职交管人员管理，交通管理水平滞后于高校的发展。校园内人员居住集中，上、下课时容易形成人流高峰等，致使高校的交通环境日益复杂，交通事故也经常发生。

二、校园内外交通事故的形式

（一）校园内易发生的交通事故

校园内发生交通事故的主要原因是行人思想上麻痹和安全意识淡薄。许多大学生刚刚离开父母和家庭，缺乏社会活动经验，头脑里交通安全意识比较淡薄，有的同学在思想上还存在校园内骑车和行走肯定比公路上安全的错误认识，一旦遇到意外情况，发生交通事故就在所难免。校园内发生交通事故的主要原因有以下几种。

（1）注意力不集中。这是最主要的原因，表现为行人走路时边走路边看手机或边听音乐，或者左顾右盼，心不在焉。

（2）在路上嬉戏打闹。大学生精力旺盛，活泼好动，即使在路上行走也是蹦蹦跳跳，有时甚至还在路上进行球类活动，这更增加了发生事故的危险。

（3）骑“飞车”。一般高校校园面积都比较大，宿舍与教室、图书馆之间的距离比较远，所以许多大学生购买了自行车或电动车，课间或下课时骑车在人海中穿行是大学校园的一道风景线。但部分学生的骑车技术实在“高超”，居然能骑自行车与汽车比快慢，殊不知就此埋下了祸根。

（二）校园外常见的交通事故

由于校园周边一般车流量大、行人多，各种交通标志眼花缭乱，与校园相比交通状况更加复杂，若缺乏通行经验，发生交通事故的概率会很高。有的学生公寓建在校外，每天上课、下课时校园周边地区会形成人流、车流高峰，从而成为交通事故新的多发地带，存在较大的安全隐患。

三、交通事故的预防

（一）提高交通安全意识

不管是校内还是校外，发生交通事故最主要的原因是行人主观思想上的麻痹，安全意识淡薄。乘坐交通工具时，应遵守规则，依次上下，不挤不抢；车辆行驶中不得把身体伸出窗外；乘坐长途客车、中巴车不能贪图便宜，不要乘坐车况不好的车，不要乘坐“黑巴”“摩的”；乘坐火车、轮船、飞机时必须遵守车站、码头和机场的各项安全管理规定。

（二）自觉遵守交通法规

大学生除了要提高交通安全意识，掌握基本的交通安全常识外，还必须自觉遵守交通法规。在道路上行走，应走人行道，无人行道时靠右边行走；走路时要集中精力，要做到“眼观六路，耳听八方”；不与机动车抢道，不突然横穿马路，不翻越护栏，过街要走人行横道；不闯红灯，不进入标有“禁止行人通行”“危险”等标志的地方。

四、交通事故的处理办法

（一）及时报案

无论在校外还是在校内，一旦发生交通事故后，首先要做的是及时报案，这有利于事故的及时处理，千万不能与肇事者“私了”；若在校外发生交通事故，除及时报案外，还应该及时与学校取得联系，由学校出面处理有关事宜。

（二）保护现场

事故现场的勘察结论是划分事故责任的依据之一，若现场没有保护好，会给交通事故的处理带来困难，甚至造成“有理说不清”的情况。切记，发生交通事故后要保护好事故现场。

（三）控制肇事者

若肇事者想逃脱，一定要设法控制。自己不能控制可以发动周围的人帮忙，若实在无法控制，也要记住肇事车辆的车牌号、车型等特征。

（四）牢记常用号码

要记住四个电话号码：

（1）“119”火警电话。

（2）“110”报警电话。

（3）“122”交通事故报警电话。

（4）“120”急救电话。

打电话时不要慌张，必须说清地点、相关情况及显著的特征。

五、水运安全常识

我国水域辽阔，人们外出旅行，会有很多机会乘船。船在水中航行，本身就存在遇到风浪等危险，所以乘船旅行的安全十分重要。

近年来，我国水上交通安全形势不容乐观，已经发生多起安全事故。2019 年，全国共发生水上交通事故 700 多起，死亡和失踪 400 多人。

（一）水上交通的特点

水路运输是指利用船舶、排筏和其他浮运工具，在江、河、湖泊、人工水道以及海洋上运送旅客和货物的运输方式。

水路运输按其航行的区域，大体上可划分为远洋运输、沿海运输和内河运输三种类型。远洋运输通常是指除沿海运输以外所有的海上运输，在实际工作中又有远洋和近洋之分。

水上交通具有以下优点：① 可以利用天然水道，线路投资少；② 船舶沿水道浮动运行，可实现大吨位运输，降低运输成本；③ 沿水道可以实现长距离运输。

水上交通也存在着一些缺点：① 船舶平均航速较低；② 船舶航行受气候条件影响较大。

（二）水上交通注意事项

（1）不要乘坐如超载等冒险航行的船舶。为了保证航运安全，凡符合安全要求的船只，有关管理部门都发有安全合格证书。外出旅行，不要乘坐无证船只。

（2）上下船要排队按次序进行，不得拥挤、争抢，以免造成挤伤、落水等事故。

（3）天气恶劣时，如遇大风、大浪、浓雾等，应尽量避免乘船。

（4）不在船头、甲板等处打闹、追逐，以防落水。不拥挤在船的一侧，以防船体倾斜，发生事故。

（5）一旦发生意外，要保持镇静，听从有关人员指挥。

（6）集体乘船应有领队带队、指挥，上下船要排成队，不得打闹、走动；要听从船上工作人员的指挥，维护好船上秩序。

第二节 户外运动防意外

随着我国户外运动的快速发展，户外运动在健身、娱乐、休闲等方面的作用日益显现，在校大学生也是户外运动的生力军。

因户外运动过程中，不可预测的天气、复杂的交通条件、匮乏的通信设施和简陋的医疗器械，以及危险的地形等因素，户外运动很容易给参与者带来人身伤害，户外运动的安全指数较低。如果大学生在户外运动过程中安全意识不够、经验不足、不具备相关专业技能和知识，就很容易发生各种安全事故。本节重点介绍大学生户外运动安全。

案例导入

案例1 2015年5月，云南某高校的7名学生到昆明市西北沙河水库边游玩，游玩过程中，两名大学生因为天气炎热而进入西北沙河水库游泳，一名大学生意外溺水身亡。

案例2 2018年国庆期间，某高校7名大学生登山爱好者在秦岭登山时，6人被困1人失踪。2016年5月，天津大学13名前往鄂尔多斯库布齐沙漠探险的学生在沙漠深处被困。2019年9月7日，重庆理工大学一名学生探峨眉山原始森林，因脚滑掉进深谷被困。

一、户外运动的相关概念

广义的户外运动是指所有在室外进行的运动，几乎涵盖了所有室外运动，如室外球类、骑马、射箭、游泳、水上运动等及其中的各个小项。狭义的户外运动是指在自然场地进行的体育运动。自然场地包括大自然（山、水、天、地等）和人们为了非体育目的而修建的设施。户外运动与在户外进行的体育运动有本质区别，前者主要是指参与者通过自身努力而使自己的身心得到锻炼，同时能使自身更贴近自然、感受自然的运动（包括一些极限运动），如野营、攀岩、漂流、远足、探险等大众可普及的休闲娱乐方式。

大学生户外运动属于狭义的户外运动。根据进行户外运动的场地不同，我们可以将其划分为三种不同的类型：陆地、水上、空中运动。不论是哪种户外运动类型，都具备以下特性：回归自然性、危险性和挑战性、场地的非人工性。

二、影响户外运动安全的因素

从大学生参与户外运动所发生的安全事故的案例分析可以看出，影响其发生的因素除了环境因素外，更重要的是大学生的主观个人因素。它主要表现在以下六个方面：

（一）安全意识缺乏

“不知道危险那才是最危险的”。这句话讲的就是安全意识的重要性。人家是“明知山有虎，偏向虎山行”，而缺乏安全意识的人则不会有任何应对危险的准备和防备，一旦危险发生，便会因事先毫无准备而手足无措，从而不能很好地应对问题和解决问题。

（二）心理素质水平低

很多户外运动都带有一定的探险性，并且都是在恶劣的自然环境中进行，所以它就要求参与者具有较强的意志力以及较高的心理承受力，否则他们将很难在恶劣的野外环境中生存并战胜困难。

（三）经验不足

户外运动中的经验主要是指参与者在陌生环境里的适应能力。绝大部分大学生接触户外运动的时间还不长，而且由于时间、经济等因素的影响，其参与户外运动的频率也不是很高，故其在户外运动经验的积累上还存在严重不足。

（四）团队协调精神缺乏

大学生参与户外运动通常采取的是集体出行的方式，而户外的各种不确定因素要求经验不足的他们具备较强的团队协调精神。但很多大学生的集体主义观念还不够强，一旦遇上危险，他们往往只顾自己逃生而脱离集体，最终导致形势更为严峻，从而造成安全事故的发生。

（五）户外装备欠缺

精良的户外装备对户外运动来说是必不可少的。装备的不完善或欠缺会给户外运动带来很大的不便。而由于经济能力的限制，多数大学生在进行户外运动时，其装备很不精良，甚至可以说是匮乏，由此而造成的户外安全事故也是很多的。

三、大学生户外运动安全注意事项

（一）攀岩注意事项

（1）攀岩前要换上适当的衣服，活动关节，放松肌肉，调节心理，使自己处于放松状态。当系上安全绳套后，就必须依靠自己的力量和智慧来挑战绝壁。

（2）攀岩前要选择好攀岩路线，不同的高度、角度的岩道，不同位置大小的岩眼，其难易程度会有所不同。

（3）在攀岩的过程中必须时刻渴望成功，任何的懒惰都意味着失败。攀岩时要依靠冷静的判断力、坚强的意志力，通过四肢的协调，保持有三点贴稳岩壁，保持身体的重心落在前脚掌，减轻手指和臂腕的负担。

（4）登顶下落要注意配合下落趋势，适当用脚支撑，避免擦伤。

（5）选择适当的攀岩装备，如绳结的打法，下降器和保护器的使用，这些必须经过严格的培训和实践操作。“水手结”“双八结”比较安全，系完保险扣一定要经过同伴或者自己的仔细检查和确认，才能进行攀岩活动。

（6）攀岩时要注意动作的连贯性和节奏性。选择在一些大的把手点休息，休息时要注意身体平衡，同时调整自己的重心。

（二）游泳、滑冰注意事项

1. 游泳注意事项

（1）不要孤身一人游泳。

不要孤身一人去游泳，小孩子要在成人的监护下才能下水。有其他人在，万一发生溺水事故也有照应。

（2）饭前饭后不宜游泳。

饭前游泳，会感到体力不支，容易虚脱。饭后游泳，容易造成呕吐，最好在饭后 2 小时之后再去游泳。

（3）携带好游泳圈。

对于水域比较深的场所，或者游泳技术不是很好的朋友，记得带上游泳圈类的辅助工具。游累了，可以借助它们休息下，万一遇到危险，还有救命工具。

（4）游泳时间不宜太长。

在水里浸泡时间过久会感觉不舒服，所以，游泳的时间不宜过久，确保在 2 个小时以内。

（5）女性月经期不要游泳。

对于女性来说，经期身体抵抗力差，游泳会使细菌进入体内，导致感染。所以女性朋友经期不宜游泳。

（6）不在陌生水域游泳。

在陌生的水域，如野外的水库、湖泊和不熟悉的河流，无法搞清楚水体的深度、水下石头的分布状态，是否有野草等，轻易下水会加大溺水事故发生的概率。

（7）患有疾病者不要游泳。

患有疾病者不宜游泳，如患有心脏病、高血压、肺结核、中耳炎、皮肤病、严重沙眼等以及各种传染病的人不宜游泳。

（8）注意水质卫生。

游泳的时候，还要注意水的卫生，不在不清洁的河流、湖泊、游泳馆里游泳，减少传染病和各种疾病感染的可能。

2. 滑冰注意事项

（1）装备要合身。

参与滑冰运动，一身合适的装备很重要。选择适合自己的冰鞋种类和尺码，在比较开阔的地方适应学习一段时间，学会滑行与停止的方法。正式滑行时，应检查冰刀刃部有没有严重磨损，防止蹬冰无力和侧滑。穿冰鞋时，前两三个扣眼的鞋带可稍松，后面的鞋带要系紧，以脚腕在鞋里不晃动为合适。

（2）护具不能少。

除了冰鞋，一些其他的护具也不可少，比如线或皮质手套要有一副，免得摔倒后让后面人的冰刀划伤手。儿童和老人参与滑冰运动，一定要戴好护具。上滑冰场身上不要带硬器，如钥匙、小刀、手机等，以免摔倒时硌伤自己。

（3）重心很重要。

站立时两脚略分开约与肩同宽，两脚尖稍向外转形成小八字，两腿稍弯曲，上体稍前倾，目视前方。身体重心要通过两脚平稳地压到刀刃上，踝关节不应向内或外倒。滑行时要俯身、弯腿，重心向前。初学者最常见的毛病就是滑行中直立身体，引起重心不稳摔倒，如果出现这种情况，侧身用手撑地，以减少冲击，同时避免头部撞到冰面。

（4）倒地勿久留。

摔倒后要立刻跪在冰面上，并慢慢起来，如果不能及时爬起要有同伴的保护，无人陪同时要自己观察周围人的动向，防止因他人撞击造成意外伤害。绝对不要躺在冰面上或者坐在冰面上很长时间，防止他人滑行时冰刀戳到躯干和头部造成伤害。

（5）冲撞有讲究。

如果滑行有方向性，请不要逆向滑行，不要在其他初学者身边做花样动作，或者擦肩而过。以免其受到惊吓摔倒引起你和他人受伤。不可避免冲撞的时候重心侧向倾斜，避免正向冲撞，保护好头部和胸部，可以伸手缓冲撞击。

四、户外运动的安全防范

（一）思想重视，遵循原则，全面锻炼

要从思想上对运动损失的预防给予重视，并遵守锻炼的一般原则，同时，要加强身体的全面锻炼，提高身体对运动的适应能力。

（二）调节身体处于良好的运动状态

（1）运动前应做好充分的准备活动。准备活动不但能使体温升高，肌肉深部的血液循环增加，还能提高肌肉的应激性、增强关节的柔韧性，减少锻炼前的紧张感和压力感，从心理上做好准备，这在很大程度上可以预防损伤的发生。

（2）运动后应注意放松活动。放松活动是指在运动后通过放松方法使体温、心率、呼吸、肌肉的应激反应恢复到锻炼前的正常水平。

从预防损伤的角度来看，放松活动和锻炼前的准备活动一样重要。根据不同的运动项目进行针对性的放松，可以防止锻炼后出现的肌肉酸痛，还有助于解除精神压力。

（3）自我保护。锻炼者除了认真做好准备活动和放松活动外，还应了解和懂得初步处理锻炼后肌肉酸痛、关节不适的方法。肌肉酸痛的早期可做温水浴、物理疗法或自然按摩。如果疼痛继续或者加重，应去医疗机构进行诊断治疗。同时锻炼中应密切注意自己的身体反应，及早发现运动损伤的早期症状，以便早发现、早治疗、早康复。

（三）创造运动的安全环境

体育器具、设备、场地等在锻炼前都应进行严格的安全检查。例如，参加网球锻炼时球拍的重量、拍柄的粗细、网线的弹力应该适合锻炼者个人的情况；女性的项链、耳环等锐利物品在锻炼时应暂时不佩戴；锻炼者应根据运动的项目、脚的大小、足弓的高低选择一双弹性好的运动鞋。

（四）加强易伤部位的训练

加强易伤部位和相对较弱部位的训练，提高它们的功能，这是预防运动损伤的一种积极方法。例如，为了预防腰部损伤，应加强腰肌的训练，提高腰腹肌的力量，并增强其协调性和拮抗的平衡性。

第三节 急救常识须牢记

一、鼻出血

鼻出血时仰头，非但止不住鼻血，反而会导致鼻血被吸入口腔和呼吸道。正确的做法是用手指捏住两侧鼻翼 4～8 分钟，或用浸了冰水的棉球填塞鼻腔压迫止血。如果这些方法仍不能止血，应立即去医院就诊。

二、骨折

确定有骨折后，一定要对伤肢（指）作固定再送医院，否则骨折断端异常活动，会加重损伤。可因地制宜用木板、木棍、树枝、竹竿、杂志等作为固定用的临时夹板。若无上述材料，可将上肢固定在躯干上，下肢固定在对侧的健肢上。

三、外伤出血

（1）较小或较表浅的伤口，应先用冷开水或洁净的自来水冲洗，但不要去除已凝结的血块。

（2）伤口处有玻璃片、小刀等异物插入时，千万不要去触动、压迫和拔出，可将两侧创缘挤拢，用消毒纱布、绷带包扎后，立即去医院处理。

（3）碰撞、击打的损伤，有皮下出血、肿痛，可在伤处覆盖消毒纱布或干净毛巾，用冰袋冷敷半小时，再加压包扎，以减轻疼痛和肿胀。伤势严重者，应去医院。

（4）伤口有出血，可用干净毛巾或消毒纱布覆盖伤处，压迫 10 ~ 20 分钟止血，然后用绷带加压包扎，以不再出血为度，视情况去医院处理。

四、游泳时，小腿抽筋

在水中发生小腿抽筋时，应立即上岸，伸直腿坐下，用手抓住大足趾向后拉，同时按摩小腿肌肉。若不能立即上岸，应保持冷静，屏住气，在水中做上述动作。

五、烫伤

一旦发生烫伤，应立即用冷水冲洗或冷敷烫伤部位，持续 15 分钟左右，以缓解疼痛，减轻烫伤程度。不要擅自在伤口处涂药，更不能用涂酱油、植物油等土办法处理伤口。若烫伤处有水疱，不要挑破，可用干净纱布覆盖，去医院处理。

六、中暑

轻中度中暑者，应将其迅速转移到阴凉通风处静卧休息，脱掉或解开衣服，用冷毛巾擦身，以迅速降低体温。可让中暑者喝一些凉盐水、清凉含盐饮料。重度患者出现神志不清、抽搐，应立即送医院。

七、晒伤

夏天外出时，应做好防护工作，比如涂防晒霜、撑遮阳伞等。当皮肤被烈日晒红并出现红肿、疼痛时，可用冷毛巾敷于患处，并适当涂一些滋润霜。

若皮肤上已有水疱，千万不要挑破，应请医生处理，以免继发感染。

八、蜂蜇伤

外出郊游一旦被蜜蜂蜇伤，应小心地将残留的毒刺拔出，轻轻挤捏伤口，挤出毒液，涂一点氨水或苏打水。若是被黄蜂蜇伤，应涂醋酸水，以中和毒液。局部冷敷可减轻肿痛。若出现恶心、头晕等异常反应，应立即去医院就诊。

九、气胸

有些运动爱好者特别是体质较弱者，在用力咳嗽、剧烈运动或大笑后，会发生气胸，出现胸痛，深吸气时加剧，并放射到肩背部，严重时，还会出现呼吸困难、血压下降等紧急情况。

遇到这种情况，禁忌拍背和搬动患者，以免加重气胸。应让患者取半卧位，如家中备有氧气，应立即吸氧，同时叫救护车。

十、呼吸停止（人工呼吸）

先让伤病员仰卧，将其头后仰，确保呼吸道畅通；若其口内有血块、呕吐物、假牙等异物，应尽快取出。随后做人工呼吸：抢救者先深吸一口气，然后捏住患者的鼻子，口对口像吹气球一样为其送气，注意不要漏气；每隔 5 秒吹一次气，反复进行。遇到嘴张不开或口腔有严重外伤者时，可从其鼻孔送气做人工呼吸。

十一、心跳停止（胸外按压）

先让患者躺在硬板床或平整的地上，解开其上衣，抢救者将一只手的掌根置于其胸骨下三分之一的位置，另一只手重叠压在手背上；然后抢救者两臂保持垂直，以上身的重量连续向下按压，频率为每分钟 70 次左右。按压时，用力要适中，以每次按压使胸骨下陷 3 ~5 厘米为度。注意按压时手掌始终不要脱离按压部位。

十二、心跳呼吸全无（心肺复苏）

呼吸和心跳停止后，大脑很快会出现缺氧，4 分钟内将有一半的脑细胞受损，超过 5 分钟再施行心肺复苏，只有 1/4 的人可能救活。

实施心肺复苏时，先用拳头有节奏地用力叩击患者前胸左乳头内侧的心脏部位2 ~ 3 次，拳头抬起时，离胸部 20 ~ 30 厘米，以掌握叩击的力量。若脉搏仍未恢复搏动，应立即连续做 4 次口对口人工呼吸，接着再做胸外心脏按压。

一人施行心肺复苏时，每做 15 次心脏按压，再做 3 次人工呼吸。两人合作进行心肺复苏时，先连做 4 次人工呼吸，随后，一人连续做 5 次心脏按压后停下，另一人做 1 次人工呼吸。

第七章　课堂教学与实验实训安全

高校的教学活动一般分课堂教学和实践教学两部分，课堂教学一般在普通教室或智慧教室中进行，智慧教室中都配备有 PC、电子屏幕或智能电视等设备。实践教学一般指实验或实训教学活动，在实验室或实训场地使用接近于生产实践的软硬件设备进行，是理论知识转化为实践技能的过程，也是职业教育培养实践技能和综合素质的关键环节。高校的实训课通常为理实一体的性质，一般也在实训室中完成教学和实训环节。另外，文体类的课程还包括在体育场馆中进行的教学环节。无论是课堂教学还是实践教学，安全永远是第一位，除了个人的人身安全外，还要注意保护实验室和实训室的设备设施安全，维护好大家公共的教学资源。

第一节　课堂教学要守纪

案例导入

案例 1　某年 11 月某日下午，北京市某校学生在学校操场上体育课，20 分钟后，体育老师安排同学们自由活动，放松锻炼。张某与苏某在足球场边玩起了摔跤游戏，张某不慎摔倒且头部着地，当时感觉头昏脑涨，送医院检查后被诊断为脑震荡。治疗数月，花费 3 万元，后虽有所好转，但未能参加期末考试。

案例 2　某校举办秋季运动会。该校一名学生正在铅球场上与其他运动员激烈角逐，30 多名同学在赛场周围呐喊助威。突然，这位同学因投掷的姿势不对，将 5 千克重的铅球投偏了方向，铅球飞出投掷区，砸向了站在离投掷点 7 米多远的同班同学小王的头部，小王当场倒地，不省人事。学校组织人员迅速将小王送医院急救，后发现小王伤情严重，必须进行手术治疗。

安全提示

校内因体育活动或拥挤踩踏等意外伤害事件时有发生，校方和学生都应遵守纪律，做好保护措施，特别是学生在意外发生时要保持冷静，听从指挥，切忌混乱。

一、课堂教学安全知识

这里所说的学生意外伤害事故，根据教育部《学生伤害事故处理办法》的定义，主要指在学校里实施的教育教学活动或者学校组织的课外活动中，以及在学校负有管理责任的校舍、场地和其他教育教学设施、生活设施内发生的，造成了在校学生人身伤害后果的事故。从当前学校发生的学生意外伤害事故来看，其形成的原因大致有两类：第一类是在学校正常的教学活动过程中发生的伤害事故，比如在体育课上进行器械运动时摔伤；第二类是在非授课时间（即课间休息或课外活动时）学生在校园内受伤的事故。

（一）体育运动如何预防器械伤害

（1）参加体育锻炼时一定要先做好准备活动，使身体逐渐进入运动状态，防止身体没有活动开，肢体僵硬，导致被器械碰伤、撞伤。

（2）参加体育锻炼时尽量选择平整的场地。如果在不平整的场地上锻炼，脚踝要始终保持一定的紧张度，防止踏踩在不平的地方造成扭伤。通过锻炼可以增强脚踝的力量，也可以防止在不平整的场地上扭伤脚踝。

（3）参加投掷项目的锻炼时，要注意观察器械下落地区的情况，确认无行人穿过时再将器械投出。一些通过旋转技术投掷的器械，如铁饼等，一定要在有护笼的场地进行投掷，防止铁饼出手后飞行的落点超出预定的范围。

（4）使用单杠、双杠及杠铃等器械进行锻炼时，要先检查器械的螺钉、卡扣等是否牢固，避免发生意外。

（5）在球类运动中，不要强迫自己做没有练习过的动作；要注意防止球意外砸在鼻子或者眼睛上，使鼻子、眼睛受伤；打篮球抢篮板球时动作要规范、避免手指挫伤、手臂扭伤。

（6）参加长跑运动时要穿比较松软的衣服、运动鞋，防止在跑步时磨破皮肤。

（7）参加滑冰或滑雪运动时，在失去平衡时要顺势摔倒、团身，注意保护自己。不要用硬力对抗，防止由于受到冰刀、雪杖的碰撞或击打而意外受伤。

（二）校园集体活动的安全预防措施

（1）遵守活动纪律，听从老师或管理人员的指挥，统一行动，不独自盲目行动。

（2）认真听取有关活动的注意事项，了解什么是必须做的，什么是可以做的，什么是不允许做的。

（3）参加活动时会接触和使用一些劳动工具、电器设备，要仔细了解其特点、性能、操作要领，严格按照有关人员的示范、指导进行操作。

（4）不要随意触摸、拨弄活动现场的电闸、开关、按钮等，以免发生危险事故。

（5）在指定的区域活动，不要随意走动，以防止意外发生。

（三）教室活动安全事项

（1）防磕碰。目前大多数教室空间比较狭小，又放置了许多桌椅、饮水机等用品，所以不应在教室中追逐、打闹，做剧烈的运动或游戏，以防止磕碰受伤。

（2）防滑、防摔。教室地板比较光滑，要注意防止滑倒受伤；需要登高打扫卫生、取放物品时，要请他人加以保护，防止摔伤。

（3）防坠落。在楼层较高的教室学习时，不要将身体探出阳台或者窗外，谨防不慎坠楼的危险。

（4）防挤压。在开、关教室的门或窗户时容易挤到手，应当小心。

（5）防火灾。不要在教室里随便玩火，更不能在教室里燃放鞭炮。

（6）防意外伤害。锥、刀、剪等锋利、尖锐的工具，图钉、大头针等文具，用后应妥善存放起来，不能随意放在桌子、椅子上，防止有人受到意外伤害。

（7）多媒体设备未经教师允许，不要自行开机或关机。

（四）遇到拥挤人群时的注意事项

（1）在大家集体下楼时尽量避免个别同学上楼，大家集体上楼时也不允许个别同学下楼。不在楼梯通道内嬉戏打闹，人多的时候不拥挤、不起哄、不制造紧张或恐慌气氛。无论什么时间，上下楼梯都要靠右行走，不跑、不追、不逆行。

（2）尽量避免到人群拥挤的地方，不得已时，尽量走在人流的边缘。人多过楼道时，不拥挤、不推搡、不打闹、不逆行、不停留，严禁在队伍中穿越。

（3）发觉拥挤的人群向自己走来时，应立即避到一旁，不要慌乱，不要奔跑，避免摔倒。顺着人流走，切不可逆着人流前进，否则，很容易被人流推倒。

（4）假如陷入拥挤的人流，一定要先站稳，身体不要倾斜，以免失去重心，即使鞋子被踩掉，也不要弯腰捡鞋子或系鞋带。有可能的话，可先尽快抓住坚固可靠的东西慢慢走动或停住，待人群过去后再迅速离开现场。

（5）若自己不幸被人群挤倒，要设法靠近墙角，身体蜷成球状，双手紧扣于颈后以保护身体最脆弱的部位。在人群中走动，遇到台阶或楼梯时，尽量抓住扶手，以防止摔倒。

（6）在拥挤的人群中，要时刻保持警惕，当发现有人情绪不对或人群开始骚动时，要注意站稳，千万不能被绊倒，避免成为拥挤踩踏事件的诱发因素。

(7) 当发现自己前面有人突然摔倒时，要马上停下脚步，同时大声呼救，告知后面的人不要向前靠近，及时分流拥挤人流，组织人群有序疏散。

(8) 在校内活动时，不要追打跑闹，不要玩危险的游戏和带尖带刃的物品。不要爬高，不要滑楼梯，不要蹦台阶，不要人背人。在教室内玩耍时，不要奔跑，也不要打闹，以避免被桌椅等物品撞伤。

(9) 如果放学时遇到停电事故，不要起哄，也不要喊叫，应该有序下楼，保持安静。

(10) 不要乱碰开关，如果遇到突发事件，不要惊慌，要增强自护、自救能力。

二、课堂安全注意事项

如果自己或身边同学在校内活动时已经发生了一些意外事故，应该做些什么呢？下面是一些简单的处理方法。

(1) 鼻子出血不要慌，塞入纱布就可行。如果鼻部受到外力打击，鼻内的血管破裂，就可能发生相当严重的鼻出血。鼻出血时可以暂时用口呼吸，在鼻部放置冷毛巾。如果出血不止，可以将凡士林纱布塞入出血的鼻腔内。

(2) 遇到扭伤或挫伤，马上冷敷有成效。扭伤多发生在四肢关节处，挫伤指身体被笨重的物体碰伤。在遇到扭伤或者挫伤时，可以立刻做冷敷。冷敷的具体操作方法是：用毛巾蘸冷水，拧干后盖在伤处，也可以用冷水淋洗伤部。冷敷可以每隔 3 ~ 4 小时做 1 次，每次 5 ~ 8 分钟。

(3) 遇到皮肤有擦伤，迅速止血很重要。擦伤是指身体的裸露部分与地面、墙壁或其他物体猛烈摩擦发生的伤害，处理办法是迅速止血。由于血有自行凝结的功能，所以轻度擦伤的渗透性出血在数分钟内即可自行停止。大范围的擦伤出血量大，要立即送医院抢救，在送医院途中也要设法止血或者减少出血量。在止血过程中，切忌用不干净的毛巾、手绢等物擦洗伤处，以免细菌感染。

(4) 遇到骨折不乱动，放平伤者送医院。骨折是骨头的一种损伤，骨折正确的急救步骤是：首先除去压在伤者身上的障碍物，然后把伤者放平，固定伤肢，注意保暖，在移动伤者时动作要缓慢、轻柔，迅速送医院处理。切忌盲目翻动伤者的身体，以免伤及肌肉、神经、血管等。

第二节 实验实训须规范

实验实训课程一般在专业的场地内进行，少数课程会安排在校外实训场所进行。为了做到安全规范，学校一般都会制定完备的制度，教师也都会针对性地进行安全教育，但即使这样，因为涉及真实运行的设备和实施过程，实验和实训中的伤害事故的发生率仍然呈上升趋势。

案例导入

案例 1 某校学生在智能车间实训时，随指导老师进行拌料操作，拌料结束后，带班老师到隔壁车间指导，留下实习生一人清理该混合机中的剩余底料，实习生误启动了混合机，左手被卷入机器而导致残疾。另有一名学生在实训时，因操作对象是台车床，且车床皮带轮防护罩缺失，在生产过程中袖子不慎被绞入机器，经医院抢救后无生命危险，但右手被截肢。

案例 2 某学生在做乙酸乙酯的制取实验时，加浓硫酸过多，操作违规，导致浓硫酸溅出，伤及其他同学。化学实验员和化学老师立即进行安全处理，然后将受伤人员送进医院。事后查明，事故发生时化学老师和化学实验员一前一后在辅导部分学生做实验。在此之前，化学实验员已讲清了有关注意事项及操作步骤，并且在此前已有 10 个班同学做过该实验，并未出现过问题。

安全提示

进入有危险源的实验场所，请一定要先看清相关标识和提示，在掌握安全操作要点后，再在教师指导下进行操作。

一、实验实训室安全知识

（一）实验室安全事故的分类

（1）因人员操作不慎、仪器设备使用不当和粗心大意酿成的事故。

（2）因仪器设备和各种管线年久失修、老化损坏酿成的事故。

（3）因自然现象酿成的自然灾害事故。

（4）人为因素造成的非法侵害或破坏事故。

在实验室里，这些事故的表现形式有火灾、爆炸、毒害及机电伤人等。

（二）实验室火灾事故发生的原因

（1）在实验室抽烟并乱扔烟头。

（2）供电线路老化、短路、超负荷运行。

（3）忘记关电源，致使通电时间过长，电器温度过高，电线发热。

（4）电器操作不慎或使用不当。

（5）易燃物品保管或使用不当。

（6）不遵守实验室安全管理规程，违反操作规则，实验中擅自脱岗等。

（三）实验室火灾事故的预防

（1）参加实验的学生在实验前要认真检查实验设备的安全性能状况，发现电线及设备存在故障时，应及时向实验室管理人员报告。

（2）学生进入实验室应严格遵守实验室管理规定，不得违规在实验室内吸烟或使用电器。

（3）参加实验的学生在操作设备时应集中精力，严格执行操作规程，使用易燃易爆物品时更要小心谨慎，实验结束前学生不得擅自脱岗，以防发生火灾事故。

（4）参加实验的学生要了解实验室灭火器材的种类、存放位置和使用方法，一旦实验室发生火灾，在报警的同时要立即使用灭火器材灭火。学生还要熟悉实验室的安全通道，以便一旦发生大火时能够迅速逃生。

（四）实验室爆炸事故发生的原因

（1）违章操作，没有遵守安全管理规定。

（2）设备老化、存在故障、未及时检修。

（3）易燃易爆物品管理不当，发生溶液泄漏，遇火花引起爆炸。

（五）实验室爆炸事故的预防

（1）了解爆炸物的性能。在接触爆炸物之前，必须了解爆炸物的基本性能，如它在什么条件下会爆炸，有多大的威力，会造成什么样的伤害后果等。

（2）在与爆炸物品接触时要做到“七防”：防止可燃气体、粉尘与空气混合，防止明火，防止摩擦和撞击，防止电火花，防止静电放电，防止雷击，防止化学反应。

（3）严格遵守各项法律、法规和规章制度。对于爆炸物的使用、管理、运输，国家有关部门都有严格规定，单位也有这方面的规章制度。例如，爆炸演示、试验等操作未经指导教师允许，不得擅自进行；实验剩余的爆炸物，必须如数上交，不私拿、私用；不允许私带、私藏、转让、转卖、转借爆炸品。这些规定必须严格遵守，切不可大意。

（4）要严守岗位职责。学生在进行实验时，常常是分组活动，几个人共同进行操作，这就要求学生必须严格按操作规程行事，听从统一指挥，协调行动，恪守职责。

（5）发现问题，及时报告。如发现丢失爆炸物品或有违反国家关于爆炸物品管理规定的行为，不要自行处理，更不能听之任之，必须及时报告老师、学校保卫部门或当地公安机关，便于组织上采取措施，防止危害事故发生。

（6）做好实验设备检验工作，特别是压力容器的定期检验。

二、实验实训安全注意事项

“安全第一，预防为主”，在实训时要牢记以下安全注意事项。

（一）危险化学品类操作注意事项

（1）进入实训室先查看化学品存放点的存取和操作相关的安全手册，然后根据指导教师要求，按规范进行相关操作。

（2）提前穿戴好手套、防护服、口罩等防护物品，根据规程，开启通风设备。

（3）仔细辨别化学品名称和存放要求、操作剂量、使用容器，严格对照安全手册，对化学品进行实验操作。

（4）废液必须按规定处理，不得随意排放到下水道。

（5）发生气体泄漏、废液泄漏、爆燃、腐蚀等情况时，第一时间报告给指导教师，切勿用手直接处理，应根据化学品本身特性，先做应急处理；若无法应急处理的，先有序撤离，遵照学校应急处理程序进行安全处理。

（6）实验完毕，所有试剂等材料应按规范存放到专门的化学器皿和物品柜中，不得裸露存放，易燃易爆品或低温化学品必须按学校规定特殊处理。

（二）信息技术类操作注意事项

（1）进入实训室先检查 PC 和显示器的电源线与网线是否插上，然后打开 PC。

（2）检查仪器设备的电源是否正常，得到教师指令后开启实训设备。

（3）不能携带任何饮料、食品进入实训室，防止任何液体或颗粒进入。

（4）遇到设备故障，勿自行进行维修，第一时间报告教师后，由指导教师进行处理。

（5）遇到实训室 PC、实训仪器设备等带电设备发生轻微爆炸、起火、冒烟等情况，立即报告教师处理，也可先拉闸断电后报告教师处理，切勿触碰故障设备。

（6）离开实训室，应先关闭所有设备电源，将 PC 显示器、鼠标、键盘和仪器设备等摆放整齐。

（三）机床类操作注意事项

（1）穿戴符合规定的衣、裤、鞋、帽（女生戴工作帽），了解机床的结构、性能、操作方法，严格遵守操作规程，听从指导教师和工人师傅的指导，谨慎操作。切削脆性材料、高速切削以及磨削刀具和工件时，要戴防护眼镜。

（2）开动机床前，检查各传动部位有无异常情况，对润滑点进行润滑，并低速试运转 3 ~5 分钟。确认运转正常后，方可工作。

（3）机床运转时，严禁操作人员离开岗位，严禁变换运转速度，严禁测量工件尺寸，严禁用手触摸旋转的工件、刀具及其他任何运动件。中途停止运转车床，应先退出刀具，避免损伤工件或刀具。操作时，不允许用脚踢手柄。

（4）按规定的方法使用机床附件（卡盘、卡箍、刀盘、刀杆、刀具、挂轮及挂轮架、分度头、平口钳、虎钳、各种胎具、夹具、模具等）。使用时，除夹紧外，还需要按规定采取防止松动、脱落的措施。

（5）使用磨床和砂轮机时，砂轮必须安装有可靠的金属防护罩。新安装的砂轮，要先检查有无裂纹、破损等影响安全的缺陷。安装后，要试运转 5 分钟，试运转和操作时，工作人员和实习学生不得面对砂轮，必须站在砂轮旋转面的侧边。使用砂轮机时，必须戴防护眼镜，不可用力过猛，以免温度升高太快，导致刀具、工件开裂或挤破砂轮，造成事故。磨刀时，手一定要握紧刀体。对于细小不好拿的刀块或工件，磨削时，应当使用适当的工具夹持，防止其卡住砂轮，造成事故。如果发现砂轮有裂纹或砂轮机（磨床）运转不正常，立即停止使用，切断电源，并及时将情况反映给指导教师和工人师傅。

（6）装卸工件必须停车，切断电源。安装大工件或调整机床行程时，先观察运动件有无运动障碍，手动确认无碰撞后，再开车。钢板尺、卡尺等量具，扳手、起子、刀具等工具，不得存放在机床导轨、刀架或其他不该摆放东西的机床部位上。

（7）两人或两人以上操作一台机床时，必须协调好关系。开动机床时，必须通知其他人远离机床相关部位和危险区域。与机床配合使用的工具，如锉刀等必须牢固安装木把或塑料把。清除切屑时要使用工具，不得用手清除。

（8）工作完成后应清扫机床。将操作手柄打到空挡位置，加注润滑油，切断电源，填写好操作记录。

（四）其他专业实训时的注意事项

（1）在铸造作业线、锻造作业线、冲压作业线、机械加工作业线、组装作业线、测试作业线、试车作业线、石油化工以及矿山作业现场等实训时，必须遵守实训现场的安全规程，严禁操作或触摸不该动的阀门、开关、手柄、按钮等，不得触摸不该动的工件、毛坯及其他物品，避免误启动设备或受伤。

（2）进入工作区时，应走规定的通道，不得靠近危险的设备，不得进入危险的区域。

（3）随时注意空中吊车吊装物件，注意铲车、电瓶车运送工件物品，行走时注意避免绊倒，注意防滑和防止铁屑划伤腿脚。

第三节 设施设备懂维护

案例导入

案例 1 某计算机房实训课上课前，发现上一次课部分 PC 未关机，网线被随意丢弃在一旁，部分 PC 已经无法开机或上网。

案例 2 某化学实验室桌面留有绿色化学试剂，桌面留有腐蚀痕迹。

案例 3 某综合布线实训室耗材随意堆放，地上都是线头、螺丝等零件，不满足 5S 要求。

安全提示

实训场所是校内公共资源，大学生应养成爱护资源、方便他人的习惯，这也是体现个人素养的一种行为。

一、设施设备维护要求

（一）5S 管理要求

5S 现场管理法是现代企业管理模式，5S 即整理（SEITON）、整顿（SEITON）、清扫（SEISO）、清洁（SEIKTSU）、素养（SHISUKE）。5S 管理是现场管理的重要方法，是企业实施现场改善的敲门砖。现代企业需要现代化管理，生产场所的整洁、生产的有序操作和文明生产，无不直接影响着产品的质量。为创造良好的生产和工作环境，对生产作业现场推行 5S 管理办法，以规范现场的生产面貌，最大化地提高操作水平。高校实验实训室均要求按 5S 规范进行管理。

（1）整理：将工作场所中的任何物品区分为必要的与不必要的，必要的留下，不必要的物品彻底清理。

（2）整顿：必要的东西分门别类依规定的位置放置，并摆放整齐，加以标识。

（3）清扫：清理工作场所内的脏污物，并防止脏污物的产生，保持工作场所干净整洁。

（4）清洁：将上述 5S 实施的做法制度化、规范化，并贯彻执行及维持。

（5）素养：人人养成好习惯，依规定行事，培养积极进取的精神。

（二）仪器操作要求

仪器设备发生故障一般有三种原因：操作者误操作、保管环境不良和仪器产品质量较差。实际情况是，设备操作中使用者误操作造成的故障占主要因素，其余两项为可控因素。作为实训仪器设备的具体使用者，需遵守以下规范：

（1）为了提高操作者的动手能力，根据指导老师要求，操作者必须先完成实训室仪器设备使用的培训。

（2）在做实验之前，对仪器设备的主要零部件要进行认真仔细的检查，仔细观察并动手操作仪器设备，检验其接插件有没有接好，是否有松脱、磨损等情况，清除仪器设备关键零部件上的污垢、尘埃、腐蚀、漏液等，防止故障产生。

（3）操作者必须掌握仪器随机所带的手册和各种技术资料及数据的内容，并认真按要求操作一遍。

（4）对不确定的操作方法，应先询问指导教师，然后进行操作，以防止因误操作造成仪器故障。

二、设施设备维护注意事项

实验实训室里的资产为公共资产，应自觉维护保养，须注意如下事项：

（1）不得携带饮料、食品以及与教学无关的电子设备进入实训室。

（2）不得随意将垃圾放入实训室的任何角落，须按垃圾分类要求放入指定地点。

（3）在教师允许的情况下才能自带笔记本电脑进入实训室，使用电源后，应恢复实训室原有设备电源插头。

（4）离开实训室应主动关闭PC、网络设备或其他仪器。

（5）操作完成后，对化学器皿、操作台、家具、电源插座、网线等进行整理并恢复原样。

（6）在满足实验实训要求的前提下，尽量节约耗材的使用，可以重复利用的，按规范回收利用。

（7）按照5S要求，进行实训室的整理、整顿、清洁、清扫，所有工具摆放整齐。

（8）离开实验实训室之前检查电灯、空调、窗户、前后门等是否关闭。

第八章　实习与就业安全

顶岗实习是学生走出课堂进入企业一线实践的过程，是学校教学过程的延伸，对学生将来的就业影响重大，尤其是对许多职业院校的学生来说，这是实现零距离就业的关键环节。顶岗实习对学生来说既是一种锻炼，同时也隐藏着安全危机，同学们要充分认识到安全生产的重要性，做好岗前安全培训，既要完成实习工作，又要避免不必要的人身伤害。

求职择业是指学生到社会上寻找工作、落实就业的过程，也是学生接触社会、踏入社会的必经阶段。随着毕业生数量的增加和就业压力的不断增大，毕业生就业的焦虑度也越来越高，求职心情非常迫切。有的不法分子利用毕业生求职心切的心理，巧立名目，设置各类求职陷阱，给学生的求职就业蒙上了难以抹去的阴影，造成了较为恶劣的社会影响。据公安部门统计，这类案件在近两年呈急剧上升趋势。面对这些问题，除了学校要加强安全教育和防护措施外，毕业生自身在求职过程中也要提高警惕，增强自我防范意识。

第一节　兼职打工防骗局

案例导入

案例 1　小雯是一名在校大学生，来自县城的她家境一般，看到周围家庭条件较好的同学穿名牌衣服、用高端手机，她非常羡慕。2020 年 6 月的某天，正在学校阅览室自习时，小雯的手机突然收到一条“手机操作、轻松赚钱”的刷单兼职信息。抱着试试看的心理，小雯添加了对方 QQ 号，完成了对方派出的第一单 100 元的“任务”，很快收到了 105 元的返款，此时的小雯万分喜悦。

尝到甜头的小雯马上要求对方再给自己派“任务”，这次“任务”需要小雯先支付上万元的资金。小雯有些犹豫，但骗子以“刷得多赚得多”等理由说动了小雯。当小雯完成支付再联系对方返款时，对方称“该任务为多重任务，只有全部完成才能返款”。急于追回资金的小雯，向朋友借钱后又继续“刷单”，又支付了数万元完成全部“任务”后，对方又以操作超时、系统自动冻结等理由拒绝返款。小雯这才意识到自己被骗，拨打电话报警并哭着向家人求助。

案例 2 有些公司打着招聘销售员、促销员的名义，在学校开展招聘活动，招聘后会拿一些产品给学生，要求做校园推广，但要学生先交一部分货款或货物押金。这些产品常常是伪劣产品，并且有些公司在拿了钱之后就消失了。

案例 3 有些机构在面试学生后，通常要求学生参加公司培训与考试。在学生交了一笔钱之后，有些公司会进行一些培训，并发培训资料、光盘，让学生参加考试，但考试内容却与资料无任何关系；有些公司甚至根本不培训，收了钱就失踪了。

安全提示

初步走向社会的大学生容易被不法分子欺骗，除了及时报警外，还要提高警惕，切勿因贪图小利而落入陷阱。

兼职工作中，针对在校大学生有如下几种常见的陷阱。

（一）收费陷阱

很多兼职公司在一开始会用一些十分诱人的条件来吸引求职者，大多数是高薪，且要求低、工作轻松，但都要收费，如上班的押金、服装费、建档费等，甚至要求学生交身份证和学生证，然后让应聘的人员回去等消息，偶尔会给出一两个没有价值的公司信息，应聘者试过几次就会放弃了，然而所交费用不会退回。所以在这里提醒大家，所有收费的兼职都不要信，兼职就是凭能力赚钱，不会花钱，更不能交出身份证和学生证。

（二）刷单陷阱

刷单作为一个灰色产业十分常见，事实上刷单既不赚钱，还浪费时间，同时还存在大量骗局。一旦获取了受害人的信任，骗子就会以“必须刷满几单以上才能结算”“任务出错”“卡单”等各种借口拒绝支付货款和酬劳，并不断鼓励受害人继续刷单，表示只有不断刷单才能拿到之前的货款和酬劳。就这样，受害人一步步被诱入刷单陷阱，不少人为了拿回以前的货款和酬劳，后面投入更多越陷越深。

（三）骗稿陷阱

骗稿多存在于一些文案的编写和商业计划书等文字类工作中，骗子一般以高薪诱惑让写手将稿子先给他，然后拉黑走人。遇到这样的情况，建议大家可以用水印、截图和加马赛克的方式，将重要内容隐去，然后仅提供部分材料，以避免自己的劳动成果被窃取。

（四）传销陷阱

传销组织常吹嘘自己从事电子商务、人际网络、框架营销等所谓创新的企业模式来欺骗缺乏社会阅历的大学生加入传销网络。同时，一些网络传销还会通过网络购物、付费广告点击、网络游戏、网络加盟、金钱游戏等发展下线。“传销”的另一个说法是“杀熟”，通常是被熟人所骗，被同学、亲友、老乡等拉去做了传销，先交一笔高昂的费用，购买不值钱的产品，然后再去骗自己的熟人也买此类产品。千万要提醒自己，天上不会掉馅饼，不劳而获不可取。

（五）笔试陷阱

笔试陷阱和上面的骗稿情况类似。主要是一些皮包公司，利用笔试的环节，要求应聘者完成一些作品，但完成之后就毫无音讯，公司会将这些笔试者的产品拼接起来使用，并交付工作。笔试如果只是答题或者做试卷是很正常的，但如果是完成一些设计、策划方案，就一定要留心了。

（六）听课学习挣钱陷阱

通过微信公众号或QQ、网站等方式，教大家如何赚钱。一开始会放出一些免费内容，吸引大家的注意，等到了关键的地方，却要求大家付费听课，一旦大家付费听课之后，会发现都是一些没有实质内容的信息。因此在面对这些听课挣钱的内容时，一定要注意，不要盲目相信。

（七）打字挣钱陷阱

在电脑刚刚普及的时候打字是可以挣钱的，但现在想通过打字挣高薪已不现实。作为没有技术含量的兼职，打字的工资是很低的，多数是一些苦力活，所以一定要擦亮眼睛。

（八）炒币陷阱

这是当下比较高端的陷阱。5G时代，区块链技术飞束速发展，比特币的暴涨让很多人都迷失了心智，但并不是所有的区块链都能赚钱的，炒币还有倾家荡产的风险，在校大学生切勿轻信和参与此类骗局。

（九）中介陷阱

部分大学生找兼职或就业时，是通过中介公司进行。少数中介公司要收取中介费，一些小中介公司只收钱，不介绍工作，或者找个“托”的单位，让求职者跑去，却又以各种理由拒绝。在校大学生要注意，校方或知名招聘公司发布的兼职岗位，都是不收费的，因此，勿轻信收费中介的招聘信息。

（十）挂机赚钱陷阱

挂机的骗子一般会介绍给你一个网站，然后去网站上购买一个挂机的软件。对于没有接触过的人来说，让你直接花钱买，肯定很多人会有疑虑，而骗子也清楚这一点，所以在他们的网站上会有多个软件版本，包括试用版、普通版、VIP 版本。很多新手一开始都会下载免费的试用版，一开挂机之后就会有余额，并且这个余额可以提现。于是，为了赚钱就花钱购买普通版甚至是 VIP 版本。最后，每天你挂机时都能看到余额在上涨，而提现却无法完成了。

第二节 实习规章要遵守

顶岗实习是教学在企业的延伸，学校仍需要对实习期间的学生继续履行教育和管理的责任。学生已经经过了几年的理论学习，但实践经验还比较欠缺，进入生产一线的企业进行实习，对涉世未深的学生而言，还是存在着许多安全隐患的。因此加强学生实习的岗前培训，强化安全意识，加强管理和引导，是十分必要的。对大多数高职院校的学生来说，机电操作、汽车维修、建筑施工、化工生产等行业是实习的主战场，基于行业的特殊性，这些行业存在诸多安全盲点，特别需要重点关注安全问题。另外，除了个人安全外，涉及企业信息化资产、机器设备的安全，也是大学生需要特别注意的问题。

案例导入

案例 1 在某生物科技公司实验室实习时，学生小李正准备处理一瓶四氢呋喃。他没有仔细核对，误将一瓶硝基甲烷当作四氢呋喃加到了氢氧化钠中。约一分钟后，试剂瓶中冒出了白烟。李某立即将通风橱玻璃门拉下，此时瓶口的烟变成了黑色泡沫状液体，爆炸发生了，玻璃碎片将小李的手臂割伤。

案例 2 在某网络服务外包公司实习的学生小张，被外派到某电信公司机房值晚班。在发生网络故障时，他未经请示主管，擅自进行网络修复，因操作失误，导致网络中断 5 分钟，涉及用户 10 万人，电信公司要求该网络服务外包公司赔偿 1 000 万元。

安全提示

大学生进入企业实习，面对的是企业的真实环境，应严格遵守企业规章制度，提高安全意识，提前熟知可能导致人身伤害和财产损失的危险因素。

一、实习安全知识

（一）安全生产的方针

我国的安全生产方针是“安全第一，预防为主，综合治理”。这一方针是开展安全生产工作的总体指导方针，是长期实践的经验总结。通过学习我国安全生产方针的内容，学生能认识到安全生产的重要性，进行更好的安全教育培训，正确地处理实习期间遇到的各种安全问题。

（二）安全生产的基本原则

1.“四不伤害”原则

（1）不伤害自己。

- 保持正确的工作态度及良好的身体、心理状态，自己保护自己。
- 掌握自己操作的设备或活动中的危险因素及控制方法，遵守安全规则，使用必要的防护用品，不违章作业。
- 任何活动或设备都存在危险，先确认无伤害威胁，再进行操作。
- 杜绝侥幸、自大、想当然的心理，莫以患小而为之。
- 积极参加安全教育培训，提高识别和处理危险状况的能力。
- 虚心接受他人对自己不安全行为的纠正。

（2）不伤害他人。

- 因为生产环境中的活动区域有限，随时可能影响他人的安全，故自己在活动时须保持高度的安全意识，尊重他人生命，不制造安全隐患。
- 刚接触不熟悉的活动、设备、环境时，要多听、多看、多问，在进行必要的沟通后再操作。
- 在操作设备的过程中，尤其是启动、维修、清洁、保养时，要确保他人在安全区域。
- 将你所知或即将造成的危险及时告知可能受影响的人员，协助予以标识或消除。

（3）不被他人伤害。

- 提高自我防护意识，保持警惕，及时发现并报告危险。
- 分享安全知识及经验，帮助他人提高事故预防技能。
- 不忽视已标识或潜在的危险并远离它，若要接近须做好充足防护并得到安全许可。
- 纠正他人可能危害自己的不安全行为，不伤害生命比不伤害情面更重要。
- 冷静处理所遭遇的突发事件，正确运用所学的安全技能。

- 拒绝他人的违章指挥行为。

（4）保护他人不受伤害。

- 任何人在任何地方发现任何事故隐患都要主动告知或提示他人。
- 提示他人遵守各项规章制度和安全操作规范。
- 提出安全建议，互相交流，向他人传递有用的信息。
- 视安全为集体的荣誉，为团队贡献安全知识，与他人分享经验。
- 关注他人身体、精神状况等异常变化。
- 一旦发生事故，在保护自己的同时，主动帮助身边的人摆脱困境。

2. “三不违” 原则

不违章指挥、不违章操作、不违反劳动纪律。

3. “四不放过” 原则

事故原因分析不明不放过，没有防范措施不放过，事故责任者和员工没有受到教育不放过，事故责任人没有受到处理不放过。

事故发生后，只有从以上四个方面进行反思，才能系统解决问题。需要特别注意的是，这四个方面不能顾此失彼，应当面面俱到。

4. “生产与安全统一” 原则

“生产与安全统一” 原则是指在企业中谁主管谁负责，管生产的必须管安全，做技术的必须懂安全。

5. “3E” 原则

安全管理的 “3E” 原则，即 Engineering、Education、Enforcement。

Engineering：指利用技术手段消除安全隐患。例如，用机械化代替手工生产，采用红外线防错措施等。

Education：指通过各种形式的教育和训练对员工进行培训，提高安全意识和能力。

Enforcement：指对员工，特别是基层员工进行强制要求，要求员工必须按照安全设备的操作规范进行作业。

二、实习安全注意事项

（一）实习规章要遵守

（1）选择实习单位以学校安排的 “双选会” 或线上提供的招聘岗位为主（集中实习），勿轻信其他自媒体或所谓熟人介绍的实习岗位。分散实习必须经过学校批准后方可进行实习。实习须签订公司、个人、学校三方协议，并且要求企业方购买实习期保险。

（2）进入企业，首先按照公司要求，熟悉公司要求和岗位操作规范，特别是安全规范、信息安全制度和人事制度等。

（3）碰到技术或业务问题，应和直属上级或同事沟通；注意任务完成的时间节点，切勿到接近交付期时才提出问题，导致任务无法按期完成。

（4）与企业方发生争执时，应和直属上级及校内指导老师进行沟通，切勿意气用事，要维护好来之不易的校企合作关系。

（5）实习离职应按企业规章要求，经过校内指导老师同意后提交书面申请，并按企业要求做好工作交接。

（二）实验准备工作要做好

（1）实验前要认真检查设备的安全性能状况，发现电线及设备存在故障时应及时报告。

（2）进入实验室应严格遵守实验室管理规定，不得违规在实验室内吸烟或使用电器。

（3）参加实验的学生在操作设备时应精力集中，严格执行操作规程，使用易燃易爆物品时更要谨慎小心，实验结束前学生不得擅自脱岗，以防发生爆炸、火灾事故。

（4）参加实验的学生要了解实验室灭火器材的种类、存放位置和使用方法，还要熟悉实验室的安全通道，一旦发生大火时能够迅速逃生。

（三）校外住宿注意安全

特殊情况，经学校批准的，可以校外住宿进行实习。校外住宿一般由企业统一安排，少数情况可由学生自行安排住宿。校外住宿的，应特别注意人身及财产安全、交通安全。如发生意外，第一时间联系校内指导老师；发生刑事案件的，应主动报警，并联系校内指导老师和公司直属领导。

第三节　传销陷阱须防范

当前，互联网金融、电子商务正成为经济发展的热点，许多新兴的传销组织凭借网络平台，打着投资理财、时尚创新的旗号，以高收益为诱饵，猖獗作案，真伪难辨。近年来，这些非法组织逐步渗透到了校园，学生成了被利用、被侵害的对象，这些犯罪组织中超过半数是团伙犯罪，其中很多与青少年帮派有关。面对纷繁复杂的社会，初涉职场的大学生该如何辨别传销并远离它呢？

案例导入

案例1 2019年7月，大学毕业生小军到异地见“女网友”，被骗至传销窝点，并被限制人身自由。张某等5人对小军采用洗脑、威逼、利诱等方式，强迫其加入传销组织，小军不从。随后，张某等5人对小军进行长时间的暴力殴打。三天后，小军因头面部受钝性外力作用致脑干出血死亡。

案例2 2017年5月，大学毕业生李某通过网上找工作，遭遇“李鬼”公司。某传销组织成员陈某利用手机和邮箱在网上以某软件系统有限公司之名，发布虚假招聘信息。李某投递简历后被骗入该传销组织。50多天后，在国道旁的水塘中发现了李某的尸体。

案例3 “交59 800元代理费，每天转发微信营销课程，就能月入百万，108天买奔驰，6个月开上劳斯莱斯，1年买新房”。这种极其诱惑力的新型传销方式在社会上流行多年，始作俑者一旦被抓获，或被判刑，或被处罚。

安全提示

非法传销一般伴随着刑事犯罪，大学生应提高警惕，放弃一夜暴富等不切实际的想法。如果误入传销组织，应沉着应对，及时报警求救。

一、传销安全知识

（一）传销的定义

传销是指组织者或者经营者发展人员，对被发展人员以其直接或间接发展的人员数量或者销售业绩为依据计算和给付报酬，或以要求被发展人员必须交纳一定费用方可取得加入资格等方式牟取非法利益，扰乱经济秩序，影响社会稳定的行为。

（二）传销的特点

（1）组织严密，行动诡秘。传销组织一般会把人员骗到异地参与。组织内部管理结构严密，一般实行上下线人员单独联系，而组织者则在异地遥控指挥。

（2）一般从熟人入手。以“帮找工作”“合伙做生意”“网友见面”等借口诱骗亲戚、朋友、同乡、同事、同学到异地参与传销活动。

（3）宣传暴富理论。利用一套貌似科学合理的奖金分配制度的歪理邪说鼓吹暴富，鼓动人员加入。

（4）对参与者反复洗脑。对加入传销组织的人以集中授课、交流谈心等方式不间断地灌输暴富思想，使参加者深信不疑。

（5）以高额返利为诱饵。传销组织一般会制定貌似公平且吸引力很强的“高额返利”制度，在传销人员的鼓噪下，受骗者很容易产生投资欲望，轻率加入传销活动。

（6）传销商品，价格虚高。传销商品只是一件道具，其目的是发展人员，骗取钱财，因此，传销商品的价格与价值严重不符。

（三）传销的形式

（1）“拉人头”式传销。组织者要求参加者发展其他人员加入，以参加者直接或间接发展的人员数量为依据计算和支付报酬，牟取非法利益。此类传销不以买卖商品为目的，主要目的是发展人员加入。

（2）骗取“入门费”式传销。组织者要求参加者交纳费用或者以认购商品等形式变相交纳费用，以取得加入或者发展其他人员加入的资格，从而牟取非法利益。这种形式主要贯穿于各种传销形式之中，也是传销组织者“发家致富”的主要途径。

（3）“团队计酬”式传销。组织者要求参加者发展其他人员加入，形成上下线关系，并且以下线的销售业绩为依据计算和支付上线报酬，牟取非法利益。这种形式就是“团队计酬”式传销。绝大部分传销活动都具有这种表现形式。

案例3　洪某在经人介绍花2 000元购买一套化妆品后，获得某公司业务员资格。此后，洪某直接发展了6个人以同样方式加入公司，这6人就是洪某的直接下线。之后，这6人又发展了7人加入，这7人就成了洪某的间接下线。洪某与其下线13个人组成了“团队”。按照公司的规定，洪某从其直接发展的6名下线的“销售额”中获取8%～20%的报酬，从其间接发展的7名下线的“销售额”中获取2%～10%的报酬。

（4）网络传销。除上述3种传统的形式外，传销行为已向互联网延伸。一些不法分子利用互联网大肆发展网上会员，从事网络传销活动，并呈现出新的形式。

①“电子商务”式传销。组织者先注册一个电子商务公司，再以此名义建立一个电子商务网站，打出电子商务的旗号，以“网络营销”“网络直购”等形式从事网络传销活动。

②“网上创业”式传销。组织者抓住年轻人急于创业、渴望成功的心理，以“在家创业”“网络创业”“网络资本运作”为诱饵，欺骗、引诱年轻人上当，从而达到发展会员进行网络传销的目的。

③“网络博弈”式传销。组织者通过玩网络游戏、网上博彩等手段发展会员，销售“游戏股票”“幸运博彩”等游戏充值卡，以直销奖、销售奖为诱饵发展下线。

④“免费获利”式传销。组织者表面宣传“免费获利”“增值消费”“消费不用花钱，免费购买商品”“循环消费”等，实际上却是诱骗人们参加传销活动。

⑤“爱心互助”式传销。组织者以“关爱他人健康”为幌子，宣传一些具有“特别功效”的生物保健品，宣称入会后就能获得优惠价格或返利，以此进行网络传销。

二、传销防范事项

（一）识别和防范传销的方法

“传销”一词人尽皆知，但并不是每个人都具有识别传销行为的能力。我们应该如何识别传销？如何判断朋友或同学已经陷入传销圈套呢？出现以下情况时须警惕。

（1）很久未见的亲戚、朋友、同学等突然打电话邀请你去异地工作、游玩，或者一直鼓吹自己事业成功，提出一起创业或工作的想法。

（2）因为传销组织经常上课洗脑，所以接到上述电话后，可以在每天的不同时间回拨电话，看看是否存在电话经常不接或很久才接的情况。

（3）每次通话时仔细聆听是否有背景声音，如火车声、轮渡汽笛声等，判断是否与对方所说的地方存在矛盾。

（4）若对方只留电话和公司名称，却说不清具体的公司地址和其居住地址，要留心。接到工作邀请时，可以上网查询，核实对方公司的名称和地址。同时，请对方拍一张公司照片，或指定动作请对方在工作地拍一张照片。

（5）在不通知对方的情况下，按照提供的地址和照片提前前往确认，以确定公司是否真实存在。如果公司存在，可以进一步确认对方是否在其中工作，如立即打电话询问对方位置或在公司内找人等。反之，则不要再联系对方，尽快离开。

（6）在网上投递简历被通知上班或面试后，如果发现工作地点在居民小区内，必须提高警惕，注意对方言辞。

（7）当你投奔亲人来到异地，发现有两人同时接你且其中有一名是陌生人时，请提高警惕。此后，如果对方带你去的地方为老旧小区、城乡接合处，请寻找理由及时离开。

（二）传销的选人原则和标准

传销内部资料显示，其选人的原则是：做好规划，选对个人，广泛撒网，重点培养。具体就是说，网要撒得大一点，不要遗漏任何一个潜在的机会，建立自己广阔的后备库，重点培养成功率高、影响力大的人。

其选人的标准是：① 有抱负的人；② 做生意不太成功的人；③ 经商时间长，先成功后失败的人；④ 可信度高、信誉好、为人好的人；⑤ 不安于现状的人；⑥ 复退伍军人；⑦ 下岗工人、失业毕业生、农村剩余劳动力等待业人员。这其中信任度高的、创业投资意识强的、挣钱欲望高的、胆子比较大的人为最优。

（三）如何逃离传销组织

1. 确保自身安全

如果不幸误入传销组织，首先需要保持头脑冷静，仔细观察周边环境及平时的生活规律，不要做出极端行为，可以选择假意顺从以降低传销组织人员的戒心，以保护好自身的安全为首要任务。

2. 寻找时机逃离

（1）寻找借口离开被困地，如上厕所等。摆脱后应尽量去往人群密集地，这样可以利用有利的环境避开追踪者，从而成功逃离。

（2）如果传销组织监控严密，可以借机行事，如伪装示弱或装病等，骗取对方的信任，使传销组织放松警惕，再选择合适的机会逃离。

3. 向他人求救

（1）掌握自己所处的具体位置，如详细地址、门牌号码等；若不能确定具体位置，可以寻找附近的标志性建筑物，以便在联系他人求助时说出准确位置。

（2）找一个较为隐蔽的地方，在纸币或纸条上写出求救信息，乘人不备时从窗户扔出。可以将求救信缠在某些有重量的物品上丢出，或多写几张分散丢出。

（3）寻找时机，如果手机没有被传销组织没收，可以利用手机中的 GPS 定位功能报警。如借助微信定位功能发送自己所在的位置，可以提高获救的可能性。

第四节 求职权益应维护

求职择业是大学生初涉人生舞台的重要一步。目前，社会对毕业生的需求不仅表现在数量上，而且在专业素质上都提出了更高的要求，求职择业的竞争非常激烈。由于学生涉世不深，思想单纯，在求职时容易急于求成，因而就不可避免地会遇到一些求职安全问题。社会上的不法分子或不良企业利用学生急于求职的心理，设置了形形色色的招聘陷阱，或谋财或骗色，给学生的求职之路蒙上了阴影。

案例导入

案例 1 某高校毕业生李某为了预防招聘被骗，放弃了网站投递简历以及去职业介绍所求职的方式，选择了正规的人才市场。参加招聘当日，李某只应聘当日能提供面试机会的工作。在经过现场招聘后，他来到南山区的一家公司。面试之后，李某被通知面试合格，但需要交纳 1 250 元的保险费以及服装费等押金。他缴费后还让公司开具了一份收据。但第二天上班时，公司却要求他下周一再来。到了第二个星期一，公司又声称月末不接受新人入职，要求他下个月1号再来报到……这样一来二去，李某迟迟不能入职。后来，一名热心的同事悄悄告诉他，遇到这种情况李某需要请张经理的助理吃顿饭。于是，李某又请张经理的助理和这名热心的同事吃了顿饭。在饭桌上，张经理的助理答应帮忙，并保证后天就可以上班。但第三天，李某去上班时，却又被告知由于业务部的主管出差无法办理入职……

随着时间的流逝，李某发现等待上班的人除了他以外还有20多人，他这才发觉自己被骗了。随后，他和几名应聘者一起要求退还押金，但公司矢口否认收取过押金。最终，李某和几名受骗人员去派出所报案，准备带着警察去公司讨要说法。当他们再次来到公司时，却发现已是人去楼空。

案例2 某校女生温某在某招聘网上看到广州某有限公司招聘销售人员，兴奋地发现与自己的专业对口，待遇也不错，但招聘表上却又明确表示“只招男性”。温某认为销售人员并不是只能男性担任，她在大学期间有过销售的工作经历，专业也适合，觉得这份工作自己可以胜任，所以，她投递了简历。但之后几天始终没有得到该公司回复。于是，她拨通了人事部的电话。经过沟通，对方以“本单位的销售岗位只招男生”为理由，拒绝了温某的工作请求。

温某最终做出一个决定：站出来维权。但是她在咨询律师后得到的答复却是“这类案件很难通过司法途径解决。法院基本不支持对用人单位在招聘时的性别歧视判决赔偿损失”。虽有法律保障，为何就业性别歧视得不到惩罚呢？在司法实践里，多是以被歧视者损失的程度作为是否立案及判决的标准，但损失程度很难量化。所以，这是司法实践中的难点。2016年11月6日，温某向广州市某区人力资源中心和社会保障局投诉了上述公司的性别歧视行为。接到投诉后，广州市某区人力资源中心和社会保障局劳动监察大队（以下简称“劳监队”）展开了调查。了解事实后，劳监队介入了投诉案件。经过71天的“拉锯战”，2017年1月15日，在劳监队的调解下，广州某有限公司和温某达成了最终协议。该公司因存在性别歧视问题，在其公司首页和相关招聘网上向温某刊登道歉信，支付温某在投诉过程中的费用1 600元，并赔偿精神损失费1元。

安全提示

大学生入职，切勿相信来源不明的中介信息，对不熟悉的企业，可以和校内教师进行沟通，发生被骗事件后，可以勇敢站出来维权。

一、合法维权知识

（一）识别招聘陷阱

1. 招而不聘

在很多招聘会场中经常能看到一些熟悉的单位。这些单位常年招聘，但从不透露到底需要多少人，且招聘的信息从不更换或者很少更换。在招聘会上，这些单位往往发给求职者很多宣传册和介绍单位背景的资料。对此，求职者可以事前通过网络对单位的情况、招聘职位进行全面了解，做到心中有数，以免费时费力，无功而返。

2. 变相收费

按照有关规定，招聘单位不得以招聘为由向求职者收取任何费用。因此，不管招聘单位是收取服装费、培训费还是收取押金，求职者都应该坚定地说“不”。特别注意，提出“变相收费”的单位的面试都比较草率，通过率基本达到百分之百。

3. 偷换概念

有些单位在招聘时既不明确告知试用期时间，又将试用期工资压低，只是口头承诺转正后工资会大幅上涨。但是，在试用期即将结束时，单位却以各种理由辞退求职者。

4. 窃取创意

由于聘请专家或者专业人才的费用较高，有些单位为了节约成本，便通过大规模招聘的方式来获取好的创意或者方案。这类招聘往往要求应聘者在面试前针对某一特定产品进行设计。

5. 虚设岗位

招聘单位在发布招聘信息时，对从事的工作内容做模糊化处理。招聘广告上写着招聘“市场总监”“保险事业部经理”等，结果应聘者入职后却发现其实是做业务员、保险代理员等。有的单位还会以“先到基层锻炼”为幌子欺骗求职者，使他们继续工作下去。

6. 不法行业

“星级饭店招聘男女公关经理，无须工作经验，无学历要求。底薪 800 元，月薪可达数万元。要求：女性身高 165 厘米以上，男性身高 180 厘米以上，面容姣好。”这样的招聘广告一般都是骗人的或是从事灰色行业的。天上不会掉馅饼，没有付出，是不会得到高薪回报的。

（二）应聘就业的法律常识

为预防招聘陷阱，了解和掌握求职应聘时涉及的一些法律常识是十分必要的，只有这样我们才能更好地保障自己的合法权益。

1. 先试用再签合同，用人单位不合法

《中华人民共和国劳动合同法》（以下简称《劳动合同法》）规定，用人单位自用工之日起即与劳动者建立劳动关系，应当订立书面劳动合同。试用期包含在劳动合同期限内。

试用期长短应合理，具体参照下表：

合同期限	3个月~1年	1年~2年	>=3年
试用期	<1个月	<2个月	<6个月

与用人单位签订书面协议，需要把好以下“三关”：

（1）合同条文关。拿到劳动合同后要逐字逐句看清看懂合同条文，不明不懂处要请用人单位解释清楚。

（2）权利责任关。明确知道自己在单位上班后应享受哪些权利，包括工资、福利、保险、劳动时间、假期等。同时还要明确自己对单位应负有的责任，不可盲目地签合同。（3）就业期限关。就业期包括试用期，首次就业均有试用期。由于试用期工资略低，所以有的单位会随意延长试用期，以减少成本。国家根据就业对象不同有不同的时间规定，用人单位应遵守国家规定。

2. 派遣员工应同工同酬

根据最新《劳动合同法》的规定，劳动合同用工是我国的企业基本用工形式，劳务派遣用工是补充形式，只能在临时性、辅助性或者替代性的工作岗位上实施。被派遣劳动者享有与用工单位的劳动者同工同酬的权利。

3. 劳动者需要支付违约金的情况

《劳动合同法》规定，当出现下列两种情况时，劳动者须向用人单位支付违约金。

（1）用人单位为劳动者提供专项培训费用，并约定服务期。若劳动者违反服务期约定，应按约定向用人单位支付违约金，但违约金的数额不得超过培训费用。用人单位要求劳动者支付的违约金不得超过服务期尚未履行部分所应分摊的培训费用。

（2）劳动者若违反竞业限制约定，应按约定向用人单位支付违约金。

除上述两种情况外，用人单位不得与劳动者约定由劳动者承担违约金。

4. 违约辞退，支付补偿

若用人单位违反约定，提前解除劳动合同，应当向劳动者支付经济补偿。经济补偿的数额根据劳动者在本单位工作的年限，按每满1年支付1个月工资的标准向劳动者支付。6个月以上不满1年的，按1年计算；不满6个月的，向劳动者支付半个月工资的经济补偿。

5. 支付押金，违法行为

《劳动合同法》规定，用人单位招用劳动者，不得扣押劳动者的居民身份证和其他证件，不得要求劳动者提供担保，或以其他名义向劳动者收取财物。

6. **辞职提前说**

根据法律规定，劳动者提前30日以书面形式通知用人单位，可以解除劳动合同。试用期内提前3日通知用人单位，可以解除劳动合同。若用人单位存在以下情形，劳动者可以解除劳动合同：

（1）未按照劳动合同约定提供劳动保护或者劳动条件。

（2）未及时足额支付劳动报酬。

（3）未依法为劳动者缴纳社会保险费。

（4）用人单位的规章制度有违反法律、法规的规定，损害劳动者权益等情形。

若用人单位以暴力、威胁或者非法限制人身自由的手段强迫劳动者劳动，或者用人单位违章指挥、强令冒险作业危及劳动者人身安全，劳动者可以立即解除劳动合同，而不需要事先告知用人单位。

二、合法维权注意事项

（一）实际就业中的常见问题

- 问题：年龄未满18岁能否就业？

回答：我国最低就业年龄为16周岁。法律法规规定的其他情况除外。

- 问题：在校学生实习期间受伤是否属于工伤？

回答：实习学生不具备工伤保险赔偿的主体资格，不享受工伤保险待遇。虽不能享受工伤待遇，但此类事故可以按民事侵权纠纷处理。

- 问题：用人单位故意不订立劳动合同怎么办？

回答：用人单位与劳动者之间已经形成了事实劳动关系，如果用人单位故意拖延不订立劳动合同，劳动行政部门应予以纠正，用人单位须按月付双薪。

- 问题：非因工负伤致残时，该怎么办？

回答：单位职工非因工负伤致残和经医生或医疗机构认定患有难以治疗的疾病，在医疗期内或医疗终结后不能从事原工作，也不能从事用人单位另行安排的工作的，应由劳动鉴定委员会参照工伤与职业病残程度鉴定标准进行劳动能力鉴定。被鉴定为1～4级的，应当退出劳动岗位，终止劳动关系办理退休、退职手续，享受退休、退职待遇；被鉴定为5～10级的，在医疗期内不得解除劳动合同。

（二）求职择业中的注意事项

（1）尽可能通过学校人事部门和就业指导部门组织的“人才招聘会”“双向选择会”“人才交流市场”以及其他由学校组织的各种活动选择自己满意的职业。这是求职的主要渠道。

（2）对有疑问的聘用岗位或单位应及时加强了解。可通过学校有关部门或者通过亲友了解，如有条件、有时间，也可以亲自前往实地考察摸底。这样做，除可防止上当受骗外，还可使自己在与用人单位签订合同时处于主动地位，并防止以后发生一些民事纠纷。

（3）在求职择业过程中遇到意外情况时，应当及时根据情况分别向学校学生管理部门、保卫部门或地方公安机关反映，并注意保存所有的证据，以便在发生问题时提供有关线索，协助调查。

（4）择业中常见的心理偏差和心理障碍。表现为：对就业形势盲目乐观；只考虑眼前实惠，忽视专业发展；互相攀比，强求平衡；孤芳自赏；虚荣侥幸，缺乏己见；依赖他人，寻求依托；自命不凡；等等。

（5）择业中常见的心理矛盾。表现为：有远大的理想但往往不能正视现实；注重实现自己的人生价值但缺乏艰苦创业的心理准备；有较强的自我观念但缺乏把握自我的能力；渴望竞争但缺乏竞争的勇气。

一旦发现自己有上述心理现象出现，应加以重视，可以主动找老师和朋友倾诉，或咨询医生或心理师，调整好择业心态，勇敢地迎接挑战。

（三）劳动争议解决程序

1. 双方自行协商解决

双方通过协商方式自行和解，是当事人解决争议的首要途径。但是，协商解决是以双方自愿为基础的，如果不愿协商或者经过协商不能达成一致，当事人可以选择调解程序或仲裁等其他程序。

2. 调解程序

当事人向用人单位劳动争议调解委员会申请调解。前提是，调解程序是自愿的，只有双方当事人都同意申请调解，调解委员会才能受理该案件。当事人也可不经过调解而直接申请仲裁。

3. 仲裁程序

若经过调解后双方不能达成协议，当事人一方或双方可向当地劳动争议仲裁委员会申请仲裁，当事人也可以直接申请仲裁。仲裁程序适用于各类劳动争议，但因签订集体合同发生的争议不适用仲裁程序。仲裁程序是强制性的必经程序，即只要有一方当事人申请仲裁，且符合受案条件，仲裁委员会均予以受理。当事人如果要向法院起诉，必须先经过仲裁程序。未经过仲裁程序的劳动争议案件，人民法院将不予受理。

4. 法院审判程序

当事人如果对仲裁裁决不服，可以向用人单位所在地的基层人民法院起诉。当事人若不服一审判决，可向上级法院上诉。法院审判程序是劳动争议处理的最终程序。

第九章　网络与信息安全

近些年来，随着信息技术的快速发展和信息化应用的不断深入，网络空间逐渐被人们视为继陆、海、空、天之后的“第五空间”，成为国际社会关注的焦点和热点，成为人们日常生活不可或缺的组成部分和经济社会正常运行的重要支撑，更是大学生获取知识、互动交流、娱乐益智的主要渠道和方式。然而，在互联网和信息化应用带来的便利背后，却隐藏着严重的网络安全隐患，人们面临着严峻的信息安全挑战。

这些隐患和挑战直接影响甚至侵害了互联网空间中最活跃的群体——大学生。因此，作为当代大学生，要了解网络安全发展现状，理清网络活动的安全问题，掌握基本的防范方法和相关法律知识，从而避免网络伤害，保障个人健康成长。

第一节　信息安全要牢记

信息安全是指为数据处理系统建立和采用的技术、管理上的安全保护，目的是保护计算机硬件、软件、数据不因偶然或恶意的原因而遭到破坏、更改和泄露。

网络安全是指网络系统的硬件、软件及其系统中的数据受到保护，不因偶然或恶意的原因而遭受到破坏、更改、泄露，保持系统连续、可靠、正常地运行，使网络服务不中断。

在校内，任何涉及个人身份、学校内部数据、涉密课题研究等的信息都属于需要保密的范围，在校生应主动维护和做好保密工作。

在校外，高校实习生或毕业生应严格按照企业要求，遵守企业信息安全规定，任何属于公司的组织构架信息、人员信息、公司技术资料、公司商业资料，都属于需要保密的范围，不得以任何方式外传，特别禁止将公司商业机密用于获利性目的，否则将属于违法犯罪的行为。

案例导入

案例1 某高职院校大三学生进入某高科技公司实习，将公司发布的部门通讯录拍照存留，后通过朋友的介绍，将此通讯录转卖给某猎头公司，获利2 000元，造成公司多个员工收到恶意跳槽邀请。公司拟按照泄露公司商业机密对其进行起诉，后经学校调停，对其进行罚款并通报批评。该事件对学校和企业造成较为恶劣的影响。

案例2 某公司报案称，有人在网上大量出售其公司开发的某游戏用户账号。侦查后发现，犯罪分子通过盗取游戏账号，并按游戏角色的等级定价后，批量售卖。警方通过缜密侦查成功抓获2名犯罪分子，此案共缴获各类邮箱账号密码30余万条，取缔平台2个，并成功端掉一个非法售卖账号的网络黑色产业链。此案的发生源于大批量邮箱密码泄露事件。密码安全是信息安全的核心，但是在当今的网络环境中，相当一部分人并不重视账户密码的设置及保管，突出表现在不修改默认密码、采用弱密码、单一密码全平台通用等问题上。这导致了犯罪分子在轻易盗取某一平台用户账号后，再进行多平台账户关联，使用户遭受更严重的损失。

安全提示

信息安全无小事，信息安全涉及的都是个人、企业和国家的资产；信息安全有底线，切勿因小利而走上刑事犯罪的道路。

一、网络与信息安全知识

（一）信息安全的概念

20世纪末，以因特网为核心的信息技术进一步发展，人们的工作、生活和学习越来越离不开网络，国家的经济发展、社会治理也与网络密不可分。高度发展的信息网络，一方面通过现实社会投射，构成了虚拟“网络社会”；另一方面通过网络信息渗透，融合了各种已存在的社会实体网络，使“网络社会”成为整个现实社会的结构形态。至此，信息技术步入一个崭新的阶段——网络社会阶段。在这一阶段，云计算、物联网和大数据技术进入人们的生活，信息和数据的保存、传输更加容易。

信息安全是一个广泛而抽象的概念，不同领域、不同角度对其概念的阐述会有所不同。在我国信息安全标准化委员会发布的GB/T 25069—2010《信息安全技术术语》中，信息安全是指保持、维持信息的保密性、完整性和可用性，也可包括真实性、可核查性、抗抵赖性和可靠性等性质。信息安全的目标是保证信息上述安全属性得到保持，不被破坏，从而对组织业务运行能力提供支撑。在商业和经济领域，信息安全主要强调的是消减并控制风险，保持业务操作的连续性，并将风险造成的损失和影响降到最低。对于建立在网络基础之上的现代信息系统，信息安全是指保护信息系统的硬件、软件及相关数据，使信息不因偶然或恶意侵犯而遭受破坏、更改及泄露，保证信息系统能够连续、可靠、正常地运行。

从信息安全作用角度来看，人们首先关心的是计算机与网络设备硬件自身的安全，即信息系统硬件的稳定运行状态，属于物理安全范畴；其次关心的是计算机与网络设备运行过程中的系统安全，即信息系统软件运行状态的稳定性，称为运行安全。这两方面反映的是信息系统所面临的安全问题，可以将其合并，称为运行系统的安全。

从信息安全保障角度来看，信息安全从技术扩展到管理，从静态扩展到动态，通过技术、管理和工程等措施的综合融合，形成对信息、信息系统乃至业务使命的保障。

（二）我国面临的信息安全威胁

随着互联网的快速普及和各种网络应用的不断出现，信息安全已成为国家安全的重要内容，各种信息安全事件不断发生，危害不断加大。从受威胁的对象来看，可以将我国面临的信息安全威胁分为三类：国家威胁、组织威胁和个人威胁。

国家威胁主要表现在以下四个方面：一是恐怖组织通过网络大肆发布恐怖信息，渲染暴力活动；二是邪教组织通过网络极力宣扬种族歧视，煽动民族仇恨，破坏民族团结，宣扬邪教理念，破坏国家宗教政策，煽动社会不满情绪，甚至暴力活动；三是西方势力通过网络传播他们的意识形态、价值观念和生活方式，进行文化渗透、侵略；四是其他国家情报机构收集我国政治、军事、经济等情报信息。

组织威胁主要针对企业或组织受保护的财产、专有技术。具体表现为：一是网络恐怖分子破坏公共秩序、制造社会混乱等；二是通过工业间谍掠夺竞争优势、打击竞争对手，使企业或组织蒙受经济或声誉损失。

个人威胁突出表现在：一是对知识产权的威胁；二是侵犯、破坏个人计算机系统中的信息，通过互联网对财产权进行侵犯，对 E-mail 系统进行破坏，影响人们正常的工作、学习和生活。

2013 年，“棱镜门”事件在全球持续发酵，隐藏在互联网背后的国家力量和无所不在的“监控”之手，引起舆论哗然和网络空间的连锁反应。全球范围内陡然上升的网络攻击威胁，导致各国对信息安全的重视程度急剧提高，越来越多的国家将信息安全列为国家核心安全利益。信息安全进一步成为大国竞争的战略基点，较量和博弈逐步深化升级。

当前，我国信息安全环境日趋复杂，网络安全问题对互联网的健康发展带来日益严峻的挑战，网络安全事件的影响力和破坏程度不断扩大。迅速发展的信息技术与信息服务不断超越现有的互联网监管体制，网上有害信息传播、病毒入侵、网络诈骗、黑客攻击日趋严重，网络泄密事件屡有发生，网络犯罪呈快速上升趋势，各种危及国家安全和社会稳定的网络违法和犯罪活动越来越猖獗，尤其是在利益的驱动下，网络违法和犯罪活动更加有组织、有目标，隐蔽性和复杂性更强，危害性更大。这些问题主要体现在以下几个方面：

（1）针对网络信息的破坏活动日益严重，利用网络进行违法犯罪案件逐年上升。

鉴于互联网具有传播速度快、覆盖面广、隐蔽性强和无国界等特点，传统领域的违法犯罪活动逐渐向互联网渗透，网上违法犯罪案件逐年大幅上升，犯罪类型不断扩展，作案手段不断翻新，危害后果日趋严重。越来越多的高新技术被违法犯罪分子所利用，安全防范的难度越来越大，安全保障的要求越来越高。

（2）安全漏洞和安全隐患增多，对信息安全构成严重威胁。

信息安全事件的发生，绝大多数都与利用、误用信息技术自身的缺陷有关，安全漏洞和安全隐患的存在已经成为我国网络与信息安全的长期威胁。首先，漏洞客观、广泛存在，易为人所利用。信息技术的漏洞无处不在，涉及软件、硬件等各个方面，成为病毒、黑客攻击等安全问题的重要根源，是网络环境下失密、窃密的重大隐患。其次，漏洞数量多，消除难度大。近年随着信息技术和产品的广泛应用出现倍增趋势，而且漏洞从公开至被利用的时间间隔越来越短，漏洞消除工作变得相当复杂，难度很大。再次，新业务、新应用安全风险高。随着云计算、物联网等互联网新业务、新应用的流行，新的问题和安全隐患凸现，这是未来我国网络治理面临的难题之一。

（3）黑客攻击、恶意代码对重要信息系统安全造成严重影响。

重要信息系统一旦遭受攻击者攻击或恶意代码侵害，后果将十分严重。轻则系统瘫痪，影响社会和经济活动；重则造成大范围社会动荡。近年来的网络与信息安全事件表明，黑客攻击、恶意代码对我国重要信息系统的危害已成现实威胁。黑客攻击正在从以往单纯的、零散的技术活动，向有组织、趋利性、规模化和跨国流动性的方向发展，尤其是以获取经济利益为目的的信息技术犯罪增长迅速。

（三）信息安全保障手段

信息技术发展到网络化社会阶段，信息安全作为一个日益重要而尖锐的问题，涉及面越来越宽，众多因素和变量均处于“不确定”状态，在这种情况下只能维持一种动态、可控的安全状态，信息安全保障就是这样一种安全理念。

信息安全保障是指采用技术、管理等综合手段，保护信息和信息系统能够安全运行的防护性行为。它通过保证信息和信息系统的可用性、完整性、机密性和不可否认性来保护并防御信息和信息系统的操作，包括通过综合保护、检测和响应等能力为信息系统提供修复。同传统的信息安全保护措施相比，信息安全保障不仅包含各种安全技术，还包括策略、法规、道德、社会、经济、管理、评估和保障等多种学科和知识。我国信息安全保障体系包括六个要素：信息安全法律法规与政策、信息安全标准与规范、信息安全人才培训教育体系、信息安全组织机构及管理体系、信息安全技术与产业支撑平台和信息安全基础设施。

二、网络与信息安全注意事项

（一）在校大学生需要遵守的信息系统安全保护制度

（1）计算机信息系统的建设和应用，应当遵守法律、行政法规和国家其他有关规定。

（2）计算机信息系统实行安全等级保护。

（3）计算机机房应当符合国家标准和国家有关规定。在计算机机房附近施工，不得危害计算机信息系统的安全。

（4）进行国际联网的计算机信息系统，由计算机信息系统的使用单位报省级以上人民政府、公安机关备案。

（5）运输、携带、邮寄计算机信息媒体进出境的，应当如实向海关申报。

（6）计算机信息系统的使用单位应当建立健全安全管理制度，负责本单位计算机信息系统的安全保护工作。

（7）对计算机信息系统中发生的案件，有关使用单位应当在24小时内向当地县级以上人民政府公安机关报告。

（8）对计算机病毒和危害社会公共安全的其他有害数据的防治研究工作，由公安部归口管理。

（9）对国家计算机信息系统安全专用产品的销售实行许可证制度。

（二）传播计算机病毒的行为

以下为传播计算机病毒的行为：

（1）故意输入计算机病毒，危害计算机信息系统安全。

（2）向他人提供含有计算机病毒的文件、软件、媒体。

（3）销售、出租、附赠含有计算机病毒的媒体。

（4）其他传播计算机病毒的行为。

（三）上网用户不得利用互联网制作、复制、查阅、发布、传播的信息

（1）反对宪法所确定的基本原则的。

（2）危害国家安全，泄露国家秘密，颠覆国家政权，破坏国家统一的。

（3）损害国家荣誉和利益的。

（4）煽动民族仇恨、民族歧视，破坏民族团结的。

（5）破坏国家宗教政策，宣扬邪教和愚昧迷信的。

（6）散布谣言，扰乱社会秩序，破坏社会稳定的。

（7）散布淫秽、色情、赌博、暴力、凶杀、恐怖或者教唆犯罪的。

（8）侮辱或者诽谤他人，侵害他人合法权益的。

（9）法律、行政法规禁止的其他内容。

（四）危害计算机信息安全的活动

任何单位和个人不得从事下列危害计算机信息安全的活动：

（1）未经允许，进入计算机信息网络或者使用计算机信息网络资源的。

（2）未经允许，对计算机信息网络功能进行删除、修改或者增加的。

（3）未经允许，对计算机信息网络中存储、处理或者传输的数据和应用程序进行删除、修改或者增加的。

（4）故意制作、传播计算机病毒等破坏性程序的。

（5）其他危害计算机信息安全的。

第二节　网络游戏勿沉迷

互联网的飞速发展为我们打开了一个充满神奇的虚拟社交世界，也使诸多的学生陷入了迷茫和困惑。由于种种原因，许多学生沉迷于虚拟网络世界中，被暴力、色情游戏等不良网络内容所吸引，过度沉迷产生网瘾而难以自拔。

网瘾是指上网者由于长时间和习惯性地沉浸在网络时空中，对互联网产生强烈的依赖，以至于达到了痴迷的程度而难以自我解脱的行为状态和心理状态。网瘾会造成青少年人格不健全，不仅影响青少年正常的学习、生活和人际交往，还有可能给社会带来巨大危害，甚至使青少年走上违法犯罪的道路。

联盾护航360调查发现，中国城市青少年网民中有网瘾者约占13%，估计人数在3 000万以上；在非网瘾青少年中，超过1 800万人有网瘾倾向，有近七成的网瘾青少年达到轻度或中度上网成瘾。在青少年网瘾人群中，13～17岁的未成年人比例为14%，18～23岁的比例更高。

案例导入

案例1　某高校学生李某长期迷恋电脑游戏，上课时注意力不集中，从而导致成绩下降。他玩游戏上瘾，晚上常常从宿舍溜出到网吧上网，一直玩到天亮，白天上课则昏昏欲睡。问他为什么要违反校规出去通宵打游戏，他说：“有一关我没打过，睡不着，想想我能过关的，所以就又去了。”

案例2 2015年12月，江苏如东一名19岁的学生为了要钱上网，竟然用铁锤砸死把他一手抚养成人的奶奶，并在奶奶没有了呼吸之后若无其事地拿着钱去上网。

案例3 一名19岁的大学生从家里偷出1 600元钱，连续4天4夜在网吧玩游戏，网络游戏中激烈刺激、惊心动魄的打斗使他血压升高，心跳加速，再加上过度疲劳，最后该学生猝死于网吧。

安全提示

喜欢打游戏情有可原，但也应适可而止。坏习惯从小事开始，莫到铸成大错而无法挽回。

一、网络游戏安全知识

（一）网络游戏

网络游戏又称“在线游戏”，简称“网游”，指以互联网为传输媒介，以游戏运营商服务器和用户计算机为处理终端，以游戏客户端软件为信息交互窗口，旨在实现娱乐、休闲、交流和取得虚拟成就的具有可持续性的个体性多人在线游戏。

根据使用形式不同，目前网络游戏可以分为以下三种：

一是基于浏览器的游戏，也就是我们通常所说的网页游戏，又称“Web游戏”，它不用下载客户端，简称“页游”。这是基于Web浏览器的网络在线多人互动游戏，只需打开网页，10秒钟即可进入游戏，不存在机器配置不够的问题，最重要的是关闭或者切换极其方便，尤其适合上班族。

二是客户端游戏。这种游戏是由公司所架设的服务器来提供的，而玩家们则是由公司所提供的客户端来连接上公司服务器以进行游戏，现在所谓的网络游戏大多属于此类型。此类游戏的特征是大多数玩家都会有一个专属于自己的角色（虚拟身份），而一切角色资料以及游戏资讯均记录在服务器端。

三是手机端游戏。这种游戏通过手机联网进行，因操作简便、可随时随地进行，因而大受欢迎，目前在学生群体中非常流行。

（二）网瘾的判断标准

（1）对上网有强烈的渴望或冲动。每天上网超过8小时，且时间越来越长，无法自控，特别是晚上，常上网至深夜。

（2）行为反常。上网成瘾的青少年不仅会有视力下降、生物钟紊乱、神经衰弱等生理特征，甚至还会有逃学、废寝忘食、不与人交往、为人冷漠、关闭电脑后急躁不安等行为特征。

（3）经常对家人、亲友、老师、同学或专业人员撒谎，隐瞒上网的程度，包括上网的真实时间和费用。

（4）自己曾经做过努力，想控制、减少或停止上网，但没有成功。不惜借钱或甘冒一定危险上网，如去偷钱或者盗用别人账号上网等。

（5）若几天不上网，就会出现烦躁不安、焦虑、易怒和厌烦等症状，上网可以减轻或避免这些症状。

（6）尽管知道上网有可能导致或加重原有的躯体或心理问题，但是仍然继续上网。

以上症状是上网综合征的初期表现。严重者则表现为上网时身体会颤抖，手指经常出现不由自主敲打键盘的动作，再发展下去，舌头与两颊会僵硬以至失去自制力，甚至出现幻觉。

（三）正确看待网络游戏

如今我们已经迈入网络化时代，网络开启了一个全新的缤纷世界。网络游戏走进了人们的生活，但如果过于沉迷网络游戏，就会影响工作和学习。

1. 网络游戏的益处

（1）在游戏里可以结识许多新的朋友，从中学会与人交往、互相尊重。

（2）网络游戏可以增强团队合作意识。

（3）网络游戏可以使玩家的头脑灵活，激发出新的想法，使玩家变得更加机智和聪明，提高玩家的思考能力和应变能力。

（4）网络游戏可以缓解压力，平复心情。

（5）在游戏过程中，玩家可以获得满足感和成就感，增强自信心和卓越感。

（6）游戏中会遇到各种关卡，玩家可以学会以积极、坚强的心态面对困境，从而战胜困难。

2. 网络游戏成瘾的坏处

网络游戏是一把双刃剑。在校学生因涉世不深，自控力差，更容易被网络游戏迷惑、奴役，从而造成身心伤害。一旦产生网瘾就如同染上毒品，其危害也是巨大的。

（1）伤害身体。

青少年正处于身体发育的关键阶段，一旦沉迷于网络世界，就会长时间连续上网，身体的新陈代谢、正常的生物钟会遭到严重破坏，身体容易变得非常虚弱。有研究表明，青少年长期沉迷于网络，不仅会影响大脑发育，还会导致神经系统紊乱、激素水平失衡、免疫功能衰竭，从而引发紧张性头痛，甚至导致死亡。同时，不良的上网环境也会损害青少年的身体健康，网吧大多空间拥挤、空气浑浊、声音嘈杂，青少年长时间在这种环境下上网，也容易被传染上疾病，甚至引发猝死。

（2）心理异常。

网络成瘾对青少年健全心理的发展也是一个严峻的挑战。长期上网会引发青少年网络孤独症和忧郁症等心理疾病，使青少年过分关注人机对话，对外界刺激缺乏相应的情感反应，对亲友冷淡，对周围事物失去兴趣，严重时对一切都漠不关心，把与别人的交往当成一种可有可无的事情，变得越来越孤僻，造成青少年的个性缺陷。

网络成瘾者一旦停止上网便会产生强烈的上网渴望，难以控制对上网的需求或冲动，这种冲动使其在从事别的活动如工作、学习时注意力不集中、不持久，从而造成青少年心理错位和行动失调。

网恋和网络聊天会引发青少年的感情纠葛，导致各种情感问题，造成青少年的心理创伤。网络成瘾者过度沉迷于网络中的虚拟角色，容易迷失自我，将网络上的规则带到现实生活中，从而导致自我认识的障碍。

（3）道德认知模糊。

在网络世界，网民的性别、年龄、相貌、身份等都能借助网络虚拟技术得到充分隐匿，网民之间的交往没有责任也没有义务。网民不必面对面直接打交道，从而摆脱了熟人社会众多的道德约束。青少年在网络世界中缺少了以教师、家长为核心的人际关系对他们行为的监督，他们在网上自由任性，缺少道德自律，容易在网络游戏、黄色网站中放纵自己的欲望。其人性中恶的一面也可能会因为没有道德的约束而得到充分宣泄，这就弱化了青少年的道德意识和社会责任感，有可能导致他们走上犯罪的道路。

同时，网络信息中不乏一些色情、暴力的内容，涉世未深的青少年也容易受到不良信息的诱导，最终可能误入歧途。近年来，未成年人的暴力犯罪率和性犯罪率明显上升，这与网络游戏中大力宣扬暴力、色情有很大关系。更有一些青少年为了支付上网费和装备升级的费用而走上犯罪的道路。

（4）影响人际交往能力。

首先，网络成瘾者大多性格孤僻冷漠，容易与现实生活产生隔阂，导致自我更加封闭，进而不断地走向个人世界，从而拒绝与人交往。同时，网络成瘾者沉溺于完美的网络世界之中，沉醉于一种虚幻的满足感，他们从网络中得到了个人归属感，他们可以在网络世界充分张扬自己的个性。在虚拟的网络世界里，他们已经拥有了一切，而在现实世界中，一切都不是那么完美，这会使他们认为现实生活中的人际交往是一种可有可无的事情，从而不愿意在现实中与人交往，拒绝融入现实社会，这是网络带给网瘾青少年的一大问题。

其次，沉迷于网络世界中，还使青少年与他人交往频率降低。他们迷恋人机对话模式，对着电脑屏幕行文如水、滔滔不绝，一旦丢掉键盘、鼠标就变得沉默寡言，在现实生活中语言表达能力出现障碍，只有到了电脑前，手按着键盘，才能表达自己的想法，从而在现实生活中很难与别人交流。更有甚者，还会得一种叫“社交恐惧症”的心理疾病，具体表现为怕与人见面、谈话，见人就紧张，面红耳赤、颤抖，因此常独居屋内，避不见人。调查表明，56.33%的网络成瘾者人际关系较差。

（5）影响学业。

在校学生一旦痴迷网络游戏，满脑子想的都是“升级”“装备”“秘籍”。这不但会花费大量的课余时间，而且可能会使其厌恶现实中正常的学习生活，上课精力不集中，不能完成作业，经常逃课、逃学，有的甚至辍学，严重影响学业。

（6）影响家庭。

一个幸福美满的家庭若出现了网络成瘾的孩子，就意味着这个家庭将告别安宁。沉迷网络游戏，一方面增加开销，给家庭带来经济压力；另一方面为了帮助孩子戒除网瘾，家人往往心力交瘁，甚至会遭到孩子的威胁、攻击和伤害。

（7）违法犯罪。

玩网络游戏需要很多金钱和时间。由于学生做事不成熟、不理智，缺乏控制力，因此，网络成瘾的人可能会为了获得足够的金钱或上网的自由去诈骗、抢劫、盗窃，甚至向亲人挥刀。

二、网络游戏安全注意事项

（一）如何预防产生网瘾

1. 遵守网络规则，保护自身安全

在上网时要遵守《全国青少年网络文明公约》，同时保护好自身安全，应该做到：① 保守自己的身份秘密；② 不随意回复信息；③ 收到垃圾邮件立即删除；④ 谨慎与网上“遇见”的人见面；⑤ 如果在网上遇到恶意伤害，应该寻求家长、老师或者自己信任的其他人的帮助；⑥ 不进行可能会对其他人的安全造成影响的活动。

2. 学会目标管理和时间管理，提高上网效率

应该做到：① 不漫无目的地上网；② 上网前订好目标和要完成的任务；③ 事先筛选上网目标，排出优先顺序；④ 根据要完成任务的情况合理安排上网时间；⑤ 不要为了打发时间而上网。

3. 积极应对生活挫折，不在网络中寻求安慰，逃避现实

要认识到成长的过程不会一帆风顺，遇到困难和挫折时要积极应对，多向家长、老师和其他人请教解决办法，不要沉迷于网络而逃避现实。

（二）一旦有了网瘾该如何有效戒除

1. 教育疏导法

网瘾尚不严重者可适当将自己的苦恼告知朋友、家长或老师，请他们协助进行积极的正面教育；因为自己已知网络游戏成瘾的危害，从而自我反省，认清危害，从心理上矫正自己。若已经严重沉迷网络，则需寻找专业的心理医生帮助戒除网瘾。

2. 时间控制法

在进行教育疏导时，应在朋友、家人的督促下严格控制上网时间，逐周递减。比如可由最初的昼夜上网缩减到十几个小时，再由十几个小时缩减到八九个小时，直到每天上网两个小时，甚至不上网，这样循序渐进，可慢慢消除对网络游戏的依赖。

3. 兴趣转移法

针对自身特点和爱好，由家人或朋友带自己多参加有意义的、本人喜欢的集体活动，如打球、游泳、旅游等，以转移对网络的兴趣，从而逐渐淡化网瘾。

4. 奖励惩戒法

自我制定切实可行的奖惩措施。例如，若本周能将每天上网时间控制在 1 小时内，周末可以给自己购买一个心仪的东西；若考试不达标，则每天减少 1 小时上网时间；等等。上述方法均有助于调动其消除网瘾的积极性。

以上方法可以综合运用，做到多管齐下、标本兼治，直至最终成功戒除网瘾。

第三节 网络社交应慎重

网友是一种特殊的朋友，其与一般意义上朋友的不同之处在于：网友是通过网络相识乃至相知的，现实中见面较少或根本没有见过面。目前，中国网民规模超过 8 亿人，互联网普及率超过 60%。

案例导入

案例 1 某校学生小芳听说网上可以聊天、交友，便加入了“网虫”一族。一天，有个叫“骑士”的网友进入了她的视线，不久，他们便成了无话不谈的网上朋友。“骑士”在网上告诉她，他是江西某冶金公司驻深圳的营销主管，涉世不深的小芳对此深信不疑。4 月 18 日是小芳的 20 岁生日，“骑士”知道后决定给她庆贺生日。他们在深圳某酒店见面后，小芳被“骑士”潇洒的外表和阔绰的出手所倾倒，之后，他们多次约会并发生了关系。“骑士”信誓旦旦地说一定要在深圳买房子，等小芳毕业后就到他单位来工作，两人结婚。9 月小芳将自己省吃俭用节约的 5 000 元现金一起交给了“骑士”，此后一个多月过去了，小芳给“骑士”发过无数个信息，但对方一直没有回音。小芳到“骑士”的出租屋一打听，才知道

"骑士"早已没了踪影，连房东都不知道他的去向。

案例2 2016年8月，河南省确山县女学生阿丽在网络上认识了网友"孤独侠"，对方很帅气、很阳光，阿丽很快被吸引。几天后，他们见了面。"孤独侠"说，下次见面时阿丽可以带两个朋友来玩。两天后，阿丽带同学阿红、阿娟赴约。最终，3名女生被"孤独侠"一起劫持。随后，阿红、阿丽、阿娟被胁迫到洛阳、周口、驻马店等地的洗浴中心卖淫。

案例3 2015年11月3日晚上，某社区居民赵某在网络上进行QQ聊天时，一个要好的同学刚好在线，两人聊了一会儿，同学称其有急事急需用钱。因为是十分要好的同学，赵某想都没想就从网上银行给对方汇了9 000余元。汇过钱后，赵某再联系该同学时才发现被骗了，原来同学的QQ号被盗了。

安全提示

网络世界是美好的，也是虚幻的，大学生需要明辨真假，勿沉迷于虚幻的美好中而受到现实的伤害，更不能成为违法犯罪的帮凶。

一、网络社交安全知识

（一）正确认识网络交友

1. 网络交友的优势

随着互联网的发展，网上交友平台越来越多。它给我们的生活开辟了一条新的交际渠道，拓宽了交际范围。那么，网络交友有哪些优势呢？

（1）广阔性。网络的广阔性打破了传统交友的地域限制，使四海之内皆朋友成为可能。

（2）便捷性与经济性。网络使朋友间的交流更便捷、更经济。传统的好友会面，需要约好时间，整理仪表，选择出行工具，甚至还要精心挑选礼物。而网络交友则可以避免以上的诸多事宜，相隔遥远的两人足不出户，通过视频、语音等手段就能及时联系或见面。

（3）隐蔽性。网络的隐蔽性更易让人敞开心扉、坦诚相待。很多人在遇到困难或不愉快时，可能无法向周围亲朋好友吐露，却能向陌生的网友倾诉，哪怕网友只是静静地"听"，心情也会平静许多。更何况，有时网友还会给你启迪，使你豁然开朗。

2. 网络交友的危害

网络，既神秘又富有吸引力，很多人希望在网络上寻找到财富、朋友，甚至爱情。然而，由于当前社交网络平台仍在发展、完善阶段，网络监管力度尚不够，网络交友中诈骗事件频繁发生，严重影响到使用者的人身和财产安全。所以，在网络交友时一定要擦亮眼睛，特别是缺少社交经验、缺乏辨别能力的在校学生更要提高警惕，要充分认识到网络交友存在的危害，这样才能避免受到伤害。网络交友的危害主要体现在以下几个方面：

（1）离群孤立。若长期沉迷于网络交谈，会减少与周围朋友的沟通交流时间，久而久之，容易性格孤僻，疏远人群，导致不善与人交往，且很难融入群体。

（2）耽误学业。学生现阶段的主要任务是学习，若将过多的时间和精力投入网络交友，势必减少学习时间，从而导致成绩下滑等不良后果产生。

（3）遭遇网络犯罪。网络的虚拟性会给网络交友带来意外的危险，如遭遇网络诈骗等。常见的网络诈骗有以下几种模式：

① 骗财型。在聊天过程中，对方会不断通过穿衣品牌、月收入、消费水平或家庭经济情况等进行探查，一旦探知你家境富裕或个人收入不错的情况，便会提出见面的要求。见面后，通过抢夺、诈骗等手段来获取钱财。

② 骗色型。骗色型模式多为男性欺骗女性，通常用以下三种方式来迷惑对方：

第一，自称超级帅哥或“我很丑但很温柔”。

第二，伪装成浪漫、温柔、体贴型的男性。

第三，自称豪门子弟或事业成功人士。

这些伪装最易诱骗那些不谙世事、憧憬爱情或爱慕虚荣的年轻女孩。

上述事例都在现实中上演过。基于网络的广泛性，我们能够接触到各式各样的人群，而很多涉世未深的在校学生由于好奇心或急于寻找爱情，很容易受到所谓条件优越的人的诱惑，从而被欺骗钱财或情感，导致后悔终生。

（二）网络交友的常识

1. 见面邀约需谨慎

“你有照片吗？”“你长得真漂亮！”“我们见面吧！”这是网上聊天对象常用的三句话。在网络上形形色色的人中，也许能遇到可以携手前行的有缘人，但是也存在借用平台寻找猎物的不法分子。所以，一定要慎重对待那些刚一认识就邀约见面的人。无论在网上聊得多愉快，首次见面后还是应该有一个彼此了解的过程。现实中，无论男女，首次见面都应该保持矜持和谨慎，最大限度地保护自己。

2. 探听信息别上当

网络是虚拟的，不要随意把自己的真实姓名、住址、电话号码或涉及自身安全的信息告诉陌生人，应切记“不要和陌生人说话”。网络聊天是心灵的沟通，刚认识就关心对方最真实的“数据”的人可能居心不良。

3. 反复推敲聊天内容

撒谎总会露出破绽。在和陌生人聊天时应多注意留心聊天内容，观察对方是否捏造事实、说话是否前后矛盾。

4. 谨慎处理金钱请求

因为网络交友很难辨认对方的真面目，所以在相处一段时间后，如果对方以各种急需用钱的理由，如父母生病、兄弟上学交学费、见面路费等，要求给他（她）汇款，一定要谨慎处理，切忌盲目汇款，以防受骗。

5. 不要仓促约见

若约见网友，首先要了解对方的基本信息是否属实，做好充足的准备。如果能得到对方的手机号码或身份证号码，可以上网查验，在获知对方所处地区、性别等基本信息后再考虑是否与对方在现实中见面，不要仓促赴约。

虽然文字可以表现出一个人的性格、修养、爱好等信息，但它依然存在欺骗性、片面性和局限性。所以，在见面前最好先电话沟通，通过直接对话的方式可以得到更真实的信息。

6. 慎选约见地点

约见网友的最佳地点是热闹的百货商场、公园，或由某网站、论坛举行的网聚场所等，应尽可能选择人流量大的地方。人多的地方不但能冲淡初次见面的尴尬，还能让不怀好意的色狼知难而退。如果对方提出去僻静的地方可以增添情调，应尽量拒绝。

7. 避免私车出行

车辆是一个相对封闭的空间，容易发生暴力袭击、挟持、胁迫等情况。所以，与陌生网友见面，应尽量选择乘坐公共交通工具，如地铁、公交车等。

8. 约见告知朋友

会见网友前，应告知朋友或父母，并准备好通信工具，保持通信畅通，保证在紧急情下能及时报警求助。若约见地点较远，还应准备好充足的费用，最好找好友陪同赴约。

9. 感知不安尽快离开

在约见过程中，一旦发生让自己感到不安的事情，应尽快寻找借口离开现场，如拿出手机说有急事需要离开等。若被限制自由，可以寻找机会逃向繁华地带，向周围的人求助；或假意顺从，在对方放松警惕后偷偷逃离或报警。

二、网络社交安全注意事项

（一）如何界定网友

所谓网友，就是指通过某一网络媒介相识乃至相知的、见面较少或只能在某一特定地点才能见到的朋友。

（二）何为“虚拟世界”

目前互联网所指的虚拟世界是以计算机模拟环境为基础，以虚拟的人物为载体，用户在其中生活、交流的网络世界。虚拟世界的用户常常被称为“居民”，“居民”可以选择虚拟的3D模型作为自己的化身，以走、飞、乘坐交通工具等各种形式移动，通过文字、图像、声音、视频等各种媒介进行交流。这个世界是虚拟的，因为它来源于计算机的创造和想象，但这个世界又是客观存在的，它在“居民”离开后依然存在。时间与空间真实交融，人类与虚幻真实存在，这是虚拟世界的最大特点。

（三）网友见面要带“五心”

（1）带好安全“心”。和网友见面时，要选择自己熟悉的地方。

（2）带好提防“心”。要选择人多的场所，如餐厅、商场。

（3）带好警惕“心”。和网友见面时最好不要单独前往，最好有要好的同学或者朋友陪同前行。

（4）带好自信“心”。不要轻信网友，一旦有异常信号出现，就要离开。

（5）带好自重“心”。在见网友时，要洁身自爱，要学会自重，不要随意和对方发生关系。

（四）虚拟社交依赖症

1. 如何判断是否患了“虚拟社交依赖症”

“虚拟社交依赖症”通常具备以下三个条件：

（1）由于沉迷网络社交和网络游戏而出现焦虑、抑郁、恐惧、强迫或神经衰弱等症状。

（2）表现出的症状已经导致社会功能受损或具有无法摆脱的精神痛苦，需要主动求医治疗。

（3）上述两点的表现已经持续一个月以上。

2. 如何避免“虚拟社交依赖症”

（1）进行自我检测。不要盲目相信媒体报道，随便给自己扣上心理疾病的帽子，以免引发不必要的压力和恐慌。

（2）当自己认为已经沉迷于社交网站时应提高警惕。此时，应多外出与生活中的朋友交往，有助于避免进一步沉迷。

（3）发现无法控制自己的行为时，应尽快咨询专业的心理医生。

（4）在就医过程中要保持良好的心态。心理问题并不等于精神问题，不要夸大其严重性，增加心理负担。

（5）避免“虚拟社交依赖症”的最好方法就是用积极、乐观、平和的心态建立现实社会中属于自己的朋友圈，这个圈子包括父母家人在内。

（五）如何走出网络交友误区

一旦迷上了网络聊天交友，每天一有空就想上网找网友，应该如何帮助其走出误区？

（1）向其讲述网络交友的害处。迷恋网络聊天会占用学习时间，影响身体健康，花费大量金钱，而且还可能会因为网络上不良内容和不良网友的影响而走上犯罪道路；网络交友会整天沉迷于聊天交友的幻想中，脱离现实，而当真正面对社会和人群的时候，又会产生退缩感，不敢正常与人沟通。

（2）帮助其转移兴趣爱好。平时要丰富业余生活，比如外出旅游、多和朋友聊天、、参加一些体育锻炼、参加学校组织的各项活动、阅读喜爱的书籍、适当加大作业量等。

（3）加强和父母、同学的沟通。通过父母的关爱和同学们的帮助，让其感受到亲情、友情，从虚拟的网络世界中走出来，回到现实中来。

第四节 网络欺诈莫轻信

据统计，从青少年遭遇网络诈骗的具体途径来看，在 PC 端，社交工具（如 QQ、微信）排名第一，占 52%；其次是购物网站，占 20%；第三是游戏网站，占 20%。而在手机端，诈骗短信排名第一，占 39%；其次为钓鱼网站，占 29%；第三是诈骗电话，占 26%。

从青少年遭遇网络诈骗的类型来看，首先是虚假兼职，占 53.2%；其次是退款欺诈，占 9.7%；第三是网游交易，占 6.5%。这三种诈骗类型占 PC 端诈骗类报案总量的 70%。而在手机端，被骗最多的是虚假中奖，占 43.6%；其次是账号被盗，占 16.1%；第三是虚假兼职，占 6.4%。这三种诈骗类型占手机端诈骗类报案总量的 66% 左右。

通过分析发现，一周之中，周末是青少年遭遇网络诈骗的高发时段，其中 19.4% 的案件发生在周日，16.1% 的案件发生在周六，而周一到周三的案发率仅为 11% ~ 12%。因此，针对上述情况，青少年采取正确的防范手段来预防网络诈骗显得非常重要。

案例导入

案例 1 某日，在网上发布兼职求职信息的江门在读学生小叶突然收到来自 QQ 的招聘兼职的信息。对方称小叶需要做的工作是：按照其提供的淘宝商家链接

（其实是假的链接）提示，用网银或支付宝先垫付货款并拍下宝贝，但不需要确认收货，卖家会在3~7分钟内将货款和佣金一起返还到小叶的账户内，小叶在收到钱后确认收货，并做好评就可以了。报酬是刷满2 500元以上的任务，就可获得5%的佣金（另外，本金全额返还）。小叶觉得这是一个不错的兼职，自己不用出力，只需要在网上操作就行了。毫无戒心的小叶就按照对方的要求，两次付款至卖家账户，共计5 000元。等汇完款后，当小叶再与对方联系时，发现自己已经被“拉黑”，再也无法联系上对方。

案例2 某日，长沙某高校毛同学用手机在某团购网订购电影票，操作时不小心多买了6张。她按手机App的号码与该团购网客服联系退款，可客服电话一直占线。于是，毛同学上网搜索该团购网客服电话，进入一个该团购网人工客服热线的网页。毛同学拨打了网页提示的“客服电话”后，对方要她持银行卡到自动取款机上核实“退款”。毛同学的银行卡有余额22 000元。她按“客服”的提示，在转账一栏先输入一些“代码”，在金额一栏，对方称需要填验证码。“客服”先报了几个0开头的数字，操作不行，后来换一个，输入“21234”。毛同学说，对方告诉自己这些操作是验证程序。“我们是大公司，绝不会骗你。”对方说。从未转过账的毛同学按对方要求完成了操作。结果，余额为22 000元的银行卡，被转走了21 234元。

安全提示

天上不会掉馅饼，大学生应警惕任何简单获利的骗局；任何与钱有关的系统也不会无故出问题，任何需要转账汇款的操作一般都是骗局。

一、网络诈骗安全知识

网络诈骗是指以非法占有为目的，利用互联网，采用虚构事实或者隐瞒真相的方法，骗取数额较大的公私财物的行为。网络诈骗与一般诈骗的主要区别在于网络诈骗是利用互联网实施的诈骗行为。网络诈骗的常用手法有：

（一）假冒好友

诈骗手法：骗子通过各种方法盗窃QQ账号、邮箱账号后，向用户的好友、联系人发布信息，声称遇到紧急情况，请对方汇款到其指定账户。网络上还出现了一种以QQ视频聊天为手段实施诈骗的新手段，嫌疑人在与网民视频聊天时录下其影像，然后盗取其QQ密码，再用录下的影像冒充该网民向其QQ群里的好友“借钱”。

防范：遇到此类情况，头脑中务必多一根弦，及时通过打电话等方式联系到本人，确认消息是否来自好友或联系人，避免上当。

（二）网络钓鱼

诈骗手法：“网络钓鱼”是当前最为常见也较为隐蔽的网络诈骗形式。所谓“网络钓鱼”是指犯罪分子通过使用“盗号木马”“网络监听”以及伪造的网站或网页等手法，盗取用户的银行账号、证券账号、密码信息和其他个人资料，然后以转账盗款、网上购物或制作假卡等方式获取利益。其可细分为以下两种方式：

（1）发送电子邮件，以虚假信息引诱用户中圈套。诈骗分子以垃圾邮件的形式发送大量欺诈性邮件，这些邮件多以中奖、对账等内容引诱用户在邮件中填入金融账号和密码，或是以各种紧迫的理由要求收件人登录某网页提交用户名、密码、身份证号、信用卡号等信息，继而盗窃用户资金。

（2）建立假冒的网上银行、证券网站，骗取用户账号密码并实施盗窃。犯罪分子建立域名和网页内容都与真正的网上银行系统、网上证券交易平台极为相似的网站，引诱用户输入账号密码等信息，进而通过真正的网上银行、网上证券系统或者伪造银行储蓄卡、证券交易卡来盗窃资金。还有的利用合法网站服务器程序上的漏洞，在站点的某些网页中插入恶意代码，屏蔽掉一些可以用来辨别网站真假的重要信息，以窃取用户信息。

防范：遇到此类情况，不要在网上随意填写个人资料，在开通网上业务前应前往正规银行索要资料，登录正确的网站办理业务，避免上当受骗。

（三）网银升级诈骗

犯罪分子利用如“××银行E令卡过期”、网银升级、信用卡升级、网银密码升级等虚假信息实施诈骗。犯罪分子会利用某些银行网上转账只需输入常规静态密码及E令（银行网银客户持有的动态密码显示设备）的动态口令，无须插入USB Key（硬件数字证书载体）验证的缺陷，通过发送“××银行E令卡过期”等虚假短信息，诱骗受害人登录与××银行官方网址相似的“钓鱼网站”，从而窃取受害人的登录账户和密码口令。一旦得手，犯罪分子迅速通过网上转账将受害人账户内的资金转走。当受害人发现账户资金被盗时往往已错失破案时机，加之多数民众对这种新型的诈骗犯罪手法尚不了解，防范意识和能力很低，极易上当受骗，造成重大经济损失。由于诈骗网站大都在境外，接到举报后要关闭该诈骗网站往往需要一定时间，且犯罪分子经常变换域名和IP地址以逃避打击，因此请广大学生一定提高警惕。

（四）电信诈骗变种

据警方调查，传统电信诈骗手段嫌疑人一般冒充电信局等工作人员谎称事主电话欠费，然后转向冒充的“公安人员”，谎称事主身份信息被冒用并实施诈骗。

（1）有些嫌疑人拨打事主电话时冒充“114”工作台，来电显示电话号码为114。

（2）嫌疑人谎称事主医保卡在异地药店买药消费，已经“不能用”，进而告诉事主身份信息被盗用，接着实施诈骗。

（3）嫌疑人自称是快递公司工作人员，称有两个邮件一直没有送到，邮件是公安分局发的，主要内容是信用卡欠费已经被法院起诉，还牵扯到一个几千万元的金融案件，进而实施诈骗。

（4）嫌疑人在告诉事主电话欠费的同时，告知事主电话欠费是假的，实际上事主的信息泄露有可能卷入案件，建议做一个金融保单，进而实施诈骗。

二、网络诈骗防范措施

（一）谨防网络诈骗手段

（1）以虚假网购信息诱人汇款。在当地重点论坛和网上社区发布网购信息，吸引网民到该网站。在取得网民信任后，要求网民向指定银行账号汇款或转账，等网民发现上当后，将此前公布的联系电话变成空号或公用电话，而网民通过 QQ、UC 等即时通信工具与其进行联系时，却发觉自己已被列入黑名单。

（2）以便宜货为诱饵实施诈骗。在淘宝等大型网上交易平台开设网店，并放置特别便宜的商品，利用网民喜欢买便宜货的心理，将网民在大型交易平台的电子交易渠道转移到其设计的虚假网站进行电子交易行为。

（3）“网上购物金卡”的骗局。不法分子通过在路上遗弃“网上购物金卡”的方式诱使贪图便宜的人上当。“网上购物金卡”写明查询方式，如果拾到者照该方式上网查询，往往显示有大量余额，但这些钱只可以到该网站购物，其实这是不法分子设下的一个高级陷阱，接下来会通过一系列连环套骗局，骗取事主钱财。

（4）利用 QQ 实施诈骗。行骗者在网上利用 QQ 寻找作案目标，向作案目标低价兜售有纪念和收藏价值的贵重物品，并承诺先交订金，余款货到交款。爱好收藏的人往往经不住“低价”“纪念”“收藏价值”的诱惑，贪图便宜，甘愿冒险，试着订一套或两套，当把订金汇入对方账户后，就再也联系不上对方了。

（5）克隆著名网站实施诈骗。将网页做得和著名网站几乎一样，但网址往往与著名网站只有一个字母之差，让人分辨不出真伪，使人不知不觉受骗上当。

（6）编制虚假中奖消息。犯罪分子冒充国内知名的游戏、购物、娱乐等大型网站或经营单位，向网站用户发送虚假中奖信息，谎称当事人中了大奖，并提供一个和该网站网址非常相似的网址链接，要求当事人上网确认。一旦用户点击该链接，就会登录到诈骗者制作的假网站，按提示进行操作，就会收到当事人确实中奖的信息，这时假网站会要求当事人打网站上留的“客服电话”，咨询领奖事宜。当事人打通电话后，骗子就会冒充网站工作人员，以奖品邮寄费、奖金个人所得税、账户保险费等条目要求当事人向其指定的银行账户汇款，而后便销声匿迹。

（二）网络交易防范措施

消费者在选择电子商务网站进行网络商品交易和购买服务过程中，请注意以下几个要点：

（1）选择货到付款的交易模式（物流快递代收货款，收到货品后再进行支付）进行交易。

（2）选择具有第三方支付手段的平台（多使用支付宝、财付通等第三方支付模式交易）进行交易。

（3）选择具有消费者保障制度的交易平台（指具有7天包退换、正品保证、30天免费维修、假一赔三等消费者保障制度的电子商务交易平台）进行交易。

（4）选择店铺的产品质量、货源和售后服务具有品牌厂家认证的网店（各品牌厂家开设的直销网站）进行交易。

（5）索取网购销售凭证，防范霸王条款（向经营者索要购票凭证或者服务单据，为解决网上购物的纠纷提供凭证和依据）。

第十章　自然灾害与突发事故防范

除了学校的安全事故以及校外的意外事故外，在生命安全方面让在校师生受到威胁的还有各种自然灾害，当自然灾害到临时，我们往往会措手不及、无能为力，所以在学校的安全教育中，我们同样也要重视对于自然灾害的防范教育。

另外，突发公共事件的发生也会给人们带来生命、财产损失，所以，在校师生应当积极地了解和学习相关的应对知识和防范措施，以尽可能减少其带来危害后的严重性。

第一节　自然灾害须防范

案例导入

案例1　2008年5月12日14时28分04秒，四川汶川、北川地区发生8级强震，这是新中国成立以来破坏性较强、波及范围较大的一次地震。为表达全国各族人民对四川汶川大地震遇难同胞的深切哀悼，国务院决定，2008年5月19日至21日为全国哀悼日。自2009年起，每年5月12日为全国防灾减灾日。

案例2　2019年4月3日，某写字楼举行防火应急预案演练活动，活动前，单位组织全体员工学习防灾基础知识，并利用安全宣传栏进行宣传。演练活动中，全体人员组织到位，保障有力；各部门人员积极配合，服从命令，在不到2分钟的时间内，全体人员全部按照预定的疏散路线，紧急、有序地从各工作岗位安全地撤离到操场中央空旷地带，没有发生任何互相推挤或踩踏事故，整个演练过程井然有序。

安全提示

自然灾害无法避免，但我们可以做到的是，认真学习防灾知识，熟悉掌握防灾措施和手段，最大限度地减少灾害损失。

一、地震

地震发生时应采取以下措施：

（1）保持镇静，就地避震。地震发生时，至关重要的是要有清醒的头脑、镇静自若的态度。只有镇静，才有可能运用平时学到的地震知识判断地震的大小和远近。

远震常以左右摇摆为主，而且震动小，一般有感地震和远震不必外逃，因为这种情况下震害都比较轻，对人身安全不会造成威胁。

如果遇到强烈破坏性的地震，万不得已不能跳楼，不能夺窗而逃。楼房如果很高，跳楼可能会摔死或摔伤，即使安全着地，也有可能被楼顶倒塌下来的东西砸死或砸伤。

最好是快速逃离或就地躲避。地震时暂时躲避在坚实的家具下或墙角处是较为安全的，另外也可转移到承重墙较多、开间较小的厨房、卫生间等处去暂时躲避。

室内避震不管躲在哪里一定要注意避开墙体的薄弱部位，如门窗附近等。历史经验表明：就近躲避可以把伤亡程度减少到最低。

（2）如果发生地震时，在校学生在上课，应该选择就地避震，教师要临时承担组织指挥者的责任。

遭遇地震时，正在上课的教师应立刻向学生们大喊“卧倒！”“躲到书桌下！”“别动！”“卧着别动！”等命令。要不停地喊叫直到震动完全停止。教师必须大声喊叫，因为地震会产生巨大的噪声，并且老师不停地发出指示可以保证在一定程度上控制局面。这样可以使学生觉得自己能够应付这一切，这样就有可能减少慌乱。

地震时在一把椅子或排椅之间蹲下是安全的姿势。在学校中某些书桌实际上是扶手上带有一块写字板的椅子，高中生或大学生实际上是躲不到书桌下面的，但他们却可利用排椅。在大型课堂，排椅提供了一个非常好的藏身之地，学生们可以躲到座位下，也可躲在排椅之间。

（3）如果在高楼里，应迅速躲到办公桌下，不可站立和蹦跳，要尽量降低重心。地震过后要迅速撤离办公室，撤离时要走楼梯。事实证明，地震时的一些严重伤亡者正是那些朝室外匆匆逃出的人。

地震时，当人们试图逃开时，即使他们没有被落下来的物体击中头部，也经常会跌倒或撞到东西上。我国大中城市的建筑越来越多地采用框架结构，八度烈度时，只能使大楼墙体开裂和局部倒塌，九度烈度时，也不致使框架损坏。有鉴于此，大家切记不要跳楼，也尽量不要贸然向外逃，应当保持头脑冷静，就地选择避震地方。

（4）如果在平房，应当充分利用时间迅速跑到室外。如果来不及跑出时可躲在桌子下、床下及紧挨墙根的坚固家具旁。尽量趴在地上，闭口、用鼻子呼吸、保护要害部位，并用毛巾或衣物捂住口鼻，以隔挡呛人的灰尘。正在用火时，应立即关掉煤气开关或电源开关，然后迅速躲避。

（5）如果在公共场所遇到地震，最忌慌乱。地震时处在车站、商店、地铁等场所的人员，切忌乱逃生，要保持镇静，就地择物（排椅、柜架、桌凳等）躲藏，伏而待定。

震时混乱，挤、踩、砸、撞，定然会产生不必要的伤亡。公共场所的工作人员，应事先培训，在发生地震、火灾等重大事件时，能够指挥群众，不慌不乱有秩序地疏散。

（6）在户外时，请牢记：一定要停留在户外，不要因为家属还在屋里，就冒着危险进屋去抢救，要相信他们在屋里也会做好应急保护的。

如果震后有家人被压埋在废墟下，在外面的幸存者应及时抢救，帮助他们脱险。国内外很多震例表明：在地震发生的过程中，在短短的几十秒钟时间内，人们匆忙进入或离开建筑物时，砸死砸伤的概率最大。震时照明最好用手电筒，不要使用蜡烛、火柴等明火。

（7）地震时汽车是一个非常安全的地方。地震开始时，假如正在驾驶汽车，就小心地减速把车停在路边，注意不要停在电线杆、路灯、桥或高层建筑物下。假如正在桥上驾车，那么就请保持低速行驶，使自己的车辆与后面的汽车拉开距离，然后停下来，系好安全带滞留在车内。骑在自行车上的人遇到地震，会重心不稳，左右摇摆，难以控制，这时要赶快下车，按上下道顺序停放并就地蹲下。一定要注意防止上空飞落物的袭击。

二、雷电

在雷雨季节，应采取以下预防措施：

（1）要注意关闭门窗，预防雷电直击室内。

（2）尽量不要拨打手机、接听电话或上网。

（3）远离建筑物外露的水、电管，煤气管等金属物体。

（4）雷雨到来之前，要把电器线路断开，拔下电源插头，别让电器引雷入室，引发火灾事故的发生。

（5）宿舍晾晒衣物等用的铁丝不要拉到窗口、门口，以防铁丝引雷致人死亡。

（6）遇到暴雨天气，最好穿上胶鞋，这样可以起到绝缘作用。

（7）在户外来不及避雷雨，应停止行走，两脚并拢立即蹲下，胸口紧贴膝盖，尽量低下头，不要与人拉在一起，最好使用塑料雨具、雨衣等。

三、冰冻

低温雨雪冰冻灾害的预防常识：

（1）当气温发生骤降时，要注意添衣保暖，尽量保持衣物干燥；加强膝关节、肘关节、腕关节和踝关节等部位的保暖防护。

（2）讲究个人卫生，尽量勤洗手，避免到人多拥挤的公共场所。

（3）采用供电取暖的居民，一定要做到人离电停，切勿让儿童独自停留在房内取暖玩耍；不要多个电器合用一个插座，电取暖器附近不能放置可燃物，长时间外出一定要切断所有电源。

（4）主动做好户外自来水和燃气、煤气管道的防冻工作，水表和水管要有保暖措施，并保持室内水管内有水流动，防止管道冻裂；使用煤气、煤炉取暖的家庭要注意保持室内通风，防止煤气中毒。

（5）尽量减少出行，防止滑倒摔伤；驾驶人员谨慎驾车，避免交通事故发生。

（6）不要穿过于紧身的衣裤，经常站立活动、跺脚、搓手等以促进血液循环。

（7）储备好新鲜蔬菜等生活必需品，尽量多吃些高热量的食物，少吃凉拌菜等生冷食品，防止食用过期食品；多喝热饮，有助御寒保持体温。

（8）心血管病患者、哮喘病患者等对气温变化敏感的人群，尽量不要外出；外出时，注意防寒保暖，戴帽子、围巾和手套，并注意携带伞具及相关急救药物。

（9）提防煤气中毒，注意空气流通。

（10）由于道路结冰，易导致路滑跌倒，扭伤或碰伤，如果造成骨折，若无专业救护知识，不要随意移动伤者，应立即与医院联系请求救护，同时注意伤者的保暖。

（11）冻伤后尽量脱离低温环境，脱掉湿冷衣服、鞋袜和手套，换上干燥衣服和鞋袜；快速补充食物能量，应立即用温水迅速复温，若不具备复温条件，亦不应采用错误的复温方法，如拍打、冷水浸泡、雪搓或火烤等。

第二节 突发事故巧应对

一、骨折

日常生活中骨折的发生率比较高，当受到外力撞击后，就可能会出现骨折，伴随着剧烈的疼痛感，活动功能也会受限。掌握正确的骨折急救措施非常重要，处理不当不但可能会加重损伤，还可能会危及生命。骨折的急救措施要注意以下几点：

（1）进行心肺复苏。骨折的急救原则是先救命后治病，所以一旦发现出现骨折时，应该先消除可能会致命的风险。比如患者因骨折导致大出血时，必须立即止血，必要时要输血；如果已经休克、昏迷，有条件的可以立即输血、吸氧；心脏骤停时要进行人工呼吸、心肺复苏，还要注意保持患者呼吸道的畅通，必要的时候可以将其舌头牵出口外，防止因堵塞气道引起窒息而导致死亡。

（2）避免随意搬动患者。只要怀疑出现骨折，就不要随意搬动患者，以免出现二次伤害。如果肢体肿胀明显，想要去除衣服，注意不可以脱去衣服，可以用剪刀把衣服剪开，以免过多地移动患者，导致肢体疼痛、肿胀症状加重。

（3）及时处理开放性伤口。如果出现骨折，还伴随着开放性伤口，出血不止，可以先把伤口表面的异物冲掉，再应用止血带止血；没有止血带时可以用干净的毛巾按压伤口止血。但要注意每 30 分钟放松一次出血的位置，防止包扎加压时间过长，使患处出现缺血性坏死。

（4）对骨折处进行简单固定。在送医前，可以对患者的骨折处进行简单的固定，比如就地寻找木棍、手杖、硬纸板等对骨折处进行简单的固定，或者应用布条等把患者骨折的肢体绑在身体上，这样可以避免转运时骨折断处再次伤害到内脏等。

（5）安全运转患者就医。经过上述紧急处理后，应该把患者送到附近的医院进行专业的救治。有条件的话可以用硬板担架搬运病人，没有条件的话，在搬运患者上救护车时动作一定要轻，避免碰触到患肢，防止加重病情。

二、止血

（1）指压止血法。这是最方便和快捷的止血方法，但不能持久，为短暂止血的应急措施，适用于头部和四肢的动脉出血。可以用手指压在出血的近心端，把动脉压迫闭合在骨面上，阻断血流，达到迅速和临时止血的目的。

（2）加压包扎止血法。适用于四肢、头颈、躯干等体表血管伤出血。可用无菌纱布或洁净敷料覆盖伤口，对较深大的出血伤口，宜用敷料填充，再用绷带加压包扎。加压力量以能止血而肢体远端仍有血循环为度。

（3）止血带止血法。止血带止血法能有效控制肢体出血，使用恰当可挽救一些大出血伤员的生命，使用不当则可能带来严重并发症，以至引起肢体坏死，肾功能衰竭，甚至死亡。

止血带种类：常用止血带有充气型和橡胶型两种。① 充气型止血带压力均匀，压力可以调节，但不便携带。② 橡胶止血带弹性好，止血效果好，携带方便，适用于事故现场。

使用止血带的部位：① 上臂大出血应扎在上臂上 1/3；前臂或手外伤大出血应扎在上臂下 1/3 处，上臂中 1/3 处有神经紧贴骨面，不宜扎止血带，以免损伤。② 下肢大出血应扎在股骨中下 1/3 交界处。

止血步骤：先在止血带部位（伤口上方）用纱布、毛巾或伤者衣服垫好，然后以左手拇、食、中指拿止血带头端，另一手拉紧止血带绕肢体两圈，将止血带末端放在左手食指、中指间拉回固定。

采用止血带止血是大血管损伤时救命的重要手段，但使用不当，可出现严重的并发症。如总时间超过 5 小时，远端肢体将难以存活。已超过 9 小时仍在运往医院途中的伤员，则不可再放松止血带，因远端肢体已无生存的可能。若此时松解止血带，坏死细胞释放出来的钾离子、肌红蛋白和肽类等有毒物质将随静脉流入全身并产生中毒症状，可导致心脏骤停而突然死亡。

三、烧伤烫伤

1. 热力烧伤

热力烧伤包括火焰、蒸汽、高温液体、金属等的烧伤。常用的急救方法如下：

（1）尽快脱去着火或沸液浸湿的衣服，特别是化纤衣服，以免着火或衣服上的热液继续作用，使创伤加深。

（2）用水将火浇灭，或跳入附近水池、河沟内。

（3）就地打滚压灭火焰，禁止站立或奔跑呼叫，防止头面部烧伤或吸入性损伤。

（4）立即离开密闭和通风不良的现场，以免发生吸入性损伤和窒息。

（5）用不易燃材料灭火。

（6）冷疗。

2. 化学烧伤

化学烧伤的严重程度与酸碱的性质、浓度及接触时间有关，因此无论何种酸碱烧伤，均因立即用大量清洁水冲洗至少 30 分钟以上，一方面可冲淡和清除残留的酸碱，另一方面可作为冷疗的一种方式，可减轻疼痛。冲洗时注意用水量应足够大，迅速将残余碱从创面冲净，头面部烧伤应首先注意眼睛尤其是角膜有无烧伤，并优先冲洗。

3. 电烧伤

急救时，应立即切断电源，不可在未切断电源时去接触患者，以免自身被电击伤；同时进行人工呼吸、心外按压等处理，并及时转送至就近医院进一步救治。

第十一章　传染病与新冠肺炎防治

传染病是由病毒、细菌、支原体、螺旋体、真菌等感染人体后产生的有传染性的疾病。高校是教师施教、学生求学的场所，人群高度聚集，也是传染病的易发场所。做好传染病预防是确保教学秩序正常开展的前提，也是保证师生身心健康的基础。

第一节　传染疾病须预防

案例导入

案例 1　朱力亚，中国首位公开自己艾滋病感染者身份的女大学生。在武汉求学时，她与附近高校的一位留学生产生恋情。该留学生因私生活混乱而感染艾滋病，且隐瞒真相。通过检查朱力亚得知自己患有艾滋病，在痛苦中挣扎、徘徊时她得到了社会的关爱。后来她勇敢地向社会公开自己的经历，现致力于艾滋病防治工作。

案例 2　18 岁的学生小华从小爱玩好动，学习成绩一直很好。这个年纪的孩子中爱打游戏的很多，小华也不例外。一次，小华在网吧认识了一群朋友。他们围坐在一起，吸食一种白色粉末，一副飘飘欲仙的样子，一下子就引起了小华的好奇。当其中一人怂恿小华尝一口时，他毫不犹豫地伸出了手。有了第一次，就有了第二次、第三次。后来，为了弄钱吸毒，小华学会了说谎，也没心思上学了，学习成绩直线下降，甚至发展到骗低年级同学的钱。

案例 3　河北农村有一只疯狗咬伤了猪，猪又咬伤了鸭子，一位农民舍不得丢掉鸭子，在处理鸭毛的过程中感染了狂犬病。

安全提示

传染病的预防不仅要靠科学知识，更需要良好的卫生习惯和自我控制力。

传染病的基本特征是：

（1）具有特异的病原体。传染病的种类很多，每种传染病都有特异病原体。

（2）具有传染性。各种传染病都具有传染性。传染性的强弱与病原体的毒性、数量、传播途径及人体的免疫力有关。

（3）具有流行性。在一定的条件下，传染病可在人群中蔓延，引起不同程度的流行。根据流行过程的强度和广度，可分为散发、暴发、流行和大流行。

（4）具有季节性。某些传染病的传播受气候条件或媒介昆虫的生活习惯影响，表现在一定季节内发病率升高，如呼吸道传染病在春季高发。

（5）具有地方性。某些传染病由于中间宿主、地理条件及人群生活习惯等原因，只在某些地区存在和发生。

（6）具有感染后的免疫性。

一、防毒品

黄赌毒，其中“毒”是指种植、买卖或吸食毒品的违法犯罪现象。毒品是严重危害社会的毒瘤，是全人类的公害。改革开放之门打开，不可避免地将一些腐朽的意识形态也一齐放了进来，毒品像幽灵般侵蚀着我们的灵魂和肉体，其引发的犯罪案件数量巨大。

（一）毒品的危害

（1）吸毒对身体的毒性作用：是指用药剂量过大或用药时间过长引起的对身体的一种有害作用，通常伴有机体的功能失调和组织病理变化。中毒的主要特征有嗜睡、感觉迟钝、运动失调、产生幻觉、妄想、定向障碍等。

（2）戒断反应：是长期吸毒造成的一种严重的具有潜在致命危险的身心损害，通常在突然终止用药或减少用药剂量后发生。许多吸毒者在没有经济来源购毒、吸毒的情况下，或死于严重的身体戒断反应所引起的各种并发症，或由于痛苦难忍而自杀身亡。戒断反应也是吸毒者戒断难的重要原因。

（3）精神障碍与变态：吸毒所致的最突出的精神障碍是产生幻觉和思维障碍。吸毒者行为怪异，往往会围绕毒品转，甚至为了吸毒而丧失人性。

（4）感染性疾病：静脉注射毒品会带来感染性并发症，最常见的有化脓性感染和乙型肝炎以及令人担忧的艾滋病问题。此外，还会损害神经系统、免疫系统，使吸毒者易感染各种疾病。

（5）对家庭的危害：家庭中一旦出现了吸毒者，家便不成其为家了。吸毒者在自我毁灭的同时也在破坏自己的家庭，使家庭陷入经济破产、亲属离散，甚至家破人亡的困境。

(6) 对社会生产力的巨大破坏：吸毒首先导致自身产生疾病，影响学习与工作；其次是造成社会财富的巨大损失和浪费；同时毒品活动还造成环境恶化，缩小了人类的生存空间。

(7) 毒品活动扰乱社会治安：毒品活动加剧诱发了各种违法犯罪活动，扰乱了社会治安，给社会安定带来巨大威胁。案例 2 中学生的结局令人痛心，我们一定要增强法律意识，净化心灵，洁身自好，防范毒品的侵蚀。

(二) 怎样才能远离毒品

(1) 提高自我免疫力，构筑强有力的思想防线。充分认清毒品的社会危害，无论何时何地都要能经得起诱惑和考验。特别是在面对亲朋好友的“劝降”时，对“享受人生”和“要对得起自己”等言论要坚决抵制，要自有主见，坚决不沾染毒品。

(2) 洁身自好，不该去的地方不去。社会上有的公共娱乐场所，如桑拿洗浴中心、网吧、酒吧、KTV 歌厅等，不同程度地会涉及黄、赌、毒。学生要守得住校园的宁静，耐得住学习的寂寞，不要混入那些是非之地。

(3) 保持清醒的头脑，理智行事。节假日之时、朋友喝酒聚会后，不少人经常会尝试新游戏方法、观看新奇影视作品等，在这些时机和场所，青年人沾染毒品的概率较高，因此要学会自控、自律，不要陷入其中。

二、防艾滋病

艾滋病是获得性免疫缺陷综合征的简称，是由感染艾滋病病毒（HIV）引起的一种危害性极大的传染病。艾滋病病毒侵入人体后，人类免疫缺陷病毒破坏辅助性 T 细胞，使得人体免疫功能严重缺损，致使艾滋病患者的抗感染能力明显下降。

(一) 艾滋病的影响

(1) 对个人而言，一旦感染了艾滋病，即使目前有这么多种药物，也很难根治，患者要长期吃药，而且必须终身服用才能有所控制。个人要长期忍受药物的毒副反应，给自己的生活带来了不便。

(2) 对家庭而言，因为艾滋病是一种通过性传播为主的疾病，个人感染之后，对自己和家人以及正常生活也会有一定的影响。最直接的影响是家庭负担增加，需要人照料、看病、拿药等。

(3) 对社会而言，影响就比较广泛了。抗病毒治疗的药物，过去都是比较昂贵的，而现在国家有了“四免一关怀”政策，从 2003 年开始，国家免费为患者提供药物，除了药物，我们国家还有一些检测手段，例如，CD4 的检测、病毒载量的检测，这些都是国家免费的。

（4）其他的危害。如果感染了艾滋病，自己在不知情的情况下，有可能还会传染给别人，造成更大的危害。

（二）怎样预防艾滋病

1. 避免高危性行为

（1）正确使用安全套，采取安全的性行为。

（2）不滥交，避免同时拥有多个性伴侣。

（3）首次性接触前，了解对方的性生活史，了解对方有无性病。

2. 避免血液和血制品传播

（1）不吸毒，避免与人共用针头、注射器等。

（2）去正规机构进行抽血、输血、文身操作等。

（3）献血人群应进行艾滋病病毒筛查。

3. 控制母婴传播

感染艾滋病病毒的孕妇应积极接受正规治疗，将怀孕期间血液中的病毒数量降低至检测不到的水平。感染艾滋病病毒的产妇不要给婴儿喂奶。

三、防结核

结核病俗称痨病，是常见的慢性传染病，主要由结核菌引起的全身结核，通过呼吸吸入含有结核菌的飞沫造成结核菌的感染。感染包括原发感染，比如吸入后初次感染结核，也包括血行播散型感染，比如感染结核菌后，结核菌随着血行到人体各个器官和脏器，部分为继发性感染。

（一）结核病的危害

根据感染的病变部位不同，结核病的临床表现不一样。结核病人会有全身中毒的表现，最常见的是低烧，37% ~80% 的人会有发烧表现，而且多于午后，一般可自行消退，部分表现为食欲不振、盗汗。此外，部分人表现为体重减轻，妇女会出现月经不调。感染部位不同会有不同症状，肺结核会有咳嗽、咳痰或者咳血；胸膜炎会有胸疼或者呼吸困难；其他部位，比如骨结核会有疼痛；肝脏结核症状比较隐匿，可能只表现发烧和乏力，需要通过实验室检查或者影像 B 超检查，才能够及时发现肝脏病变。

（二）怎样预防结核病

（1）如果可能接触到结核病人，要做好呼吸道保护，必须戴口罩。

（2）如果家里有结核病人，尤其是病人在医院检测出痰菌阳性的情况，病人一定要戴口罩，痰液一定要集中收集处置，不能随地吐痰。

（3）如果是正常人，长期和病人共同生活确实有感染结核的风险或者风险很大，考虑用抗结核药物做预防性治疗。

（4）除此之外，平时注意体育锻炼，增强身体免疫力，保证合理饮食健康，都是预防结核病的有效办法。

四、防狂犬病

（一）狂犬病的危害

狂犬病临床类型主要有两种：一种是狂躁型，常出现兴奋症状，尤其是恐水，80%的狂犬病属于此类型；另一种为麻痹型或哑型狂犬病，无明显兴奋症状，一般不出现恐水症状，不足20%的患者为此类型。

典型病例临床表现分为三期。

前驱期：有发热、头痛、乏力、恶心、周身不适等症状。对痛、声、风、光等刺激开始敏感，并有咽喉紧缩感。50%～80%的病人伤口部位及其附近有麻木、发痒、刺痛或虫爬的感觉。

兴奋期或痉挛期：病人处于兴奋状态，表现为极度恐惧、烦躁，对水声、风等刺激非常敏感，引起发作性咽肌痉挛、呼吸困难等。病人渴极畏饮，饮而不能下咽，常伴有声嘶和脱水。

麻痹期：痉挛减少或停止，病人逐渐安静，肢体软瘫。眼肌、颜面肌及咀嚼肌亦可受累。呼吸变慢及不整，心搏微弱，神志不清，最终因呼吸肌麻痹和循环衰竭而死亡。

（二）怎样预防狂犬病

（1）不主动挑逗流浪狗。

（2）遛狗需要牵绳子。

（3）及时带宠物去打疫苗。

（三）被犬咬伤后，如何急救

三大步骤：清洗、消毒、疫苗接种，必要时使用免疫血清，缺一不可。

第一步：清洗。洗的方法非常关键。冲洗液为大量清水、20%的肥皂水、0.1%的新洁尔灭。若周围一时没有水源，也可用人尿代替清水冲洗，然后再设法找水，清洗时间为20～30分钟，方法为连续冲洗。若伤口闭合，必须掰开伤口冲洗；若伤口较深，则应用注射器伸入伤口深部进行清洗。

第二步：消毒。用烧酒或75%的酒精或碘酒涂擦。注意，随意涂些红药水、紫药水是不对的。

第三步：接种疫苗。如果被狗咬伤后没有出血，只是一个很浅的咬痕，那么处理伤口后接种疫苗就可以了。如果是比较严重的咬伤并伴有出血，应再接种免疫球蛋白或抗血清，且与疫苗同时使用，但注射部位要错开。

（四）注意事项

（1）伤口不缝合、不包扎、不涂软膏、不用粉剂。

（2）伤口处理越早越及时越好，即使延迟1～2天，甚至3～4天也不应忽视。此时如果伤口已经结痂，应将结痂去掉，再按上面的方法处理。

（3）伤口大而深，酌情使用抗生素或破伤风抗毒素。

（4）被动物撕裂的衣物应及时更换煮沸，防止发生“非咬伤性接触感染”。

第二节 面对新冠信科学

新型冠状病毒肺炎（Corona Virus Disease 2019，COVID-19），简称“新冠肺炎”，世界卫生组织命名为“2019冠状病毒病"，是指2019新型冠状病毒感染导致的肺炎。

新型冠状病毒肺炎是呼吸系统传染病，呼吸道和眼结膜是病毒的主要入侵途径。

一、新型冠状病毒的传播方式

呼吸道飞沫传播：患者喷嚏、咳嗽、说话的飞沫，呼出气体近距离接触直接吸入，可以导致感染。

接触传播：飞沫沉淀在物品表面接触污染手后，再接触口腔、鼻腔、眼睛等黏膜，导致感染。

气溶胶传播（可能）：在相对封闭的环境中，长时间暴露于高浓度气溶胶情况下，存在经气溶胶传播的可能。

二、新冠肺炎的个人防护

新型冠状病毒是一种新发传染病病毒，在疾病疫情防控期，在校学生可以从以下六个方面做好防护：

（一）戴口罩

外出前往公共场所（包括教室、会议室、办公室、健身房、食堂、图书馆）、就医和乘坐公共交通工具时，应正确佩戴口罩。

（二）勤洗手

外出归来、饭前便后、咳嗽、打喷嚏时用手捂口鼻后、接触污物后等，都应及时洗手。应使用流动水和肥皂或洗手液，采用“七步洗手法”洗手。

（三）勤消毒

使用卫生（疾控）部门认可有效的消毒剂进行合理的消毒。

（四）不聚集

应尽量避免校外活动；避免去人流密集的场所；避免到空气不流通的公共场所和人多聚集的地方。

（五）有规律

养成健康的生活方式，合理膳食，不暴饮暴食，不吸烟，少喝酒，不酗酒。劳逸结合，不熬夜，生活有规律。适当锻炼，保持休息与运动平衡。

（六）要报告

去疾病流行地区必须报告，批准后方可执行，接触确诊者必须及时报告。

三、新冠肺炎就医指导

（一）及时报告

出现可疑症状，应立即向学校报告，并在校医院的指导和协助下按规定到定点医疗机构诊治。

（二）及时就诊

前往就近定点医院的发热门诊就诊，避免搭乘公共交通工具。

（三）详细说明

就医时，应如实详细讲述患病情况和就医过程，尤其是须告知医生近期旅行和居住史、新型冠状病毒肺炎患者或疑似病例的接触史、动物接触史以及发病后接触过哪些人等，积极配合医生进行各类调查与检查。

第十二章 心理安全

承载着社会和家庭高期望值的大学生，面临着各种压力以及青春期所固有的诸多困惑和烦恼，极易出现各种各样的心理问题。许多调查显示，30%左右的大学生存在不同程度的心理问题，其中10%以上的学生存在严重的心理问题。近年来，各高校频繁发生的大学生出走、精神失常、非正常死亡事件更是凸显了部分大学生严重的心理危机。这种现象也时刻提醒大学生要密切关注自身的心理健康。

第一节 心理健康要重视

案例导入

案例1 李某以全县文科状元的身份被某重点高校外语学院录取，入学后发现自己的分数在全院新生中是偏低的，于是他不再有优越感，心理压力大，总感觉比其他同学差，与同学的交流也极少。一个学期下来，成绩倒数第一，曾经辉煌的他觉得现在如此落魄，他接受不了这样的现实，十分痛苦，变得十分抑郁。

案例2 某高校大一学生小赵，热心助人，刚进入大学就担任班长。进入第二学期，重新选举班长，小赵想继续担任，于是请宿舍好友小陈帮忙。小陈答应帮忙，但到选举时并没有为小赵拉票，反而说服大家选自己当班长。小赵感到被愚弄和欺骗，非常气愤，与小陈断绝了朋友关系并伺机报复。一天，小赵趁宿舍没人，将小陈的笔记本电脑砸烂扔掉。事发后，小赵受到了相应的处罚。

案例3 某高校大一学生小张，进入大学学习一年后，因多科考试成绩不理想，情绪一落千丈，从此失去了学习的兴趣，变得郁郁寡欢，后来开始沉迷于网络游戏，学分达不到学校的规定，无法按期毕业。

安全提示

心理问题很常见，心理问题也不可怕，不必抗拒，大学生应重视个人心理问题，及时找专业人士排解和治疗。

一、心理健康安全知识

（一）什么是心理健康

世界卫生组织把健康定义为：人没有疾病和缺陷，而且在生理上、心理上和社会适应能力方面都处于完好状态。可见，人的健康不仅是指躯体上正常，而且还包括正常的心理和健全的人格。人不仅应关心自己的躯体健康，还应关注自己的心理健康以及自己与社会相融合的程度。怎样才算心理健康呢？不同的学者有不同的论述。世界心理卫生联合会将心理健康定义为：身体、智力、情绪十分协调；适应环境，人际关系中彼此能谦让，有幸福感；在工作和职业中能充分发挥自己的能力，过着有效率的生活。

（二）大学生心理健康的标准

1. 有正确的自我观念，能了解自我、悦纳自我，能体验自我存在的价值

心理健康的学生，不仅能正确地认识自我、承认自我、接受自我，而且还有自知之明，对自己的能力、特长和性格中的优缺点，能做到客观、恰当地自我评价，既不自傲，也不自卑；能正视现实，生活和学习的目标符合实际，不怨天尤人，也不自寻烦恼；对自己的不足或某些无法补救的缺陷，能正确对待、坦然接受。

2. 乐于学习，热爱工作和生活，保持乐观积极的心理状态

心理健康的学生能把自己的智慧和才能在学习、工作和生活中发挥出来，取得成就，获得满足感；能够从自己的实际情况出发，自觉完成学习和工作任务，而不以此为负担；在遇到困难时，能努力去克服，争取新的成就。

3. 善于与同学、老师和亲友保持良好的人际关系，乐于交往，珍惜友谊

心理健康的学生往往表现出乐群性，有与人交往的欲望，能与周围的人建立良好、稳定的人际关系；在交往中能互相理解、互相尊重、团结互助，对人善良、诚恳、宽容、公正、谦虚、有爱心；能尊重他人的权益和意见，正确对待他人的短处和缺点，善于与各种类型的人相处。

4. 情绪稳定、乐观，能适度地表达和控制情绪，保持良好的心境

心理健康的学生心境始终处于轻松、活泼、快乐的状态。虽然因学习、生活中的挫折、失败或不幸，他们也会有悲、忧、愁、怒、烦等消极情绪，但他们不会长期处于消极、悲观的情绪中无法自拔，更不会因此而轻生。他们善于适度地表达和控制自己的情绪，能随时排解各种烦恼，喜不狂、忧不绝、胜不骄、败不馁、谦而不卑、自尊自重。他们绝不会因为一时冲动而违反道德行为规范，能在社会规范允许的范围内，满足自己的合理需要，保持稳定、乐观的情绪。

5. 保持健全的人格

人格健全的学生，其心理活动和行为方式处于协调统一之中，有正确的人生观，并以其为中心，把需要、动机、目标和行为统一起来。他们乐于生活和学习，兴趣广泛，性格开朗，胸怀坦荡，办事机智果断，表里如一，行为上表现出一贯性与统一性。

6. 面对挫折和失败具有较高的承受力，具有较强的自我防御能力

心理健康的学生在遇到挫折和困境时，能够表现出较高的耐受性，不会因此影响或改变自己的目标和正常的学习生活；能驾驭自己的情绪，能以良好的意志力克服前进中的困难；能够自觉运用自我防御机制，随时排除影响学习和健康的情绪困扰，消除各种焦虑、紧张、恐惧、烦恼等不良情绪，保持良好的心理平衡状态。

7. 热爱生活、热爱集体，有现实的人生目标和社会责任感

心理健康的学生珍惜和热爱自己的学业，积极投入有趣的生活，相信自己的存在对社会、对国家有意义、有价值；能坚持不懈地努力从事有意义的工作，遵守社会公德，维护国家利益，勇于承担社会义务，不断发挥自己的聪明才智为社会服务。

8. 心理特点、行为方式符合年龄特征

心理健康的学生，其认知活动、情绪反应、性格特征等心理特点以及行为表现应与其年龄相符合，与其充当的社会角色相适应。

9. 能与现实的环境保持良好的适应性

心理健康的学生能够正确面对激烈的社会竞争和快节奏的生活，保持良好的适应状态；能够根据客观需要，主动调整自己的言行，在不能改变客观环境的情况下，主动改变自己，以适应社会环境的需要，同时保持平和的心态，并能精力充沛地投入学习和生活。

10. 有一定的安全感、自信心和自主性

心理健康的学生能保持相对稳定的生活方式，不因生活的变故和学习环境或者学习任务的改变而产生过度焦虑和思危的心理；能坦然处事，保持平和的心理状态；能够合理地提出自己的要求，清楚地表达自己的意愿，不盲目冲动，不表现反抗对立的情绪；能有效地控制消极的逆反心理与行为，使自己健康成长。

（三）大学生常见的心理问题

1. 学习问题

大学的学习环境、学习观念和学习模式与中学阶段相比都有了很大的变化。如果不能及时调整学习方法，制订合理的学习目标和学习计划，必然会引发一系列学习适应方面的问题。如学习动机不足，缺乏学习愿望；学习方法不当，成绩不理想；考试焦虑，考前怯场；学习不专注，课堂上胡思乱想；等等。

2. 情绪问题

情绪困扰是大学生群体比较突出和普遍的问题，其表现形式和状态也呈现多元化。主要有：自卑，极度自我否定；焦虑，经常惶恐不安；抑郁，情绪异常低落，易失控。

3. 人际交往问题

人际交往问题也是当前大学生心理健康的一个敏感问题。良好的人际关系是大学生成长与社会化过程中的重要组成部分，也是保持良好心理状态的必备条件。据统计，40.1%的新生认为“没有朋友”，23.6%的学生感到“孤独、寂寞”。对与人主动交往，42.9%的学生更希望自己成为交流的对象而不是交流的直接发起者。主要表现为：因为害羞和自卑心理，在社交方面表现出不同程度的恐惧，因而不敢交往；因为嫉妒和不信任，缺少理解和沟通，因而不愿交往；因为缺乏人际交往的知识和技巧，因而不会交往。长而久之，会造成大学生人际关系的紧张，引发冲动、焦虑、急躁和不安的不良情绪。

4. 恋爱心理问题

对大学生而言，恋爱是浪漫、甜蜜而令人向往的。几乎每一位大学生都希望在大学期间收获一份刻骨铭心的爱情。然而由于大学生心理不够成熟，思想比较单纯，想法比较简单，恋爱时过于理想化，对未来将要面临的困难、挫折等没有充分的心理准备，往往给恋爱过程带来一些阴影，一旦恋爱失败，常常出现以下几种消极心态：

（1）失恋者羞愧难当，陷入自卑和迷惘，心灰意冷，走向怯懦封闭，甚至绝望、轻生。

（2）失恋者对抛弃自己的人一往情深，对爱情生活充满了美好的回忆和幻象，自欺欺人，否认失恋的存在，从而陷入单相思的泥潭。也有人会出现一个特殊的感情矛盾：既爱又恨，不能自拔。

（3）失恋者或因失恋而绝望暴怒，失去理智，产生报复心理，造成毁坏性的结局；或从此嫉俗厌世，怀疑一切，看什么都不顺眼，爱发牢骚；或从此玩世不恭，得过且过，寻求刺激，发泄心中不满。

5. 神经症

神经症是指非器质性的、大脑神经机能轻度失调引发的心理疾病。神经症主要表现为持久的心理冲突。患者能觉察或体验到这种冲突并因之而深感痛苦，但没有任何可证实的器质性病理基础。常见的神经症主要有以下几种：神经衰弱、焦虑症、强迫症、恐惧症、抑郁症。

6. 人格障碍

人格障碍是指人格系统发展的不协调，主要表现为情感和意志方面的障碍。人格障碍通常开始于童年、青少年或成年早期，并一直持续到成年以后甚至终身。有人格障碍的人，其行为模式异于常人，如有的人格障碍患者常为一点小事而怒发冲冠，暴怒不已，对人或其他动物残酷无情，以他人的痛苦为乐，做错事绝无悔恨及羞耻之心，极端自私，感情冷漠，对环境适应不良，缺乏朋友。但这些人毫无自知，只是一味怨天尤人，绝不审视自己。

7. 精神分裂症

精神分裂症是以基本个性的改变，思维、情感、行为的分裂，精神活动与环境的不协调为主要特征的一类最常见的精神病。精神分裂症病因复杂，尚未得到完全阐明，多起病于青壮年，表现为感知思维、情感、意志行为等多方面的障碍，精神活动与周围环境和内心体验不协调，脱离现实。

二、心理健康注意事项

培养健康心理的最好方法就是掌握一定的心理卫生知识，保持健康的心态，提高适应能力。健康心理的培养要从以下几个方面入手：

（1）树立正确的世界观和人生观。正确的世界观和人生观能使大学生正确认识世界与个人的关系，充分发挥自己的作用，展现自己的能力，协调好各种关系，保证心理反应的适度，防止异常情况的发生。如果一个人的需要、观念、理想、行为违背了社会准则，他会到处碰壁，遭受挫折，陷入无穷无尽的烦恼与痛苦，从而导致心理的不健康。

（2）认识现实，正视逆境。大学生要面对现实，把个人的思想、愿望和要求与现实统一起来。有时身处逆境也是在所难免的，如学习的困难、成绩的退步、考试的失利、就业的艰难、同学间的摩擦等，此时应勇敢面对这些困难，保持良好的心态。

（3）建立良好的人际关系。建立良好的人际关系，要靠诚实友善、严于律己、乐于助人等高尚的品格。大学生应在社会交往中培养自己的良好品质，妥善处理好人际关系，即处理好与父母、老师、同学、朋友、异性的关系，其中处理好朋友关系最为重要。

（4）劳逸结合，科学用脑。适度的学习压力可以激起大学生的学习兴趣，提高学习效率，对心理的健康发展大有裨益。因此，我们提倡勤于用脑、科学用脑，提倡劳逸结合，注意用脑卫生，防止过度疲劳和紧张。

（5）积极参加课余活动，丰富学习生活。参加各类社会实践活动，为自己今后适应社会奠定基础；参加科技兴趣小组的活动，充分发挥自己的潜能；参加琴棋书画、体育锻炼等活动，陶冶人的情操，锻炼人的意志，扩大社交范围，形成开朗乐观的性格，可缓解心理的紧张和内心的压抑。

第二节 面对挫折须坚强

大学生进入高校以后，要面对生活环境、学习环境和人际环境的改变，基于客观因素和主观素质的不同，常常会遭遇学习上、人际交往上，以及就业求职方面的困惑，甚至挫折，从而引发不良情绪，产生紧张、惧怕、厌倦、焦虑等心理障碍，影响正常的学习和生活。因此，面对挫折如何正确地调适和排解，培养独立、自强、自律的良好心理素质，是一个亟待解决的问题。

案例导入

案例1 某女生小谢，家庭经济条件好，在家是独生女，漂亮聪明，学习优秀，在家族兄弟姐妹中数她最出色，集父母宠爱于一身。到学校后，四人一间宿舍，她感到委屈和不适应，经常抱怨寝室同学，还耍小姐脾气，支使别人干这干那，觉得是理所当然的。后来，其他三位同学开始逐渐疏远她，她感到十分孤单，却又不知道别人为什么远离她。

案例2 某农学院毕业生应某在某报纸上看到一则广告，标题是“投资两千，年净赚十万”，内称“西洋参适宜全国各地种植，提供种子和栽培资料，产品全部回收”。正苦于创业无门的他大喜过望，立即筹集20 000元，向西安某公司购得种子，开始种植。可是等出苗后一看，长出来的都是一些桔梗苗。应某多次联系该公司，却毫无音讯，急急忙忙赶到西安，也找不到这个公司，到工商局一查，原来是一家皮包公司，已经被取缔了。至此，他陷入深深的苦恼中。

安全提示

大学生进入新环境，生活学习不会一帆风顺，挫折是一种历练，解决当下的问题，放眼未来才能更进一步。

一、心理问题安全知识

（一）学习受挫心理危机的预防

1. 树立正确的学习态度

学习态度不是与生俱来的，而是后天习得的。培养积极主动的学习态度是同学们走向成功的基石。首先要明确学习动机，建立良好的学习需要机制，使学习由外在需要转化为内在需要，由被动学习转化为主动学习；然后要养成良好的生活习惯以及勤奋刻苦、严谨求学的学习习惯；最后还要提高自我认识和自我控制能力，克服不良的学习习惯。

2. 正确剖析自己

学习成绩并不是最主要的，找到适合自己的发展方向和道路才是最重要的。因此，同学们应转变观念，增强自信，坚信“别人能行，我也一定行”。只要我们能从现在做起，从点滴做起，改进学习方法，养成良好的学习习惯，弥补以前学习方面的缺陷，严格要求自己，坚持不懈，努力挖掘自己的潜能，就一定会有所成就。

3. 树立多元智能人才观

人的成才是多渠道的，以学习成绩为评价的唯一标准，这是不科学的。多元智能的人才观研究指出，人只有智力类型的不同，没有智力能力的高低。有些人抽象思维能力较强，而有些人则形象思维能力较强。如果让数学家陈景润去做复杂的技能性工作，他可能会不及格；比尔·盖茨大学没毕业就去创业，丁俊晖小学没毕业就在父亲的指导下练习台球，他们都取得了非凡的成就。这些例子充分说明，人的智能是多元的，每个人可根据自己智能的特别之处，寻找自己的成功之路。

4. 树立行行出状元的成功意识

由于老观念根深蒂固，许多学生及其家长还是无视就业现实，好高骛远，导致不少大学毕业生不能根据自己的实际情况合理定位，陷入高不成低不就的求职困境。解决问题的关键还在于如何把握自己。一个优秀的工程师需要有许多技术工人与其配合，否则，再好的创造发明和创新设计也无法走出实验室。国家对人才的需求是多方面的，而优秀工程师和熟练的技术工人同样都是人才。

（二）学习受挫心理危机的应对

1. 自我激发学习动机

（1）换个角度认识自己的学校，掌握主动权。这要求我们充分发挥自己的主观能动性，扬长避短，利用自己在形象智能和动觉智能上的优势，掌握今后工作中需要的本领，掌握主动权。

（2）相信自己能成才。生活的路有千万条，条条大路通罗马，现代社会对人才的需求是多方面、多层次的，只要是金子，总会发光的，所以，只要我们相信自己的才能，并付诸努力，成功便不是难事。

（3）克服困难，自我激励。生活中许多人的失败，并不是因为某件事太难，超出了他的能力范围，而恰恰是因为他不够自信，害怕失败，害怕被他人嘲笑。问题的关键在于如何利用现有的条件展示自己的能力，克服困难，并付出实实在在的努力。相信你一定会实现自己的梦想。

2. 养成良好的学习习惯

学习习惯和学习方法对一个人的成功学习是非常重要的，因此同学们可以尝试从以下几个方面做起：课前做好预习和必要的准备；课堂上集中精力认真听讲；课后及时复习和独立完成作业；珍惜时间，学会时间管理，今日事今日做；学会自学，学会自我控制，合理利用学习资源；重视技能学习，多练习，多钻研，多实践。

3. 正确处理知识与技能的关系

专业技能是职业院校学生的强项，所以在进行本专业技能操作时应该刻苦训练，要培养吃苦耐劳的精神，有责任意识，力争使自己的专业操作技能达到一定水平。当然，在注重技能操作的同时，也要注重理论知识的学习，不断完善自己的知识结构。

4. 合理调整考试心理

考试焦虑是一种本能反应，应对考试焦虑的办法是：首先对考试焦虑有正确的认识。适度焦虑有助于考试水平的发挥，过度焦虑则会对自己形成抵制作用。同学们要相信，只要自己平时努力学习，考试时冷静面对，就能正常发挥水平。同时，同学们还要学会积极地进行自我暗示，进行自我放松。若考前紧张，可暗示自己“我平时学得很好，只要认真去考，就一定没问题”，或“我努力过了，就算考试失败了，我也问心无愧”。另外，考前保持足够的睡眠，进入考场后做深呼吸或闭目养神，也不失为调节考试心理的好办法。

（三）就业受挫心理危机的预防

1. 了解和培养自己的职业兴趣

职业兴趣是人们在心理上对某种职业的强烈追求和热爱。不同职业兴趣的人对不同的职业产生的心理倾向是不同的。职业院校学生的可塑性强，是培养职业兴趣的最佳时期，此时，既要提高职业兴趣的广泛程度，又要聚焦职业兴趣的中心，即培养最浓厚、最集中的职业兴趣。

2. 提高自身素质，提高技能水平

随着市场竞争的日益激烈，用人单位越来越看重人才的素质，越来越注重其技能水平。从求职角度来说，人的基本素质包括：基本职业能力（包括注意力、记忆力、观察力、思维力、想象力等）与特殊职业能力、自我推销能力、心理承受能力、合作共处精神、爱岗与敬业精神。认识到这一点后，大学生在平时的学习和训练中就要进一步加强自身素质和技能水平的锻炼。

3. 保持良好的求职心态

良好的求职心态能帮助学生冷静地分析求职形势，坦然地面对择业竞争，乐观地克服就业挫折。根据客观情况和自身条件，调整求职期望，拓宽求职范围，这是非常重要的求职策略。

4. 利用好各种职业信息

在信息化程度非常高的今天，及时、准确、广泛地了解和掌握职业信息，对毕业生来说尤为重要。毕业生要对通过各种渠道获得的信息去伪存真、分清主次、抓住重点，尤其不要相信一些轻易承诺的招聘公司。

（四）就业受挫心理危机的应对

1. 正确对待挫折，迎接挑战

人的一生中挫折是难免的。遇到挫折后，关键是要分析失败的原因，找出问题的根源，想办法战胜或适应挫折。择业是人生的第一步，在择业过程中勇于面对挫折，克服困难，百折不挠，有利于让自己积累社会经验，走向成熟，为今后的事业打下良好的基础。

2. 调整心态，正视社会现实

在择业过程中，大学生要客观认识自己，做到正视现实、敢于竞争，做好择业的心理准备，特别是受挫折的心理准备，做好求职自荐、面试、考试、协商等择业环节中的心理准备。求职时要怀有“我一定会成功”的坚定信念，注重面试技巧，适时推销自己。

3. 及时调整择业期望

有的同学往往由于对工作环境、工资收入、福利待遇、职业地位等要求过高，而使求职受挫。同学们应转变观念，树立“先就业、后择业、再创业”“不求对口先就业，先求生存后发展”的思想，早日实现自己的愿望。

4. 融入新环境，适应新岗位

到了新的工作岗位，同学们要以积极的心态主动参加单位的各项活动，尊敬领导和同事，团结他人，尽快适应新的工作环境、生活环境，调整好职业岗位和人际关系。

5. 谦虚谨慎，敢于竞争

刚参加工作的毕业生往往志向远大，但由于缺乏工作经验，难免在工作中出现差错。因此在实际工作中，对领导及同事的善意批评要有正确的认识，虚心接受别人的意见，力争从小事做起，一步一个脚印。当然，在谦虚的同时，也要敢于竞争，要有积极的竞争意识，从实际出发，充分考虑自己的专业、性格、爱好和专长，扬长避短。

6. 放眼未来，再展宏图

由于各种原因，毕业后学非所用或没有找到如意的工作，这样的事情时有发生。对这些问题，要从长计议，正视现实，适应现实，放眼未来。“三百六十行，行行出状元”，职业是自己人生的起点，只有全身心地投入，才能实现人生的价值。

（五）同学间交往受挫心理危机的预防

1. 保持积极健康的交往情绪

积极的情绪，如热情、宽容、满意等，能使人在交往中感到心境开阔、精神舒畅，有利于增进双方的友好关系；而消极的情绪，如愤怒、冷漠、厌烦、不满等，会使人感到精神紧张、心情压抑。因此，同学间人际交往时，要学会调节和控制不良情绪，学会合理转化消极情绪，在交流中更加理性、忍耐和克制，提高心理相容的水平和亲和力。

2. 以诚相待，提高人格魅力

良好的人性品质和人格特征，如真诚、善良、正直、友好、信任等，有利于增进人与人之间的吸引力，有助于建立和维护良好的人际关系；而不良的性格特征，如自私、贪婪、虚假、猜疑、嫉妒、敌意等，则会妨碍人际关系的建立，不利于人际合作和团结。因此，人际交往中要以真诚、平等、友善、理解、宽容和合作的态度处理各方面的关系，提高自己的人格魅力。

3. 不卑不亢，平等交往

人与人在人格上是平等的，只有尊重别人，才能要求别人尊重自己。人际交往中对自己要有信心，对别人要有诚心，彼此尊重，交往才能持久。同学间，不论家庭背景如何，学习成绩好坏，担任班干部与否，长相容貌如何，人人都是平等的，既不能觉得高人一等，也不能觉得低人一头。

4. 求同存异，宽容为怀

交往是双向的，宽容他人等于宽容自己，苛求他人也就等于苛求自己。同学间的许多问题都是由于太斤斤计较，不宽容别人造成的。要做到宽容别人，首先要理解别人，学会设身处地地为别人着想，多交流，防止不必要的纠纷。

5. 真诚互助，互惠互利

助人乃快乐之本，但助人要出于真诚，不能有功利性。要注重双向性、互利性，不能只索取不给予，也不能只给予不索取，因为这两种做法都违反了心理学上的交换原则。如果付出的多于得到的，自己心理上就会不平衡；如果得到的多于付出的，别人的心理也会不平衡。为保持付出和得到的关系平衡，人们总是要知恩图报的。事实证明，交往中互利性越高，双方的关系越稳定和密切。

（六）同学间交往受挫心理危机的应对

1. 学会换位思考

同学之间发生冲突，常见的原因是大家各持己见因而引发争吵。我们不妨试试下面的方法：当你发泄完以后，坐在另一把椅子上，想象自己就是对方，对面的椅子上坐着自己，然后你再从对方的角度来一一回答你刚才提出的责难，并宣泄不满的情绪。通过这种“空椅子技术”，你不仅可以充分释放自己的情绪，还可以冷静地思考对方的理由、体验对方的情绪。

2. 关心他人，宽容别人

你关心别人，别人也会转而关心你，一旦彼此之间互相关心，同学关系也就自然密切了。人无完人，任何人都有缺点的，也总会做错事，这些都是正常的、不可避免的。

如果你对别人的缺点和错误能持一种宽容的态度，不去计较，别人会很感激并愿意与你交往。

3. 加强沟通，摆脱孤独

同学间在思想和态度方面要加强沟通，经常一起谈谈心，课余时间多搞一些社交活动。遇到问题时，开诚布公、推心置腹地谈一谈，不要当面不说、背后乱说，伤了同学之间的和气。

4. 改正缺点，完善自我

同学关系紧张的人，大多在性格和生活习惯方面有些毛病，应注意改变自己的不良性格和习惯。比如外表保持整洁，习惯面带笑容，注意言谈举止，不卖弄自己，多帮助别人，善于赞美别人等，都是同学交往时的良好习惯。

5. 承认个性差异

承认每个人都有自己的不同个性，因此在与同学交往过程中要灵活对待，即做到：对待品质高尚、为人正直、积极进取的同学，要坦诚相见，推心置腹；对待爱搬弄是非、以自我为中心、爱占小便宜的同学，可置之不理，或给予帮助、批评和劝导；对待一般同学，要大事讲原则，小事讲风格，善于团结大多数人一起学习、工作和生活；对待品质不好、有意破坏纪律和秩序的同学，要立场坚定、旗帜鲜明、不盲目跟从。

6. 善用赞扬和批评

心理学家认为，赞扬能释放一个人身上的能量，调动人的积极性。真心真意、适时适度地表示你对别人的赞扬，能够增进彼此的吸引力。与赞扬相对的是批评，批评是负性刺激，应多赞扬、少批评。

二、心理问题注意事项

（一）大学生自杀心理分析及预防

自杀是指一个人以自己的意愿和手段结束自己的生命。它是生理、心理、家庭、社会关系及精神等各种因素混杂而产生的一种极端行为。据世界卫生组织估计，全世界每天至少有 3 000 多人自杀死亡。在青年人的死亡原因中，自杀可列入前三位。1950 年至 2008 年青少年自杀率呈上升趋势，国外 15 ~ 19 岁青年人的自杀率由 1950 年的 10 万分之 2. 7 上升到 2008 年的 10 万分之 21. 3。其中，大学生的自杀率又高于同年龄的非大学生，为一般人口的 2 ~4 倍。在国内，多所大学的调查表明，大学生平均自杀率有逐步上升的趋势。自杀既是个人人生的悲剧，也是家庭与社会的悲剧。

自杀行为的形成原因相当复杂，涉及生物、心理、文化、环境等因素，但毫无例外地都有着不正常的情绪背景。大学生从遭受挫折、产生绝望到实施自杀行为通常有一个心理过程，即自杀先兆。如果留心观察就会发现，有轻生念头的大学生，在自杀前有很多反常现象，如焦虑不安、行动异常、表情麻木，与自己熟悉的人或身边的人常常谈到“我想死了”“我不想活了”等。这个时候，如果我们加以引导，就会挽救一个生命，如果任其发展，就可能导致悲剧的发生。

大学生自杀多与个性有关，性格严重内向或抑郁者承受挫折的能力较弱，易受到消极负面因素的影响，从而产生自杀心理。因此，大学生首先应该认识到，挫折和顺利都是完整人生不可缺少的组成部分。其次要学会冷静、理智地处理问题，合理调整内心情绪。一旦遭受了挫折，可以改变策略，或降低目标，或重新选择手段，努力再做尝试，也可以寻求心理自我平衡，如心理学上讲的“酸葡萄效应”。

此外，自杀现象是大学生不良情绪严重而得不到及时妥善消除的结果。因此，要预防大学生自杀行为，首先应尽快消除其不良情绪。周围的同学要主动接近他、关心他、鼓励他，认真聆听他的心声，让他进行适当的心理释放；要及时联系辅导员、班主任或其父母，引导他找心理咨询师进行心理辅导，使其珍爱生命，重视健康，远离自杀。对于具有自杀企图的大学生还应予以特殊的监护，要采取多种措施进行教育、说服、关心、护理以及治疗，以缓解和消除与自杀有关的危机。

（二）师生交往应注意的问题

（1）要客观全面地认识老师。老师总是从良好的愿望出发对学生提出种种要求，对学生出现的问题和错误提出批评时，老师是没有恶意的。教师工作是一个很辛苦的工作，不会有哪个教师专门找哪个学生的别扭。当听到老师的批评时，首先要客观、冷静地分析：老师为什么要批评自己，自己哪些方面做错了，发生错误的主要原因是什么，自己应该从中吸取哪些教训，怎样做才最有利于解决问题和自身发展。

（2）培养尊师重教的真挚感情。作为“传道、授业、解惑”的老师，都希望自己的学生“青出于蓝而胜于蓝”。学生只有尊重教师的辛勤劳动，才能不辜负老师的期望。在师生相处的过程中，老师也有因不了解情况而批评错学生的情况，这时，学生首先应冷静，努力克制自己，不要与老师顶撞，防止矛盾在双方都不冷静的情况下进一步恶化。其次要体谅老师，因为“金无足赤，人无完人”，老师也不可能十全十美。无论在哪一位老师面前，我们都应该记住自己是学生，即使老师误解了自己或对自己的评价欠公正，也应该积极沟通，设法让老师了解或理解自己，切不可当面顶撞，更不该背后议论，把关系弄僵。同学们要树立这样的观念：老师批评我，说明是老师对我负责；老师批评我，是在提醒我身上存在的缺点，希望我改正。作为学生，要学会把这些批评变成促进自己发展的动力。即使面对错误的批评，我们也不能失去理智，而要变委屈为动力，推动自己前进。

（3）学会与老师交流。别以为老师的地位高高在上，也别把老师和自己的关系看成“猫和老鼠”，他们一样会有烦恼和快乐，所以要多与老师做朋友式的沟通交流。一般来说，老师都喜欢跟诚恳的学生交流。老师也许不能解决你所有的问题，但因为你的信任，他会感到高兴，与你的心理距离也会拉近。

（4）学会与老师对话的技巧。与老师交流中最重要的一点是要学会适当地表达自己的要求与意见。比如，不要在老师的气头上、老师很忙或很烦的时候提出自己的要求；不要认为自己理直气壮，老师就应该立即满足自己的要求，而应尽量用商量的语气提出来；不要在老师批评你的时候，你反而向老师提出要求，这样会给人一种不礼貌，甚至是无赖的感觉。

（5）协助老师工作。学生应帮助老师了解班级的真实情况，负责任地提出自己的建议，在余暇时间做老师教学、班级管理工作的助手，帮老师查资料、做记录，以减轻老师的负担。这样，既可加深师生情谊，又可学到许多知识。

第三节 恋爱苦恼应疏导

初入高校的大学生总体年龄都较小，心理上很不成熟，在经济上尚未独立，生活还不能完全自立。对于这样一批身心都正在成长中的孩子，过早地谈情说爱，势必会出现很多问题，也会引发不少心理问题。

案例导入

案例1 学生小丽与小芳因争夺男友一直相互不服气。某天，在放学回家的路上，两人又发生争执，并动手打了起来。小丽的朋友李某得知自己的朋友被“欺负”，叫上了徐某等几个同学，小芳也纠集了21岁的社会人员陈某等几个很要好的朋友，双方大打出手。被砍伤的徐某当晚被送到浙江省新华医院抢救，性命算是保住了，但全身多处受伤，并出现了失血性休克。经杭州市刑事科学技术研究部检验，徐某全身多处受伤并有多处锐器击伤，左侧尺骨骨折，双手活动功能部分受限。2018年10月25日，公安机关陆续将陈某等人抓获。

案例2 某高校研究生王某在假期准备带着礼物去看望恋人，却得知恋人正在与另一位小伙子热恋。悲愤和怨恨一起涌上王某的心头，他真想立刻冲到女方家中大闹一场。但王某转念一想：我这样做能得到爱情吗？于是，他告诫自己要理智。王某在短时间内调整好自己的情绪，克制了感情和行为的冲动，权当昔日的恋人是朋友，把礼物送给了她。

案例3 女生小梁，有一位同乡男生刚入校就追求她。半年过去了，两人交往不错，感觉也很好。但是最近几次约会男朋友都暗示了性要求，为此小梁感觉非常困惑和不安，觉得彼此年龄尚小，还未到这一步，一直拒绝。为此双方产生了矛盾，女生不知所措，陷入苦恼中。

安全提示

大学生可以把恋爱看作是男女交往的升级版，不要把失恋看成是极为严重的生活事件，否则会使自己在情绪、自我评价、人际交往、学习、生活等各个方面受到打击和干扰，由此引发诸多心理问题。男女双方应自觉地调节，把恋爱行为限制在社会规范之内，这也是心理健康的反映。

一、恋爱心理安全知识

（一）恋爱心理危机的预防

1. 树立正确的恋爱观

在学习阶段，青少年心理尚不成熟，学业没有结束，职业没有选定，经济也没有独立，没有能力兑现和承诺爱情带来的义务和责任。由于青少年的身心发育不健全，其社会阅历、生活经验不足，难以处理恋爱中出现的一系列复杂的感情问题，很容易草率行事，造成终生遗憾。如果过早地闯入爱情领域，可能会有很大的盲目性、冒险性和冲动性，也容易分散学习精力，耽误大好的学习时光。因此树立正确的恋爱观十分重要。

2. 明确阶段目标

大学生的主要任务是学习科学知识，掌握职业技能，同时也要学会与人和睦相处，妥善解决人际矛盾，处理好人际关系。因此，当你面对“爱”的来临时，既要承认这种感情的客观性，又要防止它的扩散与变质，在顺应中学会应对，合理把握这种情感的发生与发展，学会用理智战胜感情，或者把这份感情深埋心底，等到长大成人、心智成熟后再看有无继续的可能。

3. 提倡男女正当交往

提倡男女生集体交往，如春游、社会实践活动、体育竞赛、文艺活动等，不提倡男女生单个交往；提倡男女生在校内交往，不提倡男女生在校外，尤其在娱乐场所交往；提倡男女生交往多谈学习、工作等健康内容，不提倡男女生交往谈吃、谈穿、谈玩；提倡男女生交往讲究文明，举止言辞得体，不提倡男女生交往动手动脚、肢体接触；提倡男女生交往在现实环境中进行，不提倡男女生在网上交往；提倡男女生交往时主动听取长辈的指导，不提倡男女生背着长辈，特别是监护人进行交往。

（二）塑造最受欢迎的男孩和女孩

以下是某知名杂志从全国6万份调查样表中得出的结果：最受人欢迎和最令人讨厌

的男孩和女孩的标准。同学们可以对照自己的情况，看看如何把自己塑造成最受欢迎的男孩和女孩。

1. 最让男孩欣赏的女孩

（1）脸上经常有微笑、温柔大方的女孩。

（2）活泼而不疯癫、稳重又不呆板的女孩。

（3）清纯秀丽、笑起来甜甜的女孩。

（4）心直口快、朴素善良、随和的女孩。

（5）聪颖、善解人意的女孩。

（6）纯真不做作的女孩。

（7）能听取别人意见、又有主见的女孩。

（8）坦然、充满信心和朝气的女孩。

（9）不和男生打闹的女孩。

（10）长头发、大眼睛、说话斯文的女孩。

2. 最令男孩讨厌的女孩

（1）扮老成、一副老谋深算样子的女孩。

（2）长舌头、对小道消息津津乐道的女孩。

（3）自以为是、骄傲自大的女孩。

（4）逻唆、做事慢吞吞的女孩。

（5）小心眼、爱大惊小怪的女孩。

（6）疯疯癫癫、不懂自重自爱的女孩。

（7）总喜欢和男孩吵架的女孩。

（8）容易悲观、动不动就流眼泪的女孩。

（9）把打扮自己和传播别人小事当“正业”的女孩。

（10）自以为“大姐大”的女孩。

3. 最受女孩欢迎的男孩

（1）大胆、勇敢的男孩。

（2）幽默、诙谐的男孩。

（3）思维敏捷、善于变通的男孩。

（4）好学、敏捷的男孩。

（5）团结同学、重友情的男孩。

（6）集体荣誉感强的男孩。

（7）有主见的男孩。

（8）热心助人的男孩。

（9）有强烈上进心的男孩。

（10）勇于承担责任、有魄力的男孩。

4. 最令女孩讨厌的男孩

（1）满口粗言秽语的男孩。

（2）吹牛皮的男孩。

（3）小气、心胸窄的男孩。

（4）粗心大意的男孩。

（5）过于贪玩的男孩。

（6）喜欢花钱的男孩。

（7）得到小小成功便沾沾自喜的男孩。

（8）有时过于随便，得过且过的男孩。

（9）遇突发事件易鲁莽冲动的男孩。

（10）不做家务的男孩。

二、恋爱心理注意事项

（一）处理好“单相思”

单恋俗称“单相思”，是指一方对另一方的以一厢情愿的倾慕和热爱为特点的“爱情”。单恋多是一场情感误会，是青少年“爱情错觉”的产物，其原因主要是因为受对方言谈举止的迷惑，或自身的各种主观体验的影响，或自以为某个异性对自己有意而错误地主动涉入爱河。单相思有两种情况：一种是毫无理由的单相思，即对方毫无表示，甚至还不认识自己，但自己执着地爱对方，追求对方，这种恋爱是纯粹的“单向”。另一种是自认为有“理由”的单相思，即错认为对方对自己有情，于是“落花无意”变成“落花有意”，这是假“双向”，真“单向”。当你发现自己单相思时，你应该把自己的感情及时转移到其他方面，通过移情和移境，把自己的注意力放到工作、学习和自己的兴趣爱好等方面。经过一段时间的磨砺，你就会慢慢克服单相思的迷惘。

（二）处理好失恋

失恋后，一般要经历一个“痛苦—烦躁不安感—冲动平息”的过程。前两个阶段是失恋的危险期，少则三五天，多则十天半个月，甚至更长。如处理不当，极易发生抑郁、自杀等严重心理问题。有的失恋者为了宣泄自己的愤怒和不满，可能采取非理智的极端行为，甚至干脆以自己的沉沦来报复社会和他人。

学生在学校谈恋爱出现波折是完全正常的。大学生一定要用正确的态度对待感情问题，这对于其成长是非常有益的，也是学生自身成长的需要。如今很多大学生心理承受能力薄弱，无法正确地处理感情问题，容易偏执、钻牛角尖、走极端。一旦遇到感情挫折，就很可能做出不理智的行为来。爱情必须以尊重对方选择和珍惜生命为前提，如果对方变心了或对方认为不合适，放手并给予对方祝福是最好的方式。失恋不是人生的失败，而是一场人生历练。失恋学生要积极调整自己的情绪，尽快从失恋中走出来，重新开始正常的学习和生活。

参考书目

1. 丁志卫，夏少辉. 一路护航：大学生安全知识读本［M］. 苏州：苏州大学出版社，2018.

2. 张国清. 上海市大学生安全教育读本［M］. 上海：同济大学出版社，2010.

3. 中共北京市委教育工作委员会，北京高教学会保卫学研究会. 大学生安全知识［M］. 4 版. 北京：机械工业出版社，2015.

4. 郭凤安. 大学生安全教育［M］. 北京：清华大学出版社，2010.

5. 刘卫锋. 大学生安全教育［M］. 南京：南京大学出版社，2018.

6. 李峥嵘. 大学生安全教育［M］. 北京：教育科学出版社，2014.

7. 张密丹. 大学生安全教育［M］. 北京：人民邮电出版社，2016.

8. 李四军. 大学生安全教育［M］. 西安：陕西师范大学出版社，2013.

9. 桂诚. 大学生安全教育［M］. 北京：国家行政学院出版社，2019.

附 录

附录一 中华人民共和国国家安全法

第一章 总 则

第一条 为了维护国家安全，保卫人民民主专政的政权和中国特色社会主义制度，保护人民的根本利益，保障改革开放和社会主义现代化建设的顺利进行，实现中华民族伟大复兴，根据宪法，制定本法。

第二条 国家安全是指国家政权、主权、统一和领土完整、人民福祉、经济社会可持续发展和国家其他重大利益相对处于没有危险和不受内外威胁的状态，以及保障持续安全状态的能力。

第三条 国家安全工作应当坚持总体国家安全观，以人民安全为宗旨，以政治安全为根本，以经济安全为基础，以军事、文化、社会安全为保障，以促进国际安全为依托，维护各领域国家安全，构建国家安全体系，走中国特色国家安全道路。

第四条 坚持中国共产党对国家安全工作的领导，建立集中统一、高效权威的国家安全领导体制。

第五条 中央国家安全领导机构负责国家安全工作的决策和议事协调，研究制定、指导实施国家安全战略和有关重大方针政策，统筹协调国家安全重大事项和重要工作，推动国家安全法治建设。

第六条 国家制定并不断完善国家安全战略，全面评估国际、国内安全形势，明确国家安全战略的指导方针、中长期目标、重点领域的国家安全政策、工作任务和措施。

第七条 维护国家安全，应当遵守宪法和法律，坚持社会主义法治原则，尊重和保障人权，依法保护公民的权利和自由。

第八条 维护国家安全，应当与经济社会发展相协调。

国家安全工作应当统筹内部安全和外部安全、国土安全和国民安全、传统安全和非传统安全、自身安全和共同安全。

第九条 维护国家安全，应当坚持预防为主、标本兼治，专门工作与群众路线相结合，充分发挥专门机关和其他有关机关维护国家安全的职能作用，广泛动员公民和组织，防范、制止和依法惩治危害国家安全的行为。

第十条 维护国家安全，应当坚持互信、互利、平等、协作，积极同外国政府和国际组织开展安全交流合作，履行国际安全义务，促进共同安全，维护世界和平。

第十一条 中华人民共和国公民、一切国家机关和武装力量、各政党和各人民团体、企业事业组织和其他社会组织，都有维护国家安全的责任和义务。

中国的主权和领土完整不容侵犯和分割。维护国家主权、统一和领土完整是包括港澳同胞和台湾同胞在内的全中国人民的共同义务。

第十二条 国家对在维护国家安全工作中作出突出贡献的个人和组织给予表彰和奖励。

第十三条 国家机关工作人员在国家安全工作和涉及国家安全活动中，滥用职权、玩忽职守、徇私舞弊的，依法追究法律责任。

任何个人和组织违反本法和有关法律，不履行维护国家安全义务或者从事危害国家安全活动的，依法追究法律责任。

第十四条 每年4月15日为全民国家安全教育日。

第二章 维护国家安全的任务

第十五条 国家坚持中国共产党的领导，维护中国特色社会主义制度，发展社会主义民主政治，健全社会主义法治，强化权力运行制约和监督机制，保障人民当家作主的各项权利。

国家防范、制止和依法惩治任何叛国、分裂国家、煽动叛乱、颠覆或者煽动颠覆人民民主专政政权的行为；防范、制止和依法惩治窃取、泄露国家秘密等危害国家安全的行为；防范、制止和依法惩治境外势力的渗透、破坏、颠覆、分裂活动。

第十六条 国家维护和发展最广大人民的根本利益，保卫人民安全，创造良好生存发展条件和安定工作生活环境，保障公民的生命财产安全和其他合法权益。

第十七条 国家加强边防、海防和空防建设，采取一切必要的防卫和管控措施，保卫领陆、内水、领海和领空安全，维护国家领土主权和海洋权益。

第十八条 国家加强武装力量革命化、现代化、正规化建设，建设与保卫国家安全和发展利益需要相适应的武装力量；实施积极防御军事战略方针，防备和抵御侵略，制止武装颠覆和分裂；开展国际军事安全合作，实施联合国维和、国际救援、海上护航和维护国家海外利益的军事行动，维护国家主权、安全、领土完整、发展利益和世界和平。

第十九条　国家维护国家基本经济制度和社会主义市场经济秩序，健全预防和化解经济安全风险的制度机制，保障关系国民经济命脉的重要行业和关键领域、重点产业、重大基础设施和重大建设项目以及其他重大经济利益安全。

第二十条　国家健全金融宏观审慎管理和金融风险防范、处置机制，加强金融基础设施和基础能力建设，防范和化解系统性、区域性金融风险，防范和抵御外部金融风险的冲击。

第二十一条　国家合理利用和保护资源能源，有效管控战略资源能源的开发，加强战略资源能源储备，完善资源能源运输战略通道建设和安全保护措施，加强国际资源能源合作，全面提升应急保障能力，保障经济社会发展所需的资源能源持续、可靠和有效供给。

第二十二条　国家健全粮食安全保障体系，保护和提高粮食综合生产能力，完善粮食储备制度、流通体系和市场调控机制，健全粮食安全预警制度，保障粮食供给和质量安全。

第二十三条　国家坚持社会主义先进文化前进方向，继承和弘扬中华民族优秀传统文化，培育和践行社会主义核心价值观，防范和抵制不良文化的影响，掌握意识形态领域主导权，增强文化整体实力和竞争力。

第二十四条　国家加强自主创新能力建设，加快发展自主可控的战略高新技术和重要领域核心关键技术，加强知识产权的运用、保护和科技保密能力建设，保障重大技术和工程的安全。

第二十五条　国家建设网络与信息安全保障体系，提升网络与信息安全保护能力，加强网络和信息技术的创新研究和开发应用，实现网络和信息核心技术、关键基础设施和重要领域信息系统及数据的安全可控；加强网络管理，防范、制止和依法惩治网络攻击、网络入侵、网络窃密、散布违法有害信息等网络违法犯罪行为，维护国家网络空间主权、安全和发展利益。

第二十六条　国家坚持和完善民族区域自治制度，巩固和发展平等团结互助和谐的社会主义民族关系。坚持各民族一律平等，加强民族交往、交流、交融，防范、制止和依法惩治民族分裂活动，维护国家统一、民族团结和社会和谐，实现各民族共同团结奋斗、共同繁荣发展。

第二十七条　国家依法保护公民宗教信仰自由和正常宗教活动，坚持宗教独立自主自办的原则，防范、制止和依法惩治利用宗教名义进行危害国家安全的违法犯罪活动，反对境外势力干涉境内宗教事务，维护正常宗教活动秩序。

国家依法取缔邪教组织，防范、制止和依法惩治邪教违法犯罪活动。

第二十八条　国家反对一切形式的恐怖主义和极端主义，加强防范和处置恐怖主义的能力建设，依法开展情报、调查、防范、处置以及资金监管等工作，依法取缔恐怖活动组织和严厉惩治暴力恐怖活动。

第二十九条　国家健全有效预防和化解社会矛盾的体制机制，健全公共安全体系，积极预防、减少和化解社会矛盾，妥善处置公共卫生、社会安全等影响国家安全和社会稳定的突发事件，促进社会和谐，维护公共安全和社会安定。

第三十条　国家完善生态环境保护制度体系，加大生态建设和环境保护力度，划定生态保护红线，强化生态风险的预警和防控，妥善处置突发环境事件，保障人民赖以生存发展的大气、水、土壤等自然环境和条件不受威胁和破坏，促进人与自然和谐发展。

第三十一条　国家坚持和平利用核能和核技术，加强国际合作，防止核扩散，完善防扩散机制，加强对核设施、核材料、核活动和核废料处置的安全管理、监管和保护，加强核事故应急体系和应急能力建设，防止、控制和消除核事故对公民生命健康和生态环境的危害，不断增强有效应对和防范核威胁、核攻击的能力。

第三十二条　国家坚持和平探索和利用外层空间、国际海底区域和极地，增强安全进出、科学考察、开发利用的能力，加强国际合作，维护我国在外层空间、国际海底区域和极地的活动、资产和其他利益的安全。

第三十三条　国家依法采取必要措施，保护海外中国公民、组织和机构的安全和正当权益，保护国家的海外利益不受威胁和侵害。

第三十四条　国家根据经济社会发展和国家发展利益的需要，不断完善维护国家安全的任务。

第三章　维护国家安全的职责

第三十五条　全国人民代表大会依照宪法规定，决定战争和和平的问题，行使宪法规定的涉及国家安全的其他职权。

全国人民代表大会常务委员会依照宪法规定，决定战争状态的宣布，决定全国总动员或者局部动员，决定全国或者个别省、自治区、直辖市进入紧急状态，行使宪法规定的和全国人民代表大会授予的涉及国家安全的其他职权

第三十六条　中华人民共和国主席根据全国人民代表大会的决定和全国人民代表大会常务委员会的决定，宣布进入紧急状态，宣布战争状态，发布动员令，行使宪法规定的涉及国家安全的其他职权。

第三十七条　国务院根据宪法和法律，制定涉及国家安全的行政法规，规定有关行政措施，发布有关决定和命令；实施国家安全法律法规和政策；依照法律规定决定省、自治区、直辖市的范围内部分地区进入紧急状态；行使宪法法律规定的和全国人民代表大会及其常务委员会授予的涉及国家安全的其他职权。

第三十八条　中央军事委员会领导全国武装力量，决定军事战略和武装力量的作战方针，统一指挥维护国家安全的军事行动，制定涉及国家安全的军事法规，发布有关决

定和命令。

第三十九条　中央国家机关各部门按照职责分工，贯彻执行国家安全方针政策和法律法规，管理指导本系统、本领域国家安全工作。

第四十条　地方各级人民代表大会和县级以上地方各级人民代表大会常务委员会在本行政区域内，保证国家安全法律法规的遵守和执行。

地方各级人民政府依照法律法规规定管理本行政区域内的国家安全工作。

香港特别行政区、澳门特别行政区应当履行维护国家安全的责任。

第四十一条　人民法院依照法律规定行使审判权，人民检察院依照法律规定行使检察权，惩治危害国家安全的犯罪。

第四十二条　国家安全机关、公安机关依法搜集涉及国家安全的情报信息，在国家安全工作中依法行使侦查、拘留、预审和执行逮捕以及法律规定的其他职权。

有关军事机关在国家安全工作中依法行使相关职权。

第四十三条　国家机关及其工作人员在履行职责时，应当贯彻维护国家安全的原则。

国家机关及其工作人员在国家安全工作和涉及国家安全活动中，应当严格依法履行职责，不得超越职权、滥用职权，不得侵犯个人和组织的合法权益。

第四章　国家安全制度

第一节　一般规定

第四十四条　中央国家安全领导机构实行统分结合、协调高效的国家安全制度与工作机制。

第四十五条　国家建立国家安全重点领域工作协调机制，统筹协调中央有关职能部门推进相关工作。

第四十六条　国家建立国家安全工作督促检查和责任追究机制，确保国家安全战略和重大部署贯彻落实。

第四十七条　各部门、各地区应当采取有效措施，贯彻实施国家安全战略。

第四十八条　国家根据维护国家安全工作需要，建立跨部门会商工作机制，就维护国家安全工作的重大事项进行会商研判，提出意见和建议。

第四十九条　国家建立中央与地方之间、部门之间、军地之间以及地区之间关于国家安全的协同联动机制。

第五十条　国家建立国家安全决策咨询机制，组织专家和有关方面开展对国家安全形势的分析研判，推进国家安全的科学决策。

第二节　情报信息

第五十一条　国家健全统一归口、反应灵敏、准确高效、运转顺畅的情报信息收集、研判和使用制度，建立情报信息工作协调机制，实现情报信息的及时收集、准确研判、有效使用和共享。

第五十二条 国家安全机关、公安机关、有关军事机关根据职责分工，依法搜集涉及国家安全的情报信息。

国家机关各部门在履行职责过程中，对于获取的涉及国家安全的有关信息应当及时上报。

第五十三条 开展情报信息工作，应当充分运用现代科学技术手段，加强对情报信息的鉴别、筛选、综合和研判分析。

第五十四条 情报信息的报送应当及时、准确、客观，不得迟报、漏报、瞒报和谎报。

第三节 风险预防、评估和预警

第五十五条 国家制定完善应对各领域国家安全风险预案。

第五十六条 国家建立国家安全风险评估机制，定期开展各领域国家安全风险调查评估。

有关部门应当定期向中央国家安全领导机构提交国家安全风险评估报告。

第五十七条 国家健全国家安全风险监测预警制度，根据国家安全风险程度，及时发布相应风险预警。

第五十八条 对可能即将发生或者已经发生的危害国家安全的事件，县级以上地方人民政府及其有关主管部门应当立即按照规定向上一级人民政府及其有关主管部门报告，必要时可以越级上报。

第四节 审查监管

第五十九条 国家建立国家安全审查和监管的制度和机制，对影响或者可能影响国家安全的外商投资、特定物项和关键技术、网络信息技术产品和服务、涉及国家安全事项的建设项目，以及其他重大事项和活动，进行国家安全审查，有效预防和化解国家安全风险。

第六十条 中央国家机关各部门依照法律、行政法规行使国家安全审查职责，依法作出国家安全审查决定或者提出安全审查意见并监督执行。

第六十一条 省、自治区、直辖市依法负责本行政区域内有关国家安全审查和监管工作。

第五节 危机管控

第六十二条 国家建立统一领导、协同联动、有序高效的国家安全危机管控制度。

第六十三条 发生危及国家安全的重大事件，中央有关部门和有关地方根据中央国家安全领导机构的统一部署，依法启动应急预案，采取管控处置措施。

第六十四条 发生危及国家安全的特别重大事件，需要进入紧急状态、战争状态或者进行全国总动员、局部动员的，由全国人民代表大会、全国人民代表大会常务委员会或者国务院依照宪法和有关法律规定的权限和程序决定。

第六十五条　国家决定进入紧急状态、战争状态或者实施国防动员后，履行国家安全危机管控职责的有关机关依照法律规定或者全国人民代表大会常务委员会规定，有权采取限制公民和组织权利、增加公民和组织义务的特别措施。

第六十六条　履行国家安全危机管控职责的有关机关依法采取处置国家安全危机的管控措施，应当与国家安全危机可能造成的危害的性质、程度和范围相适应；有多种措施可供选择的，应当选择有利于最大程度保护公民、组织权益的措施。

第六十七条　国家健全国家安全危机的信息报告和发布机制。

国家安全危机事件发生后，履行国家安全危机管控职责的有关机关，应当按照规定准确、及时报告，并依法将有关国家安全危机事件发生、发展、管控处置及善后情况统一向社会发布。

第六十八条　国家安全威胁和危害得到控制或者消除后，应当及时解除管控处置措施，做好善后工作。

第五章　国家安全保障

第六十九条　国家健全国家安全保障体系，增强维护国家安全的能力。

第七十条　国家健全国家安全法律制度体系，推动国家安全法治建设。

第七十一条　国家加大对国家安全各项建设的投入，保障国家安全工作所需经费和装备。

第七十二条　承担国家安全战略物资储备任务的单位，应当按照国家有关规定和标准对国家安全物资进行收储、保管和维护，定期调整更换，保证储备物资的使用效能和安全。

第七十三条　鼓励国家安全领域科技创新，发挥科技在维护国家安全中的作用。

第七十四条　国家采取必要措施，招录、培养和管理国家安全工作专门人才和特殊人才。

根据维护国家安全工作的需要，国家依法保护有关机关专门从事国家安全工作人员的身份和合法权益，加大人身保护和安置保障力度。

第七十五条　国家安全机关、公安机关、有关军事机关开展国家安全专门工作，可以依法采取必要手段和方式，有关部门和地方应当在职责范围内提供支持和配合。

第七十六条　国家加强国家安全新闻宣传和舆论引导，通过多种形式开展国家安全宣传教育活动，将国家安全教育纳入国民教育体系和公务员教育培训体系，增强全民国家安全意识。

第六章　公民、组织的义务和权利

第七十七条　公民和组织应当履行下列维护国家安全的义务：

（一）遵守宪法、法律法规关于国家安全的有关规定；

（二）及时报告危害国家安全活动的线索；

（三）如实提供所知悉的涉及危害国家安全活动的证据；

（四）为国家安全工作提供便利条件或者其他协助；

（五）向国家安全机关、公安机关和有关军事机关提供必要的支持和协助；

（六）保守所知悉的国家秘密；

（七）法律、行政法规规定的其他义务。

任何个人和组织不得有危害国家安全的行为，不得向危害国家安全的个人或者组织提供任何资助或者协助。

第七十八条　机关、人民团体、企业事业组织和其他社会组织应当对本单位的人员进行维护国家安全的教育，动员、组织本单位的人员防范、制止危害国家安全的行为。

第七十九条　企业事业组织根据国家安全工作的要求，应当配合有关部门采取相关安全措施。

第八十条　公民和组织支持、协助国家安全工作的行为受法律保护。

因支持、协助国家安全工作，本人或者其近亲属的人身安全面临危险的，可以向公安机关、国家安全机关请求予以保护。公安机关、国家安全机关应当会同有关部门依法采取保护措施。

第八十一条　公民和组织因支持、协助国家安全工作导致财产损失的，按照国家有关规定给予补偿；造成人身伤害或者死亡的，按照国家有关规定给予抚恤优待。

第八十二条　公民和组织对国家安全工作有向国家机关提出批评建议的权利，对国家机关及其工作人员在国家安全工作中的违法失职行为有提出申诉、控告和检举的权利。

第八十三条　在国家安全工作中，需要采取限制公民权利和自由的特别措施时，应当依法进行，并以维护国家安全的实际需要为限度

第七章　附　则

第八十四条　本法自公布之日起施行。

附录二 习近平关于总体国家安全观的重要论述

（一）国家安全是安邦定国的重要基石

增强忧患意识，做到居安思危，是我们治党治国必须始终坚持的一个重大原则。我们党要巩固执政地位，要团结带领人民坚持和发展中国特色社会主义，保证国家安全是头等大事。

——2014 年 4 月 15 日
习近平在十八届中央国家安全委员会第一次会议上的讲话

当前我国国家安全内涵和外延比历史上任何时候都要丰富，时空领域比历史上任何时候都要宽广，内外因素比历史上任何时候都要复杂，必须坚持总体国家安全观，以人民安全为宗旨，以政治安全为根本，以经济安全为基础，以军事、文化、社会安全为保障，以促进国际安全为依托，走出一条中国特色国家安全道路。

—— 2014 年 4 月 15 日
习近平在十八届中央国家安全委员会第一次会议上的讲话

国家安全是安邦定国的重要基石，维护国家安全是全国各族人民根本利益所在。

——2017 年 10 月 18 日
习近平在中国共产党第十九次全国代表大会上的报告

（二）国家安全是人民根本利益所在

反恐怖斗争事关国家安全，事关人民群众切身利益，事关改革发展稳定全局，是一场维护祖国统一、社会安定、人民幸福的斗争，必须采取坚决果断措施，保持严打高压态势，坚决把暴力恐怖分子嚣张气焰打下去。

——2014 年 4 月 25 日
习近平在十八届中央政治局第十四次集体学习时的讲话

国泰民安是人民群众最基本、最普遍的愿望。实现中华民族伟大复兴的中国梦，保证人民安居乐业，国家安全是头等大事。要以设立全民国家安全教育日为契机，以总体国家安全观为指导，全面实施国家安全法，深入开展国家安全宣传教育，切实增强全民国家安全意识。

——2016 年 4 月 10 日

习近平在首个全民国家安全教育日到来之际作出的指示

国家安全工作归根结底是保障人民利益，要坚持国家安全一切为了人民、一切依靠人民，为群众安居乐业提供坚强保障。

——2017 年 2 月 17 日

习近平在国家安全工作座谈会上的讲话

（三）切实做好国家安全各项工作

中央国家安全委员会要遵循集中统一、科学谋划、统分结合、协调行动、精干高效的原则，聚焦重点，抓纲带目，紧紧围绕国家安全工作的统一部署狠抓落实。

——2014 年 4 月 15 日

习近平在十八届中央国家安全委员会第一次会议上的讲话

各地区各部门要贯彻总体国家安全观，准确把握我国国家安全形势变化新特点新趋势，坚持既重视外部安全又重视内部安全、既重视国土安全又重视国民安全、既重视传统安全又重视非传统安全、既重视发展问题又重视安全问题、既重视自身安全又重视共同安全，切实做好国家安全各项工作。

—— 2014 年 4 月 25 日

习近平在十八届中央政治局第十四次集体学习时的讲话

健全国家安全体系，加强国家安全法治保障，提高防范和抵御安全风险能力。严密防范和坚决打击各种渗透颠覆破坏活动、暴力恐怖活动、民族分裂活动、宗教极端活动。加强国家安全教育，增强全党全国人民国家安全意识，推动全社会形成维护国家安全的强大合力。

——2017 年 10 月 18 日

习近平在中国共产党第十九次全国代表大会上的报告

（四）筑牢国家安全屏障

推动创新发展、协调发展、绿色发展、开放发展、共享发展，前提都是国家安全、社会稳定。没有安全和稳定，一切都无从谈起。“明者防祸于未萌，智者图患于将来。”我们必须积极主动、未雨绸缪，见微知著、防微杜渐，下好先手棋，打好主动仗，做好应对任何形式的矛盾风险挑战的准备，做好经济上、政治上、文化上、社会上、外交上、军事上各种斗争的准备，层层负责、人人担当。

——2016 年 1 月 18 日

习近平在省部级主要领导干部学习贯彻党的十八届五中全会精神专题研讨班上的讲话

不论国际形势如何变幻，我们要保持战略定力、战略自信、战略耐心，坚持以全球思维谋篇布局，坚持统筹发展和安全，坚持底线思维，坚持原则性和策略性相统一，把维护国家安全的战略主动权牢牢掌握在自己手中。

——2017 年 2 月 17 日

习近平在国家安全工作座谈会上的讲话

面对波谲云诡的国际形势、复杂敏感的周边环境、艰巨繁重的改革发展稳定任务，我们既要有防范风险的先手，也要有应对和化解风险挑战的高招；既要打好防范和抵御风险的有准备之战，也要打好化险为夷、转危为机的战略主动战。我们要继续进行具有许多新的历史特点的伟大斗争，准备战胜一切艰难险阻，朝着我们党确立的伟大目标奋勇前进。

——2018 年 1 月 5 日

习近平在学习贯彻党的十九大精神研讨班开班式上的讲话

（五）习近平论坚持总体国家安全观（2020 年）

2019 年，政法战线认真贯彻党中央决策部署，在维护国家政治安全、扫黑除恶专项斗争、政法领域全面深化改革、保护人民生命财产安全等方面取得了新成效，为庆祝新中国成立 70 周年创造了良好环境。2020 年是决胜全面建成小康社会、决战脱贫攻坚之年。要把维护国家政治安全放在第一位，继续推进扫黑除恶专项斗争，着力推进市域社会治理现代化试点，努力建设更高水平的平安中国、法治中国。

——习近平 2020 年 1 月 17 日对政法工作作出的重要指示

这次疫情暴露出我们在城市公共环境治理方面还存在短板死角，要进行彻底排查整治，补齐公共卫生短板。我们早就认识到，食用野生动物风险很大，但“野味产业”依然规模庞大，对公共卫生安全构成了重大隐患。再也不能无动于衷了！我已经就这个问题作出了批示。有关部门要加强法律实施，加强市场监管，坚决取缔和严厉打击非法野生动物市场和贸易，坚决革除滥食野生动物的陋习，从源头上控制重大公共卫生风险。

——习近平2020年2月3日在中央政治局常委会会议研究应对新型冠状病毒肺炎疫情工作时的讲话

要全面加强和完善公共卫生领域相关法律法规建设，认真评估传染病防治法、野生动物保护法等法律法规的修改完善。引发这次疫情的病毒，包括此前的非典、高致病性禽流感等疫情的病毒，多数病原体来自野生动物或与之有关。生物安全问题已经成为全世界、全人类面临的重大生存和发展威胁之一，必须从保护人民健康、保障国家安全、维护国家长治久安的高度，把生物安全纳入国家安全体系。要全面研究全球生物安全环境、形势和面临的挑战、风险，深入分析我国生物安全的基本状况和基础条件，系统规划国家生物安全风险防控和治理体系建设，全面提高国家生物安全治理能力。尽快推动出台生物安全法，加快构建国家生物安全法律法规体系、制度保障体系。

——习近平2020年2月14日在中央全面深化改革委员会第十二次会议上的讲话

公共卫生安全是人类面临的共同挑战，需要各国携手应对。要继续同世卫组织保持良好沟通，同有关国家分享防疫经验，加强抗病毒药物及疫苗研发国际合作，向其他出现疫情扩散的国家和地区提供力所能及的援助，体现负责任大国担当。

——习近平2020年2月23日在统筹推进新冠肺炎疫情防控和经济社会发展工作部署会议上的讲话

越是面对风险挑战，越要稳住农业，越要确保粮食和重要副食品安全。各级党委要把“三农”工作摆到重中之重的位置，统筹抓好决胜全面建成小康社会、决战脱贫攻坚的重点任务，把农业基础打得更牢，把“三农”领域短板补得更实，为打赢疫情防控阻击战、实现全年经济社会发展目标任务提供有力支撑。

——习近平2020年2月对全国春季农业生产工作作出的重要指示

要坚持在疫情可溯、可诊、可防、可治、可控方面合力攻关，通过打这场硬仗，掌握更多具有自主知识产权的核心科技，拿出更多硬核产品，为维护人民生命安全和身体健康、维护国家战略安全作出更大贡献。

——习近平2020年3月2日在军事医学科学院考察新冠肺炎防控科研攻关工作时的讲话

我国是一个有着14亿多人口的大国，防范化解重大疫情和重大突发公共卫生风险，始终是我们须臾不可放松的大事。要健全国家重大疫情监控网络，完善法律法规体系，加大前沿技术攻关和尖端人才培养力度，尽快提高我国应对重大突发公共卫生事件能力和水平。

——习近平2020年3月2日在清华大学医学院考察新冠肺炎防控科研攻关工作时的讲话

完善平战结合的疫病防控和公共卫生科研攻关体系。重大传染病和生物安全风险是事关国家安全和发展、事关社会大局稳定的重大风险挑战。要把生物安全作为国家总体安全的重要组成部分，坚持平时和战时结合、预防和应急结合、科研和救治防控结合，加强疫病防控和公共卫生科研攻关体系和能力建设。要统筹各方面科研力量，提高体系化对抗能力和水平。平时科研积累和技术储备是基础性工作，要加强战略谋划和前瞻布局，完善疫情防控预警预测机制，及时有效捕获信息，及时采取应对举措。要研究建立疫情蔓延进入紧急状态后的科研攻关等方面指挥、行动、保障体系，平时准备好应急行动指南，紧急情况下迅速启动。

——习近平2020年3月2日在同有关部门负责同志和专家学者就疫情防控科研攻关工作座谈时的讲话

生命安全和生物安全领域的重大科技成果也是国之重器，疫病防控和公共卫生应急体系是国家战略体系的重要组成部分。要完善关键核心技术攻关的新型举国体制，加快推进人口健康、生物安全等领域科研力量布局，整合生命科学、生物技术、医药卫生、医疗设备等领域的国家重点科研体系，布局一批国家临床医学研究中心，加大卫生健康领域科技投入，加强生命科学领域的基础研究和医疗健康关键核心技术突破，加快提高疫病防控和公共卫生领域战略科技力量和战略储备能力。要加快补齐我国高端医疗装备短板，加快关键核心技术攻关，突破这些技术装备瓶颈，实现高端医疗装备自主可控。

——习近平2020年3月2日在同有关部门负责同志和专家学者就疫情防控科研攻关工作座谈时的讲话

加强疫情防控科研攻关的国际合作。公共卫生安全是人类面临的共同挑战，需要各国携手应对。当前，新冠肺炎疫情在多个国家出现，要加强同世卫组织沟通交流，同有关国家特别是疫情高发国家在溯源、药物、疫苗、检测等方面的科研合作，在保证国家安全的前提下，共享科研数据和信息，共同研究提出应对策略，为推动构建人类命运共同体贡献智慧和力量。

——习近平2020年3月2日在同有关部门负责同志和专家学者就疫情防控科研攻关工作座谈时的讲话

附录三
教育部公安部国家工商行政管理总局关于开展防止传销进校园工作的通知

教思政〔2007〕14号

各省、自治区、直辖市教育厅（教委），公安厅（局）、工商行政管理局，新疆生产建设兵团教育局、公安局，教育部直属各高等学校：

按照国务院的统一部署，全国打击传销专项行动开展以来，各地区、各有关部门集中力量查处重点案件，建立健全工作格局和体制机制，广泛开展宣传教育，打击传销取得了阶段性成果。但是，由于种种原因，传销活动在一些地方仍顽固存在，有些传销组织打着职业介绍、招聘兼职等幌子，不择手段地利诱欺骗高校学生，学生上当受骗、误入传销的情况时有发生，严重损害了学生身心健康，不同程度地影响了高校的和谐稳定，引起了学生家长和全社会的关切。为加强宣传教育，严厉打击传销活动，教育部、公安部、国家工商行政管理总局决定联合开展防止传销进校园工作。现就有关工作通知如下：

一、明确防止传销进校园的基本要求，不断增强工作责任感和紧迫感

防止传销进校园，是依法打击传销的重要内容，是为高校学生健康成长创造良好社会环境的必然要求，具有十分重要的意义。要在高校广泛开展禁止传销宣传教育活动，使广大学生认清传销的违法犯罪性质、欺诈本质和严重危害，帮助学生提高识别能力、增强防范意识，自觉抵制传销；要严厉打击传销活动，及时解救受骗参与传销的学生。地方各级教育行政部门、公安机关、工商行政管理机关要深刻认识传销活动向高校渗透的现实危害性，以对党、对人民和对法律高度负责的态度，密切配合，协调联动，依据各自职责和有关法律、行政法规，一手抓宣传教育、一手抓严厉打击，切断传销组织向高校渗透的渠道，严防传销活动进入校园。

二、积极开展主题宣传教育活动，提高学生防范传销的意识和能力

精心设计和组织开展防止传销进校园主题宣传教育活动。地方各级教育行政部门和高校要充分发挥课堂教学的主导作用，把主题宣传教育活动同讲授《思想道德修养与法

律基础》课程、加强形势与政策教育结合起来，采取专题讲座、形势报告等灵活多样的教学方式，帮助学生了解传销的危害、防范传销的基本知识及打击传销的政策与法律法规。要把防范传销作为新生入学教育、毕业生就业指导和离校教育的重要内容，组织开展有声有色、入心入脑的专题教育。要充分运用广播电视、校报校刊、校园网络等各种载体，通过召开座谈会、散发宣传资料、组织专题展览等多种形式，营造抵制传销的良好氛围。地方各级工商行政管理机关和公安机关要积极主动地参与和指导主题宣传教育活动。要以宣传《禁止传销条例》和《直销管理条例》为重点，把讲解专业知识、剖析典型案例、组织受骗人员现身说法等生动直观的教育方式结合起来，引导学生增强识别传销的能力，自觉做到知法、懂法、守法。要根据需要，定期选派执法人员深入高校开展专题讲座。

三、进一步加强高校校园安全管理和学生管理，防止传销向高校学生渗透

地方各级教育行政部门和高校要把防范传销进校园工作同安全文明校园建设工作、加强维护高校稳定工作结合起来，纳入学校安全责任制和安全管理工作制度，分解落实到人、落实到每项工作和每个环节。要加强对校内讲坛、论坛、讲座和报告会等的管理，加强校园安全巡逻，严禁任何传销组织及人员在校园内进行任何形式的宣传、蛊惑及诱骗活动。在日常工作中发现学生参与传销活动，要及时向公安机关、工商行政管理机关反映，配合做好调查处理工作。要充分发挥思想政治工作队伍的作用，组织辅导员班主任深入学生班级、宿舍，及时了解和掌握学生思想动态，一旦发现学生有参与传销的苗头，要及时教育阻止。要充分发挥党团组织在教育、团结和联系学生方面的优势，注重依托班级、社团等组织形式，引导学生自我教育、自我管理、自我服务，把抵御传销的客观要求内化为学生的自觉行动。要针对寒暑假以及学生开展社会实践、联系工作等重点时段，突出传销活动相对集中的重点地区，采取切实可行的措施方法，加强对外出实习学生、毕业班学生等重点学生群体的教育和管理。要做好受骗参加过传销活动学生的教育、安抚工作，消除不良影响和隐患。对极少数不服从教育管理，多次参加传销活动或在传销活动中起重要作用的学生，要按照学生管理规章制度，给予必要的纪律处分。

四、集中力量查处重点案件，严厉打击诱骗学生参加传销的行为

地方各级工商行政管理机关要根据群众的举报、投诉和教育行政部门以及高校提供的被传销组织控制的学生情况和受骗学生所了解的传销组织情况，认真排查线索，及时调查处理。要加强对人才市场招聘信息及网络招聘信息的监管，及时清理以招聘为名诱骗学生进行传销活动的信息，查处发布虚假广告的企业、组织和个人，封堵传销组织进行诱骗的渠道。要依法查处直销企业违规招募在校学生的行为。各级公安机关要结合重

点地区、重点人群、特种行业、出租房屋管理，注意发现线索，全力做好案件侦破和缉捕犯罪嫌疑人的工作。要依法严厉打击以介绍工作、从事经营活动等名义欺骗在校学生参与传销、限制学生人身自由的传销组织。地方各级工商行政管理机关和公安机关要继续开展联合执法，加大对诱骗学生参与传销行为的打击力度，集中力量查处大案、要案，严惩组织者和骨干分子，摧毁传销网络。要会同教育行政部门和高校，坚持以教育为主，把做好受骗学生的解救工作放在防止传销进校园的突出位置，采取一切必要措施，尽早、尽快解救被传销组织控制的学生，确保学生的人身安全，积极预防和制止由此引发的不稳定事端。

五、切实加强组织领导，形成防止传销进校园的工作合力

地方各级教育行政部门、公安机关、工商行政管理机关要继续按照“全国统一领导，地方政府负责，部门指导协调，各方联合行动”的工作格局和“标本兼治，着力治本”的方针，加强协作配合。教育行政部门要加强对高校学生的教育和管理，协助工商行政管理机关和公安机关做好涉及传销高校学生的说服和劝返。工商行政管理机关要继续发挥在打击传销中的主力军作用，加强对防止传销进校园工作的组织、指导和协调。公安机关要加大对诱骗高校学生参加传销犯罪行为的打击力度，快侦快破重点案件。三部门要在地方党委政府的统一领导下，针对传销活动的新特点和突出问题，结合高校的工作实际，对防止传销进校园工作进行全面部署，逐级分解落实具体任务和工作目标，确保抓出成效。要认真研究解决工作中遇到的实际困难和问题，工作中的重要情况要及时报告上级主管部门。要会同有关部门，将防止传销进校园纳入学校及周边治安综合治理工作体系，挤压传销组织在校园周边的生存空间。要本着有利于打击传销活动、有利于维护学生切身利益的原则，会同新闻宣传单位做好相关宣传工作，营造良好的舆论环境。

地方各级教育行政部门、公安机关、工商行政管理机关要抓好本通知精神的贯彻落实。近期要联合对本地高校学生参与传销的情况进行一次彻底的排查，及时解救被传销组织控制的学生。对问题比较突出的地方和学校，要派出精干力量进行具体指导，督促落实各项工作措施。

请各省、自治区、直辖市教育行政部门、公安机关、工商行政管理机关于2007年9月30日前将有关工作落实的情况，联合报教育部、公安部、国家工商行政管理总局。

教育部　公安部　国家工商总局

二〇〇七年七月三十一日

附录四　高等学校消防安全管理规定

第一章　总　则

第一条　为了加强和规范高等学校的消防安全管理，预防和减少火灾危害，保障师生员工生命财产和学校财产安全，根据消防法、高等教育法等法律、法规，制定本规定。

第二条　普通高等学校和成人高等学校（以下简称学校）的消防安全管理，适用本规定。

驻校内其他单位的消防安全管理，按照本规定的有关规定执行。

第三条　学校在消防安全工作中，应当遵守消防法律、法规和规章，贯彻预防为主、防消结合的方针，履行消防安全职责，保障消防安全。

第四条　学校应当落实逐级消防安全责任制和岗位消防安全责任制，明确逐级和岗位消防安全职责，确定各级、各岗位消防安全责任人。

第五条　学校应当开展消防安全教育和培训，加强消防演练，提高师生员工的消防安全意识和自救逃生技能。

第六条　学校各单位和师生员工应当依法履行保护消防设施、预防火灾、报告火警和扑救初起火灾等维护消防安全的义务。

第七条　教育行政部门依法履行对高等学校消防安全工作的管理职责，检查、指导和监督高等学校开展消防安全工作，督促高等学校建立健全并落实消防安全责任制和消防安全管理制度。

公安机关依法履行对高等学校消防安全工作的监督管理职责，加强消防监督检查，指导和监督高等学校做好消防安全工作。

第二章　消防安全责任

第八条　学校法定代表人是学校消防安全责任人，全面负责学校消防安全工作，履行下列消防安全职责：

（一）贯彻落实消防法律、法规和规章，批准实施学校消防安全责任制、学校消防安全管理制度；

（二）批准消防安全年度工作计划、年度经费预算，定期召开学校消防安全工作会议；

（三）提供消防安全经费保障和组织保障；

（四）督促开展消防安全检查和重大火灾隐患整改，及时处理涉及消防安全的重大问题；

（五）依法建立志愿消防队等多种形式的消防组织，开展群众性自防自救工作；

（六）与学校二级单位负责人签订消防安全责任书；

（七）组织制定灭火和应急疏散预案；

（八）促进消防科学研究和技术创新；

（九）法律、法规规定的其他消防安全职责。

第九条　分管学校消防安全的校领导是学校消防安全管理人，协助学校法定代表人负责消防安全工作，履行下列消防安全职责：

（一）组织制定学校消防安全管理制度，组织、实施和协调校内各单位的消防安全工作；

（二）组织制定消防安全年度工作计划；

（三）审核消防安全工作年度经费预算；

（四）组织实施消防安全检查和火灾隐患整改；

（五）督促落实消防设施、器材的维护、维修及检测，确保其完好有效，确保疏散通道、安全出口、消防车通道畅通；

（六）组织管理志愿消防队等消防组织；

（七）组织开展师生员工消防知识、技能的宣传教育和培训，组织灭火和应急疏散预案的实施和演练；

（八）协助学校消防安全责任人做好其他消防安全工作。

其他校领导在分管工作范围内对消防工作负有领导、监督、检查、教育和管理职责。

第十条　学校必须设立或者明确负责日常消防安全工作的机构（以下简称学校消防机构），配备专职消防管理人员，履行下列消防安全职责：

（一）拟订学校消防安全年度工作计划、年度经费预算，拟订学校消防安全责任制、灭火和应急疏散预案等消防安全管理制度，并报学校消防安全责任人批准后实施；

（二）监督检查校内各单位消防安全责任制的落实情况；

（三）监督检查消防设施、设备、器材的使用与管理，以及消防基础设施的运转，定期组织检验、检测和维修；

（四）确定学校消防安全重点单位（部位）并监督指导其做好消防安全工作；

（五）监督检查有关单位做好易燃易爆等危险品的储存、使用和管理工作，审批校内各单位动用明火作业；

（六）开展消防安全教育培训，组织消防演练，普及消防知识，提高师生员工的消防安全意识、扑救初起火灾和自救逃生技能；

（七）定期对志愿消防队等消防组织进行消防知识和灭火技能培训；

（八）推进消防安全技术防范工作，做好技术防范人员上岗培训工作；

（九）受理驻校内其他单位在校内和学校、校内各单位新建、扩建、改建及装饰装修工程和公众聚集场所投入使用、营业前消防行政许可或者备案手续的校内备案审查工作，督促其向公安机关消防机构进行申报，协助公安机关消防机构进行建设工程消防设计审核、消防验收或者备案以及公众聚集场所投入使用、营业前消防安全检查工作；

（十）建立健全学校消防工作档案及消防安全隐患台账；

（十一）按照工作要求上报有关信息数据；

（十二）协助公安机关消防机构调查处理火灾事故，协助有关部门做好火灾事故处理及善后工作。

第十一条　学校二级单位和其他驻校单位应当履行下列消防安全职责：

（一）落实学校的消防安全管理规定，结合本单位实际制定并落实本单位的消防安全制度和消防安全操作规程；

（二）建立本单位的消防安全责任考核、奖惩制度；

（三）开展经常性的消防安全教育、培训及演练；

（四）定期进行防火检查，做好检查记录，及时消除火灾隐患；

（五）按规定配置消防设施、器材并确保其完好有效；

（六）按规定设置安全疏散指示标志和应急照明设施，并保证疏散通道、安全出口畅通；

（七）消防控制室配备消防值班人员，制定值班岗位职责，做好监督检查工作；

（八）新建、扩建、改建及装饰装修工程报学校消防机构备案；

（九）按照规定的程序与措施处置火灾事故；

（十）学校规定的其他消防安全职责。

第十二条　校内各单位主要负责人是本单位消防安全责任人，驻校内其他单位主要负责人是该单位消防安全责任人，负责本单位的消防安全工作。

第十三条　除本规定第十一条外，学生宿舍管理部门还应当履行下列安全管理职责：

（一）建立由学生参加的志愿消防组织，定期进行消防演练；

（二）加强学生宿舍用火、用电安全教育与检查；

（三）加强夜间防火巡查，发现火灾立即组织扑救和疏散学生。

第三章　消防安全管理

第十四条　学校应当将下列单位（部位）列为学校消防安全重点单位（部位）：

（一）学生宿舍、食堂（餐厅）、教学楼、校医院、体育场（馆）、会堂（会议中心）、超市（市场）、宾馆（招待所）、托儿所、幼儿园以及其他文体活动、公共娱乐等人员密集场所；

（二）学校网络、广播电台、电视台等传媒部门和驻校内邮政、通信、金融等单位；

（三）车库、油库、加油站等部位；

（四）图书馆、展览馆、档案馆、博物馆、文物古建筑；

（五）供水、供电、供气、供热等系统；

（六）易燃易爆等危险化学物品的生产、充装、储存、供应、使用部门；

（七）实验室、计算机房、电化教学中心和承担国家重点科研项目或配备有先进精密仪器设备的部位，监控中心、消防控制中心；

（八）学校保密要害部门及部位；

（九）高层建筑及地下室、半地下室；

（十）建设工程的施工现场以及有人员居住的临时性建筑；

（十一）其他发生火灾可能性较大以及一旦发生火灾可能造成重大人身伤亡或者财产损失的单位（部位）。

重点单位和重点部位的主管部门，应当按照有关法律法规和本规定履行消防安全管理职责，设置防火标志，实行严格消防安全管理。

第十五条　在学校内举办文艺、体育、集会、招生和就业咨询等大型活动和展览，主办单位应当确定专人负责消防安全工作，明确并落实消防安全职责和措施，保证消防设施和消防器材配置齐全、完好有效，保证疏散通道、安全出口、疏散指示标志、应急照明和消防车通道符合消防技术标准和管理规定，制定灭火和应急疏散预案并组织演练，并经学校消防机构对活动现场检查合格后方可举办。

依法应当报请当地人民政府有关部门审批的，经有关部门审核同意后方可举办。

第十六条　学校应当按照国家有关规定，配置消防设施和器材，设置消防安全疏散指示标志和应急照明设施，每年组织检测维修，确保消防设施和器材完好有效。

学校应当保障疏散通道、安全出口、消防车通道畅通。

第十七条　学校进行新建、改建、扩建、装修、装饰等活动，必须严格执行消防法规和国家工程建设消防技术标准，并依法办理建设工程消防设计审核、消防验收或者备案手续。学校各项工程及驻校内各单位在校内的各项工程消防设施的招标和验收，应当有学校消防机构参加。

施工单位负责施工现场的消防安全，并接受学校消防机构的监督、检查。竣工后，建筑工程的有关图纸、资料、文件等应当报学校档案机构和消防机构备案。

第十八条　地下室、半地下室和用于生产、经营、储存易燃易爆、有毒有害等危险物品场所的建筑不得用作学生宿舍。

生产、经营、储存其他物品的场所与学生宿舍等居住场所设置在同一建筑物内的，应当符合国家工程建设消防技术标准。

学生宿舍、教室和礼堂等人员密集场所，禁止违规使用大功率电器，在门窗、阳台等部位不得设置影响逃生和灭火救援的障碍物。

第十九条　利用地下空间开设公共活动场所，应当符合国家有关规定，并报学校消防机构备案。

第二十条　学校消防控制室应当配备专职值班人员，持证上岗。

消防控制室不得挪作他用。

第二十一条　学校购买、储存、使用和销毁易燃易爆等危险品，应当按照国家有关规定严格管理、规范操作，并制定应急处置预案和防范措施。

学校对管理和操作易燃易爆等危险品的人员，上岗前必须进行培训，持证上岗。

第二十二条　学校应当对动用明火实行严格的消防安全管理。禁止在具有火灾、爆炸危险的场所吸烟、使用明火；因特殊原因确需进行电、气焊等明火作业的，动火单位和人员应当向学校消防机构申办审批手续，落实现场监管人，采取相应的消防安全措施。作业人员应当遵守消防安全规定。

第二十三条　学校内出租房屋的，当事人应当签订房屋租赁合同，明确消防安全责任。出租方负责对出租房屋的消防安全管理。学校授权的管理单位应当加强监督检查。

外来务工人员的消防安全管理由校内用人单位负责。

第二十四条　发生火灾时，学校应当及时报警并立即启动应急预案，迅速扑救初起火灾，及时疏散人员。

学校应当在火灾事故发生后两个小时内向所在地教育行政主管部门报告。较大以上火灾同时报教育部。

火灾扑灭后，事故发生单位应当保护现场并接受事故调查，协助公安机关消防机构调查火灾原因、统计火灾损失。未经公安机关消防机构同意，任何人不得擅自清理火灾现场。

第二十五条　学校及其重点单位应当建立健全消防档案。

消防档案应当全面反映消防安全和消防安全管理情况，并根据情况变化及时更新。

第四章　消防安全检查和整改

第二十六条　学校每季度至少进行一次消防安全检查。检查的主要内容包括：

（一）消防安全宣传教育及培训情况；

（二）消防安全制度及责任制落实情况；

（三）消防安全工作档案建立健全情况；

（四）单位防火检查及每日防火巡查落实及记录情况；

（五）火灾隐患和隐患整改及防范措施落实情况；

（六）消防设施、器材配置及完好有效情况；

（七）灭火和应急疏散预案的制定和组织消防演练情况；

（八）其他需要检查的内容。

第二十七条　学校消防安全检查应当填写检查记录，检查人员、被检查单位负责人或者相关人员应当在检查记录上签名，发现火灾隐患应当及时填发《火灾隐患整改通知书》。

第二十八条　校内各单位每月至少进行一次防火检查。检查的主要内容包括：

（一）火灾隐患和隐患整改情况以及防范措施的落实情况；

（二）疏散通道、疏散指示标志、应急照明和安全出口情况；

（三）消防车通道、消防水源情况；

（四）消防设施、器材配置及有效情况；

（五）消防安全标志设置及其完好、有效情况；

（六）用火、用电有无违章情况；

（七）重点工种人员以及其他员工消防知识掌握情况；

（八）消防安全重点单位（部位）管理情况；

（九）易燃易爆危险物品和场所防火防爆措施落实情况以及其他重要物资防火安全情况；

（十）消防（控制室）值班情况和设施、设备运行、记录情况；

（十一）防火巡查落实及记录情况；

（十二）其他需要检查的内容。

防火检查应当填写检查记录。检查人员和被检查部门负责人应当在检查记录上签名。

第二十九条　校内消防安全重点单位（部位）应当进行每日防火巡查，并确定巡查的人员、内容、部位和频次。其他单位可以根据需要组织防火巡查。巡查的内容主要包括：

（一）用火、用电有无违章情况；

（二）安全出口、疏散通道是否畅通，安全疏散指示标志、应急照明是否完好；

（三）消防设施、器材和消防安全标志是否在位、完整；

（四）常闭式防火门是否处于关闭状态，防火卷帘下是否堆放物品影响使用；

（五）消防安全重点部位的人员在岗情况；

（六）其他消防安全情况。

校医院、学生宿舍、公共教室、实验室、文物古建筑等应当加强夜间防火巡查。

防火巡查人员应当及时纠正消防违章行为，妥善处置火灾隐患，无法当场处置的，应当立即报告。发现初起火灾应当立即报警、通知人员疏散、及时扑救。

防火巡查应当填写巡查记录，巡查人员及其主管人员应当在巡查记录上签名。

第三十条　对下列违反消防安全规定的行为，检查、巡查人员应当责成有关人员改正并督促落实：

（一）消防设施、器材或者消防安全标志的配置、设置不符合国家标准、行业标准，或者未保持完好有效的；

（二）损坏、挪用或者擅自拆除、停用消防设施、器材的；

（三）占用、堵塞、封闭消防通道、安全出口的；

（四）埋压、圈占、遮挡消火栓或者占用防火间距的；

（五）占用、堵塞、封闭消防车通道，妨碍消防车通行的；

（六）人员密集场所在门窗上设置影响逃生和灭火救援的障碍物的；

（七）常闭式防火门处于开启状态，防火卷帘下堆放物品影响使用的；

（八）违章进入易燃易爆危险物品生产、储存等场所的；

（九）违章使用明火作业或者在具有火灾、爆炸危险的场所吸烟、使用明火等违反禁令的；

（十）消防设施管理、值班人员和防火巡查人员脱岗的；

（十一）对火灾隐患经公安机关消防机构通知后不及时采取措施消除的；

（十二）其他违反消防安全管理规定的行为。

第三十一条　学校对教育行政主管部门和公安机关消防机构、公安派出所指出的各类火灾隐患，应当及时予以核查、消除。

对公安机关消防机构、公安派出所责令限期改正的火灾隐患，学校应当在规定的期限内整改。

第三十二条　对不能及时消除的火灾隐患，隐患单位应当及时向学校及相关单位的消防安全责任人或者消防安全工作主管领导报告，提出整改方案，确定整改措施、期限以及负责整改的部门、人员，并落实整改资金。

火灾隐患尚未消除的，隐患单位应当落实防范措施，保障消防安全。对于随时可能引发火灾或者一旦发生火灾将严重危及人身安全的，应当将危险部位停止使用或停业整改。

第三十三条　对于涉及城市规划布局等学校无力解决的重大火灾隐患，学校应当及时向其上级主管部门或者当地人民政府报告。

第三十四条　火灾隐患整改完毕，整改单位应当将整改情况记录报送相应的消防安全工作责任人或者消防安全工作主管领导签字确认后存档备查。

第五章 消防安全教育和培训

第三十五条 学校应当将师生员工的消防安全教育和培训纳入学校消防安全年度工作计划。

消防安全教育和培训的主要内容包括：

（一）国家消防工作方针、政策，消防法律、法规；

（二）本单位、本岗位的火灾危险性，火灾预防知识和措施；

（三）有关消防设施的性能、灭火器材的使用方法；

（四）报火警、扑救初起火灾和自救互救技能；

（五）组织、引导在场人员疏散的方法。

第三十六条 学校应当采取下列措施对学生进行消防安全教育，使其了解防火、灭火知识，掌握报警、扑救初起火灾和自救、逃生方法。

（一）开展学生自救、逃生等防火安全常识的模拟演练，每学年至少组织一次学生消防演练；

（二）根据消防安全教育的需要，将消防安全知识纳入教学和培训内容；

（三）对每届新生进行不低于4学时的消防安全教育和培训；

（四）对进入实验室的学生进行必要的安全技能和操作规程培训；

（五）每学年至少举办一次消防安全专题讲座，并在校园网络、广播、校内报刊开设消防安全教育栏目。

第三十七条 学校二级单位应当组织新上岗和进入新岗位的员工进行上岗前的消防安全培训。

消防安全重点单位（部位）对员工每年至少进行一次消防安全培训。

第三十八条 下列人员应当依法接受消防安全培训：

（一）学校及各二级单位的消防安全责任人、消防安全管理人；

（二）专职消防管理人员、学生宿舍管理人员；

（三）消防控制室的值班、操作人员；

（四）其他依照规定应当接受消防安全培训的人员。

前款规定中的第（三）项人员必须持证上岗。

第六章 灭火、应急疏散预案和演练

第三十九条 学校、二级单位、消防安全重点单位（部位）应当制定相应的灭火和应急疏散预案，建立应急反应和处置机制，为火灾扑救和应急救援工作提供人员、装备等保障。

灭火和应急疏散预案应当包括以下内容：

（一）组织机构：指挥协调组、灭火行动组、通讯联络组、疏散引导组、安全防护救护组；

（二）报警和接警处置程序；

（三）应急疏散的组织程序和措施；

（四）扑救初起火灾的程序和措施；

（五）通讯联络、安全防护救护的程序和措施。

（六）其他需要明确的内容。

第四十条　学校实验室应当有针对性地制定突发事件应急处置预案，并将应急处置预案涉及到的生物、化学及易燃易爆物品的种类、性质、数量、危险性和应对措施及处置药品的名称、产地和储备等内容报学校消防机构备案。

第四十一条　校内消防安全重点单位应当按照灭火和应急疏散预案每半年至少组织一次消防演练，并结合实际，不断完善预案。

消防演练应当设置明显标识并事先告知演练范围内的人员，避免意外事故发生。

第七章　消防经费

第四十二条　学校应当将消防经费纳入学校年度经费预算，保证消防经费投入，保障消防工作的需要。

第四十三条　学校日常消防经费用于校内灭火器材的配置、维修、更新，灭火和应急疏散预案的备用设施、材料，以及消防宣传教育、培训等，保证学校消防工作正常开展。

第四十四条　学校安排专项经费，用于解决火灾隐患，维修、检测、改造消防专用给水管网、消防专用供水系统、灭火系统、自动报警系统、防排烟系统、消防通讯系统、消防监控系统等消防设施。

第四十五条　消防经费使用坚持专款专用、统筹兼顾、保证重点、勤俭节约的原则。

任何单位和个人不得挤占、挪用消防经费。

第八章　奖　惩

第四十六条　学校应当将消防安全工作纳入校内评估考核内容，对在消防安全工作中成绩突出的单位和个人给予表彰奖励。

第四十七条　对未依法履行消防安全职责、违反消防安全管理制度、或者擅自挪用、损坏、破坏消防器材、设施等违反消防安全管理规定的，学校应当责令其限期整改，给予通报批评；对直接负责的主管人员和其他直接责任人员根据情节轻重给予警告等相应的处分。

前款涉及民事损失、损害的，有关责任单位和责任人应当依法承担民事责任。

第四十八条　学校违反消防安全管理规定或者发生重特大火灾的，除依据消防法的规定进行处罚外，教育行政部门应当取消其当年评优资格，并按照国家有关规定对有关主管人员和责任人员依法予以处分。

第九章　附　则

第四十九条　学校应当依据本规定，结合本校实际，制定本校消防安全管理办法。

高等学校以外的其他高等教育机构的消防安全管理，参照本规定执行。

第五十条　本规定所称学校二级单位，包括学院、系、处、所、中心等。

第五十一条　本规定自2010年1月1日起施行。

附录五　高等学校校园秩序管理若干规定

第一条　为了优化育人环境，加强高等学校校园管理，维护教学、科研、生活秩序和安定团结的局面，建立有利于培养社会主义现代化建设专门人才的校园秩序，制定本规定。

第二条　本规定所称的高等学校（以下简称“学校”）是指全日制普通高等学校和成人高等学校。本规定所称的师生员工是指学校的教师（包括外籍教师）、学生（包括外国在华留学生）、教育教学辅助人员、管理人员和工勤人员。

第三条　学校的师生员工以及其他到学校活动的人员都应当遵守本规定，维护宪法确立的根本制度和国家利益，维护学校的教学、科研秩序和生活秩序。

学校应当加强校园管理，采取措施，及时有效地预防和制止校园内的违反法律、法规、校规的活动。

第四条　学校应当尊重和维护师生员工的人身权利、政治权利、教育和受教育的权利以及法律规定的其他权利，不得限制、剥夺师生员工的权利。

第五条　进入学校的人员，必须持有本校的学生证、工作证、听课证或者学校颁发的其他进入学校的证章、证件。

未持有前款规定的证章、证件的国内人员进入学校，应当向门卫登记后进入学校。

第六条　国内新闻记者进入学校采访，必须持有记者证和采访介绍信，在通知学校有关机构后，方可进入学校采访。

外国新闻记者和港澳台新闻记者进入学校采访，必须持有学校所在省、自治区、直辖市人民政府外事机关或港澳台办的介绍信和记者证，并在进校采访前与学校外事机构联系，经许可后方可进入学校采访。

第七条　外国人、港澳台人员进入学校进行公务、业务活动，应当经过省、自治区、直辖市或者国务院有关部门同意并告知学校后，或按学术交流计划经学校主管领导研究同意后，方可进入学校。自行要求进入学校的外国人、港澳台人员，应当在学校外事部门或港澳台办批准后，方可进入学校。接受师生员工个人邀请进入学校探亲访友的外国人、港澳台人员，应当履行门卫登记手续后进入学校。

第八条　依照本规定第五条、第六条、第七条的规定进入学校的人员，应当遵守法律、法规、规章和学校的制度，不得从事与其身份不符的活动，不得危害校园治安。

对违反本规定第五条、第六条、第七条和本条前款规定的人员，师生员工有权向学校保卫机构报告，学校保卫机构可以要求其说明情况或者责令其离开学校。

第九条 学生一般不得在学生宿舍留宿校外人员，遇有特殊情况留宿校外人员，应当报请学校有关机构许可，并且进行留宿登记，留宿人离校应注销登记。不得在学生宿舍内留宿异性。

违反前款规定的，学校保卫机构可以责令留宿人离开学生宿舍。

第十条 告示、通知、启事、广告等，应当张贴在学校指定或者许可的地点。散发宣传品、印刷品应当经过学校有关机构同意。对于张贴、散发反对我国宪法确立的根本制度、损害由家利益或者侮辱诽谤他人的公开张贴物、宣传品和印刷品的当事者，由司法机关依法追究其法律责任。

第十一条 在校园设置临时或者永久建筑物以及安装音响、广播、电视设施，设置者、安装者应当报请学校有关机构审批，未经批准不得擅自设置、安装。

师生员工或者有关团体、组织使用学校的广播、电视设施，必须报请学校有关机构批准，禁止任何组织或者个人擅自使用学校广播、电视设施。

违反第一款、第二款、第三款规定的，学校有关机构可以劝其停止设置、安装或者停止活动，已经设置、安装的，学校有关机构可以拆除，或者责令设置者、安装者拆除。

第十二条 在校内举行集会、讲演等公共活动，组织者必须在七十二小时前向学校有关机构提出申请，申请中应当说明活动的目的、人数、时间、地点和负责人的姓名。学校有关机构应当最迟在举行时间的四小时前将许可或者不许可的决定通知组织者。逾期未通知的，视为许可。

集会、讲演等应符合我国的教育方针和相应的法规、规章，不得反对我国宪法确立的根本制度，不得干扰学校的教学、科研和生活秩序，不得损害国家财产和其他公民的权利。

第十三条 在校内组织讲座、报告等室内活动，组织者应当在七十二小时前向学校有关机构提出申请，申请中应当说明活动的内容、报告人和负责人的姓名。学校有关机构应当最迟在举行时间的四小时前将许可或者不许可的决定通知组织者。逾期未通知的，视为许可。

讲座、报告等不得反对我国宪法确立的根本制度，不得违反我国的教育方针，不得宣传封建迷信，不得进行宗教活动，不得干扰学校的教学、科研和生活秩序。

第十四条 师生员工应当严格按照学校的安排进行教学、科研、生活和其他活动，任何人都不得破坏学校的教学、科研和生活秩序，不得阻止他人根据学校的安排进行教学、科研、生活和其他活动。

禁止师生员工赌博、酗酒、打架斗殴以及其他干扰学校的教学、科研和生活秩序的行为。

第十五条 师生员工组织社会团体，应当按照《社会团体登记管理条例》的规定办理。成立校内非社会团体的组织，应当在成立前由其组织者报请学校有关机构批准，未经批准不得成立和开展活动。

校内非社会团体的组织和校内报刊必须遵守法律、法规、规章，贯彻我国的教育方针和遵守学校的制度，接受学校的管理，不得进行超出其宗旨的活动。

第十六条　违反本规定第十二条、第十三条、第十四条和第十五条的规定的，学校有关机构可以责令其组织者以及其他当事人立即停止活动。违反本规定第十二条第二款的规定，损害国家财产的，学校有关机构可以责令其赔偿损失。

第十七条　禁止无照人员在校园内经商。设在校园内的商业网点必须在指定地点经营。违反前款规定的，学校有关机构可以责令其停止经商活动或者离开校园。

第十八条　对违反本规定，经过劝告、制止仍不改正的师生员工，学校可视情节给予行政处分或者纪律处分；属于违反治安管理行为的，由公安机关依法处理；情节严重构成犯罪的，由司法机关处理。

师生员工对学校的处分不服的，可以向有关教育行政部门提出申诉，教育行政部门应当在接到申诉的三十日内作出处理决定。对违反本规定，经劝告、制止仍不改正的校外人员，由公安、司法机关根据情节依法处理。

第十九条　各高等学校可以根据本规定制定具体管理制度。

第二十条　本规定自发布之日起施行。

附录六
普通高等学校学生安全教育及管理暂行规定

第一章　总　则

第一条　为了加强高等学校管理，维护正常的教学和生活秩序，保障学生人身和财物的安全，促进身心健康发展，特制定本暂行规定。

第二条　高等学校学生安全教育及管理的主要任务是：宣传、贯彻国家有关安全管理工作的方针、政策、法律、法规，对学生实施安全教育及管理，妥善处理各类安全事故，引导学生健康成长。

第三条　高等学校学生安全教育及管理，要以预防为主，本着保护学生、教育先行、明确责任、教管结合、实事求是、妥善处理的原则，做好教育、管理和处理工作。

第四条　本暂行规定所称学生指在普通高等学校学习取得学籍的全日制学生，即按国家任务、用人单位委托培养、自费三种计划形式录取的学生。

第二章　安全教育

第五条　高等学校应将对学生进行安全教育作为一项经常性工作，列入学校工作的重要议事日程，加强领导。学校各部门和有关群众团体或组织要相互配合，积极开展安全教育，普及安全知识，增强学生的安全意识和法治观念，提高防范能力。

第六条　学生安全教育应根据不同专业及青年学生的特点，从学生入学到毕业，在各种教学活动和日常生活中，特别是节假日前适时进行，并善于利用发生的安全事故教育学生，防患于未然。学校应根据环境、季节及有关规律进行防盗、防火、防特、防病、防事故等方面的教育，并使之经常化、制度化。

第七条　高等学校对学生进行安全教育须注重心理疏导，加强思想政治工作，教育学生注意保持健康的心理状态，帮助学生克服因各种原因造成的心理障碍，把事故消除在萌芽状态。

第三章　安全管理

第八条　高等学校要做好学生日常安全管理工作，加强安全防范，建立和健全规章制度，严格管理。学校要把安全教育及管理工作纳入领导任期的责任目标，落实到年级班主任。学校应由一名校领导主要负责。

第九条　高等学校应确定学生安全教育及管理工作的主管部门，明确其职责，具体组织实施安全教育及其管理工作。各有关部门应分工协作，积极配合。

第十条　全体教职工要从关心学生、爱护学生出发，树立安全思想，努力做好本职工作和改善环境与条件，保护学生人身和财产安全。

第十一条　学生发生意外事故以及学生要求保护人身或财物安全等情况时，学校应迅速采取有效措施。

第十二条　学生必须严格遵守国家法律、法规和学校各项规章制度，注意自身的人身和财物安全，防止各种事故的发生。

第十三条　学生在日常教学及各项活动中，应遵守纪律和有关规定，听从指导，服从管理；在公共场所，要遵守社会公德，增强安全防范意识，提高自我保护能力。

第十四条　学生组织集体课外活动，须经学校同意，按学校规定进行。学校须认真进行安全审查，条件不具备时不得批准。

第十五条　学生应严格遵守宿舍管理的规定，自觉维护宿舍的安全与卫生，提高自我管理能力。

第十六条　发现刑事、治安案件或交通、灾害等事故，在场学生应保护现场，及时报告学校或公安部门并协助处理。在学校范围内的，学校应迅速采取措施，控制事态发展，减轻伤害和损失。

第四章　事故处理

第十七条　学生人身和财产发生一般伤害后，学校要及时调查处理，根据当事人或他人的过错，责令其赔偿损失，并给予批评教育或相应的行政、纪律处分。

在校园内，发生学生非正常死亡、重伤或被窃、失火等造成财产重大损失事故后，学校应迅速采取措施进行抢救、保护现场，同时加强思想政治工作，稳定情绪，恢复秩序，并协同地方有关部门妥善处理。

第十八条　学校对事故调查后认为涉及追究刑事责任的，要及时与公安部门联系，协助调查处理。

重大事故学校有关领导应亲自参与调查工作，并认真研究调查报告，及时处理。

第十九条　在安全管理或事故处理过程中，学校认为有必要需搜查学生住处，须报请公安部门依法进行。调查处理案件中要以事实为依据，不得逼供或诱供。

第二十条　重大事故发生后，学校应在一天内向所在省、自治区、直辖市有关主管部门报告，并及时通知学生家长。事故处理结束后一周内书面报告有关主管部门。

第二十一条　学生在教学、实习过程与日常生活中，因学校或有关单位责任发生死亡、重伤或残疾，由学校或有关单位承担责任，做好处理及善后工作。

在教学、实习过程与日常生活中，学生因不遵守纪律或不按要求活动而发生意外事故，学校不承担责任。

第二十二条　因忽视安全生产、管理不善；工作不负责任，违章指挥；玩忽职守，徇私舞弊等对学生造成严重的人身、财物损害的，由其所在单位或上级主管部门，视具体情况对有关责任人员分别给予责令检查、赔偿损失、行政处分，直至依法追究刑事责任。

第二十三条　学生未经批准擅自离校不归发生意外事故的，学校不承担责任。对擅自离校不归，学校不知去向的学生，学校应及时寻找并报告当地公安部门，及时通知学生家长。半月不归且未说明原因者，学校可张榜公布，按自动退学除名。

第二十四条　学生假期或办理离校手续后发生意外事故的，学校不承担责任。

第二十五条　在校内正常生活及由学校在校外组织的活动中，由于不能避免的原因或自然灾害而发生的事故，由学校视具体情况处理。

第二十六条　有条件的高等学校可为学生办理人身保险。

第二十七条　凡经学校指定的专业医院确诊为精神病、癫痫病患者的学生，应予退学，由其监护人负责领回。学生及其监护人不得无理纠缠，扰乱学校教学、生活秩序。

第二十八条　因事故伤残的学生，经治疗后病情稳定，学校认为生活能自理，能坚持在校学习，可留校继续学习；不能坚持在校学习者，应予退学，由学校按其实际学习年限发给肄业证书，并根据事故性质和伤残程度一次性给予适当经济补助。退学学生回其监护人所在地，当地民政等有关部门应协助做好接收、落户等工作，由当地劳动部门按照国家关于残疾人劳动就业有关规定安置。

第二十九条　学生因病死亡和责任不由学校承担的意外死亡，学校不承担丧葬费。如家庭确有困难者，学校可酌情予以一次性经济补助。

第三十条　因责任不在本人的意外死亡学生，由学校或有关单位参照国家关于事业单位职工死亡丧葬有关规定处理，负担丧葬费的全部，学校可一次性给予适当经济补助。

无论何种情况（事故）给予的经济补助，一般不超过国家规定的学生在校期间（以四年计）的平均奖学金数。

凡是事故责任由学校以外的其他单位、个人承担的，学校不再给予经济补助。

第三十一条　因保护国家财产和他人人身安全，见义勇为而致残或英勇牺牲的学生，学校应报请所在省、自治区、直辖市人民政府授予荣誉称号，并给予相应的待遇。

第三十二条　对事故处理不服或持有异议者，可向学校或学校上一级部门申诉，或者依法向人民法院提起民事诉讼。

第五章　附　则

第三十三条　普通高等学校研究生事故处理，参照本办法执行。

第三十四条　本暂行规定结合《普通高等学校学生管理规定》《高等学校校园秩序管理若干规定》执行。

第三十五条　各省、自治区、直辖市教育行政部门和各高等学校可根据本暂行规定制定实施细则。

第三十六条　本暂行规定由教育部解释。

第三十七条　本暂行规定自发布之日起试行。

附录七　学生伤害事故处理办法

第一章　总　则

第一条　为积极预防、妥善处理在校学生伤害事故，保护学生、学校的合法权益，根据《中华人民共和国教育法》《中华人民共和国未成年人保护法》和其他相关法律、行政法规及有关规定，制定本办法。

第二条　在学校实施的教育教学活动或者学校组织的校外活动中，以及在学校负有管理责任的校舍、场地、其他教育教学设施、生活设施内发生的，造成在校学生人身损害后果的事故的处理，适用本办法。

第三条　学生伤害事故应当遵循依法、客观公正、合理适当的原则，及时、妥善地处理。

第四条　学校的举办者应当提供符合安全标准的校舍、场地、其他教育教学设施和生活设施。

教育行政部门应当加强学校安全工作，指导学校落实预防学生伤害事故的措施，指导、协助学校妥善处理学生伤害事故，维护学校正常的教育教学秩序。

第五条　学校应当对在校学生进行必要的安全教育和自护自救教育；应当按照规定，建立健全安全制度，采取相应的管理措施，预防和消除教育教学环境中存在的安全隐患；当发生伤害事故时，应当及时采取措施救助受伤害学生。

学校对学生进行安全教育、管理和保护，应当针对学生年龄、认知能力和法律行为能力的不同，采用相应的内容和预防措施。

第六条　学生应当遵守学校的规章制度和纪律；在不同的受教育阶段，应当根据自身的年龄、认知能力和法律行为能力，避免和消除相应的危险。

第七条　未成年学生的父母或者其他监护人（以下称为监护人）应当依法履行监护职责，配合学校对学生进行安全教育、管理和保护工作。

学校对未成年学生不承担监护职责，但法律有规定的或者学校依法接受委托承担相应监护职责的情形除外。

第二章　事故与责任

第八条　学生伤害事故的责任，应当根据相关当事人的行为与损害后果之间的因果关系依法确定。

因学校、学生或者其他相关当事人的过错造成的学生伤害事故，相关当事人应当根据其行为过错程度的比例及其与损害后果之间的因果关系承担相应的责任。当事人的行为是损害后果发生的主要原因，应当承担主要责任；当事人的行为是损害后果发生的非主要原因，承担相应的责任。

第九条　因下列情形之一造成的学生伤害事故，学校应当依法承担相应的责任：

（一）学校的校舍、场地、其他公共设施，以及学校提供给学生使用的学具、教育教学和生活设施、设备不符合国家规定的标准，或者有明显不安全因素的；

（二）学校的安全保卫、消防、设施设备管理等安全管理制度有明显疏漏，或者管理混乱，存在重大安全隐患，而未及时采取措施的；

（三）学校向学生提供的药品、食品、饮用水等不符合国家或者行业的有关标准、要求的；

（四）学校组织学生参加教育教学活动或者校外活动，未对学生进行相应的安全教育，并未在可预见的范围内采取必要的安全措施的；

（五）学校知道教师或者其他工作人员患有不适宜担任教育教学工作的疾病，但未采取必要措施的；

（六）学校违反有关规定，组织或者安排未成年学生从事不宜未成年人参加的劳动、体育运动或者其他活动的；

（七）学生有特异体质或者特定疾病，不宜参加某种教育教学活动，学校知道或者应当知道，但未予以必要的注意的；

（八）学生在校期间突发疾病或者受到伤害，学校发现，但未根据实际情况及时采取相应措施，导致不良后果加重的；

（九）学校教师或者其他工作人员体罚或者变相体罚学生，或者在履行职责过程中违反工作要求、操作规程、职业道德或者其他有关规定的；

（十）学校教师或者其他工作人员在负有组织、管理未成年学生的职责期间，发现学生行为具有危险性，但未进行必要的管理、告诫或者制止的；

（十一）对未成年学生擅自离校等与学生人身安全直接相关的信息，学校发现或者知道，但未及时告知未成年学生的监护人，导致未成年学生因脱离监护人的保护而发生伤害的；

（十二）学校有未依法履行职责的其他情形的。

第十条　学生或者未成年学生监护人由于过错，有下列情形之一，造成学生伤害事故，应当依法承担相应的责任：

（一）学生违反法律法规的规定，违反社会公共行为准则、学校的规章制度或者纪律，实施按其年龄和认知能力应当知道具有危险或者可能危及他人的行为的；

（二）学生行为具有危险性，学校、教师已经告诫、纠正，但学生不听劝阻、拒不改正的；

（三）学生或者其监护人知道学生有特异体质，或者患有特定疾病，但未告知学校的；

（四）未成年学生的身体状况、行为、情绪等有异常情况，监护人知道或者已被学校告知，但未履行相应监护职责的；

（五）学生或者未成年学生监护人有其他过错的。

第十一条 学校安排学生参加活动，因提供场地、设备、交通工具、食品及其他消费与服务的经营者，或者学校以外的活动组织者的过错造成的学生伤害事故，有过错的当事人应当依法承担相应的责任。

第十二条 因下列情形之一造成的学生伤害事故，学校已履行了相应职责，行为并无不当的，无法律责任：

（一）地震、雷击、台风、洪水等不可抗的自然因素造成的；

（二）来自学校外部的突发性、偶发性侵害造成的；

（三）学生有特异体质、特定疾病或者异常心理状态，学校不知道或者难于知道的；

（四）学生自杀、自伤的；

（五）在对抗性或者具有风险性的体育竞赛活动中发生意外伤害的；

（六）其他意外因素造成的。

第十三条 下列情形下发生的造成学生人身损害后果的事故，学校行为并无不当的，不承担事故责任；事故责任应当按有关法律法规或者其他有关规定认定：

（一）在学生自行上学、放学、返校、离校途中发生的；

（二）在学生自行外出或者擅自离校期间发生的；

（三）在放学后、节假日或者假期等学校工作时间以外，学生自行滞留学校或者自行到校发生的；

（四）其他在学校管理职责范围外发生的。

第十四条 因学校教师或者其他工作人员与其职务无关的个人行为，或者因学生、教师及其他个人故意实施的违法犯罪行为，造成学生人身损害的，由致害人依法承担相应的责任。

第三章 事故处理程序

第十五条 发生学生伤害事故，学校应当及时救助受伤害学生，并应当及时告知未成年学生的监护人；有条件的，应当采取紧急救援等方式救助。

第十六条 发生学生伤害事故，情形严重的，学校应当及时向主管教育行政部门及有关部门报告；属于重大伤亡事故的，教育行政部门应当按照有关规定及时向同级人民政府和上一级教育行政部门报告。

第十七条　学校的主管教育行政部门应学校要求或者认为必要，可以指导、协助学校进行事故的处理工作，尽快恢复学校正常的教育教学秩序。

第十八条　发生学生伤害事故，学校与受伤害学生或者学生家长可以通过协商方式解决；双方自愿，可以书面请求主管教育行政部门进行调解。成年学生或者未成年学生的监护人也可以依法直接提起诉讼。

第十九条　教育行政部门收到调解申请，认为必要的，可以指定专门人员进行调解，并应当在受理申请之日起60日内完成调解。

第二十条　经教育行政部门调解，双方就事故处理达成一致意见的，应当在调解人员的见证下签订调解协议，结束调解；在调解期限内，双方不能达成一致意见，或者调解过程中一方提起诉讼，人民法院已经受理的，应当终止调解。调解结束或者终止，教育行政部门应当书面通知当事人。

第二十一条　对经调解达成的协议，一方当事人不履行或者反悔的，双方可以依法提起诉讼。

第二十二条　事故处理结束，学校应当将事故处理结果书面报告主管的教育行政部门；重大伤亡事故的处理结果，学校主管的教育行政部门应当向同级人民政府和上一级教育行政部门报告。

第四章　事故损害的赔偿

第二十三条　对发生学生伤害事故负有责任的组织或者个人，应当按照法律法规的有关规定，承担相应的损害赔偿责任。

第二十四条　学生伤害事故赔偿的范围与标准，按照有关行政法规、地方性法规或者最高人民法院司法解释中的有关规定确定。教育行政部门进行调解时，认为学校有责任的，可以依照有关法律法规及国家有关规定，提出相应的调解方案。

第二十五条　对受伤害学生的伤残程度存在争议的，可以委托当地具有相应鉴定资格的医院或者有关机构，依据国家规定的人体伤残标准进行鉴定。

第二十六条　学校对学生伤害事故负有责任的，根据责任大小，适当予以经济赔偿，但不承担解决户口、住房、就业等与救助受伤害学生、赔偿相应经济损失无直接关系的其他事项。学校无责任的，如果有条件，可以根据实际情况，本着自愿和可能的原则，对受伤害学生给予适当的帮助。

第二十七条　因学校教师或者其他工作人员在履行职务中的故意或者重大过失造成的学生伤害事故，学校予以赔偿后，可以向有关责任人员追偿。

第二十八条　未成年学生对学生伤害事故负有责任的，由其监护人依法承担相应的赔偿责任。学生的行为侵害学校教师及其他工作人员以及其他组织、个人的合法权益，造成损失的，成年学生或者未成年学生的监护人应当依法予以赔偿。

第二十九条 根据双方达成的协议、经调解形成的协议或者人民法院的生效判决，应当由学校负担的赔偿金，学校应当负责筹措；学校无力完全筹措的，由学校的主管部门或者举办者协助筹措。

第三十条 县级以上人民政府教育行政部门或者学校举办者有条件的，可以通过设立学生伤害赔偿准备金等多种形式，依法筹措伤害赔偿金。

第三十一条 学校有条件的，应当依据保险法的有关规定，参加学校责任保险。

教育行政部门可以根据实际情况，鼓励中小学参加学校责任保险。

提倡学生自愿参加意外伤害保险。在尊重学生意愿的前提下，学校可以为学生参加意外伤害保险创造便利条件，但不得从中收取任何费用。

第五章 事故责任者的处理

第三十二条 发生学生伤害事故，学校负有责任且情节严重的，教育行政部门应当根据有关规定，对学校的直接负责的主管人员和其他直接责任人员，分别给予相应的行政处分；有关责任人的行为触犯刑律的，应当移送司法机关依法追究刑事责任。

第三十三条 学校管理混乱，存在重大安全隐患的，主管的教育行政部门或者其他有关部门应当责令其限期整顿；对情节严重或者拒不改正的，应当依据法律法规的有关规定，给予相应的行政处罚。

第三十四条 教育行政部门未履行相应职责，对学生伤害事故的发生负有责任的，由有关部门对直接负责的主管人员和其他直接责任人员分别给予相应的行政处分；有关责任人的行为触犯刑律的，应当移送司法机关依法追究刑事责任。

第三十五条 违反学校纪律，对造成学生伤害事故负有责任的学生，学校可以给予相应的处分；触犯刑律的，由司法机关依法追究刑事责任。

第三十六条 受伤害学生的监护人、亲属或者其他有关人员，在事故处理过程中无理取闹，扰乱学校正常教育教学秩序，或者侵犯学校、学校教师或者其他工作人员的合法权益的，学校应当报告公安机关依法处理；造成损失的，可以依法要求赔偿。

第六章、附则

第三十七条 本办法所称学校，是指国家或者社会力量举办的全日制的中小学（含特殊教育学校）、各类中等职业学校、高等学校。

本办法所称学生是指在上述学校中全日制就读的受教育者。

第三十八条 幼儿园发生的幼儿伤害事故，应当根据幼儿为完全无行为能力人的特点，参照本办法处理。

第三十九条 其他教育机构发生的学生伤害事故，参照本办法处理。

在学校注册的其他受教育者在学校管理范围内发生的伤害事故，参照本办法处理。

第四十条　本办法自2002年9月1日起实施，原国家教委、教育部颁布的与学生人身安全事故处理有关的规定，与本办法不符的，以本办法为准。

在本办法实施之前已处理完毕的学生伤害事故不再重新处理。

附录八 防范电信网络诈骗宣传手册

国家反诈中心提醒

1.凡是“不要求资质”，且放款前要先交费的网贷平台，都是诈骗！
2.凡是刷单，都是诈骗！
3.凡是通过网络交友，诱导你进行投资或赌博的，都是诈骗！
4.凡是网上购物遇到自称客服说要退款，索要银行卡号和验证码的，都是诈骗！
5.凡是自称“领导”“熟人”要求汇款的，都是诈骗！
6.凡是自称“公检法”让你汇款到“安全账户”的，都是诈骗！
7.凡是通过社交平台添加微信、QQ拉你入群，让你下载APP或者点击链接进行投资、赌博的，都是诈骗！
8.凡是通知中奖、领奖，让你先交钱的，都是诈骗！
9.凡是声称“根据国家相关政策需要配合注销账号，否则影响个人征信的”，都是诈骗！
10.凡是非官方买卖游戏装备或者游戏币的，都是诈骗！

诈骗手法千变万化，但万变不离其宗。要牢记“三不一多”原则：

未知链接不点击　　陌生来电不轻信
个人信息不透漏　　转账汇款多核实

网络贷款诈骗 1

易受骗群体

无业、个体等有贷款需求的人群。

作案手法

第一步：

骗子会以“无抵押”“无担保”“秒到账”“不查征信”等幌子，吸引你下载虚假贷款APP或登录虚假贷款网站。

第二步：

让你以“手续费、刷流水、保证金、解冻费”等名义先交纳各种费用。

第三步：

当骗子收到你转的钱，便会关闭诈骗APP或网站，并将你拉黑。

网络贷款诈骗 1

典型案例

2020年11月27日，马某接到一自称某贷款平台客服的陌生电话，对方以**无需征信、无需抵押、快速放款**为由，诱骗马某添加客服QQ，并下载“某某E贷”APP。马某在该APP申请5万贷款额度后却无法提现，对方谎称马某银行卡号填写有误，导致账号被冻结，需要交纳**解冻费**才可提现，同时承诺解冻后交纳的解冻费会全额退还给马某。马某因急于贷款，遂按要求向对方转账5000元解冻费，却还是无法提现，对方又以验证还款能力、刷流水等理由，陆续要求马某多次向对方账户转账**共计8万余元**，后将马某拉黑。

国家反诈中心提醒

办理贷款一定要到正规的金融机构办理，正规贷款在放款之前不收取任何费用。

切记：任何网络贷款，凡是在放款之前，以交纳“手续费、保证金、解冻费”等名义要求转款刷流水、验证还款能力的，都是诈骗。

刷单返利诈骗

易受骗群体

学生群体、待业群体等。

作案手法

第一步：

骗子通过网页、招聘平台、QQ、微信等发布兼职信息，招募人员进行网络兼职刷单，承诺在交易后立即返还购物费用并额外提成，并以“零投入”“无风险”“日清日结”等方式诱骗你。

第二步：

刷第一单时，骗子会小额返款让你尝到甜头，当你刷单交易额变大后，骗子就会以各种理由拒不返款，并将你拉黑。

刷单返利诈骗

典型案例

张某是某高校大二**学生**。一日，张某在QQ群看见一条招聘网络兼职的信息，称有一份兼职刷单赚取佣金的工作，并且留下了QQ号，通过QQ与“客服人员”联系后接到了第一笔刷单任务。对方给了张某一个某知名购物网站的**购买链接**，要求加入购物车、不付款，直接截图。张同学发送购物截图后，对方发给张某一个**支付宝二维码**，让其扫码支付。张某支付完后，对方通过支付宝返还了本金和“佣金”。随后，张某按照对方的指令继续刷单，连续刷了5单之后，张某不但没有收到“佣金”，连本金的**5万元**都没有收回。

国家反诈中心提醒

骗子往往以兼职刷单名义，先以小额返利为诱饵，诱骗你投入大量资金后，再把你拉黑。

切记：所有刷单都是诈骗，千万不要被蝇头小利迷惑，千万不要交纳任何保证金和押金。

“杀猪盘”诈骗

易受骗群体

大龄未婚、离异单身男女，女性被骗比例较高。

作案手法

第一步：

“寻猪”。骗子伪装为成功人士，通过婚恋网站、网络社交工具寻觅、物色诈骗对象，与你聊天交友，确定男女朋友、婚恋关系，甚至远程下单赠送昂贵礼品，取得信任。

第二步：

“诱猪”。骗子推荐博彩网站、赌博APP，谎称系统存在漏洞、有内幕消息、有专业导师团队等，只要投注就能稳赚不赔，甚至先提供一个账号让你帮忙管理，进行体验，从而诱导你投注。

第三步：

“养猪”。当你少量投注时，回报率很高，提现很快，让你逐渐产生贪婪的欲望，继续加大投注金额。

第四步：

“杀猪”。在你投入大额资金后，发现网站、APP账户里的资金无法提现，或在投注过程中，全部输掉。此时，才发现对方已将自己拉黑。

“杀猪盘”诈骗 3

典型案例

阿芬（女，40岁，大学专科学历，财务咨询公司员工），通过某交友软件认识了**一名男子**，双方聊得很投机，便互相加了微信，对方还远程下单给阿芬送鲜花、定外卖。聊了20多天之后，对方发来一个网址，告诉阿芬这是一个**博彩网站**，能通过后台操作赚汇率的差价。一开始男子让阿芬操作自己的账号来玩，但是每次在网站内买大或者买小都提前告知阿芬。头几天，阿芬操作账户都是赢钱的，几天之后阿芬自己也开通了账户，向客服发送的银行卡号充值了3万元，不但赢利，还能提现。在相信了对方后，阿芬陆续给对方的“某某网络科技有限公司、某某小妹广告制作部”等账户**充值了276万元**，等再要提现时，才发现网站无法登陆，微信被**拉黑**，共计被骗276万元。

国家反诈中心提醒

素未谋面的网友、网恋对象推荐你网上投资理财、炒数字货币(虚拟币)、网购彩票、博彩赚钱的都是骗子。你当他（她）是神，他（她）当你是猪。

切记：始于网恋，终于诈骗，网友教你投资理财的都是诈骗。

冒充电商物流客服诈骗

易受骗群体

经常进行网上购物的群体。

作案手法

第一步：

骗子冒充购物网站客服工作人员给你打电话，说出通过非法渠道获取的你的购物信息和个人信息，谎称你购买的产品质量有问题，需要给你进行退款赔偿。

第二步：

诱导你在虚假的退款理赔网页填入自己的银行卡号、手机号、验证码等信息，从而将你银行卡内的钱款转走，或者是利用你对支付宝、微信等支付工具中借款功能的不熟悉，诱导你从中借款，然后转给骗子。

冒充电商物流客服诈骗

典型案例

2020年11月，市民王小姐接到电话，称其在网上购买的奶瓶**有质量问题要给其退款**，王小姐加了对方QQ后，对方发来一条**链接**，点开后页面显示为退款中心，并要求填写**身份证号、银行卡号、预留手机号、余额等信息**，在填完相关信息后，骗子跟王小姐索要手机收到的验证码，王小姐在提供验证码后发现**银行卡内钱款被划走**。

国家反诈中心提醒

当有网络卖家或者客服主动联系为你办理退货退款时，一定要小心。

切记：正规网络商家退货退款无需事前支付费用，请登录官方购物网站办理退货退款，切勿轻信他人提供的网址、链接。

5 冒充熟人或领导作骗

易受骗群体

行政单位、企事业人员等群体。

作案手法

第一步：

“领导”主动添加好友。骗子通过非法渠道获取你的手机通讯录和相关信息，冒充相关“领导”通过微信或QQ添加你为好友。

第二步：

“暖心关怀”骗取信任。骗子用关心下属的口吻，降低你的戒备之心，甚至还会主动提出帮助你解决困难，让你对个人事业发展浮想联翩。.

第三步：

花式理由要求转账。当你感觉与“领导”更亲近时，骗子趁势而为，向你提出转账汇款的要求，转账理由多种多样，比如借钱、送礼、请客等。

冒充熟人或领导诈骗 5

典型案例

某日，赵先生的微信上收到了一条好友验证，**备注是公司李经理**的名字，通过验证后，“李经理”称该微信是他的私人微信，可多沟通联系。几天后，“李经理”发微信给赵先生说**一位领导找自己借钱**，要立即将10万元钱转给领导，为避免“麻烦”，自己要将**10万元先转给赵先生**，让赵先生帮忙转给领导。在“李经理”不断催促下，赵先生没多考虑就在未收到“李经理”转账的情况下按照其提供的银行卡账号向那位“领导”**转账10万元**。晚上11时许，赵先生发现“李经理”转给自己的10万元依然没有到账，于是电话联系李经理，李经理告知**根本就没有这回事**，赵先生才意识到被骗。

国家反诈中心提醒

如遇到自称领导通过微信、QQ等添加好友，并要求转账汇款时一定要提高警惕。

切记：凡接到领导要求转账汇款或借钱的要求时，务必通过电话或当面核实确认后再进行操作。

冒充“公检法”诈骗 6

易受骗群体

防范意识较差的各个群体，女性和老人被骗的概率更高。

作案手法

第一步：

骗子通过非法渠道获取你的个人身份等信息，冒充公检法工作人员给你打电话。

第二步：

编造你涉嫌银行卡洗钱、拐卖儿童犯罪等理由，同步发送伪造的公检法官网通知、通缉令、财产冻结书等，对你进行威逼、恐吓，以使你相信和就范。

第三步：

诱导你去宾馆等独立空间进行深度洗脑，以帮助你洗脱罪名为由，要求你将名下账户所有钱款转账至所谓的“安全账户”，从而达到诈骗目的。

6 冒充“公检法”诈骗

典型案例

某日，市民李女士接到**自称市公安局**的林警官打来的电话，称其涉嫌诈骗并准确说出其身份信息，要求添加李女士QQ进行调查。骗子将所谓的**“通缉令”**发给了李女士，期间不断恐吓李女士**“态度要好、要保密！”**，不能告诉任何人。接下来骗子要求李女士把手机调成飞行模式，找到一家宾馆，连上WIFI，按照对方指示将银行卡内**30多万元**全部转到指定的“安全账户”。三天后，当李女士再联系对方时，发现已经被对方**拉黑**，而拨打电话过去，对方的电话已无法接通，李女士这才意识到自己被骗。

国家反诈中心提醒

公检法机关会当面向涉案人出示证件或法律文书，绝对不会通过网络点对点地给违法犯罪当事人发送通缉令、拘留证、逮捕证等法律文书。

切记：公检法机关绝对不会通过电话、QQ、传真等形式办案，也没有所谓的“安全账户”，更不会让你远程转账汇款。

虚假投资理财诈骗

易受骗群体

热衷于投资、炒股的群体。

作案手法

第一步：

骗子通过网络社交工具、短信、网页发布推广股票、外汇、期货、虚拟货币等投资理财的信息。

第二步：

在与你取得联系后，通过聊天交流投资经验、拉入“投资”群聊、听取“投资专家”“导师”直播课等多种方式，以有内幕消息、掌握漏洞、回报丰厚等谎言取得你的信任。

第三步：

诱导你在其提供的虚假网站、APP投资，初步小额投资试水，回报利润很高，取得进一步信任，诱导你加大投入。

第四步：

当你在投入大量资金后，发现无法提现或全部亏损，与对方交涉时，发现被拉黑，或者投资理财网站、APP无法登录。

虚假投资理财诈骗

典型案例

陈某在网上看到一篇关于炒股的文章，感觉写得很好，就添加了文章里发布的微信，对方将陈某拉入一个**炒股群**。一个“股票导师”在群里进行**荐股和行情分析**，陈某看了几天后，发现群里的人按照“股票导师”的分析都赚到钱了，就开始根据“股票导师”推荐的股去**购买**，跟了几次后确实赚到钱了，陈某便加大投入。在两周时间内，陈某陆续投入**620万元**，但在提现时发现无法成功，方知被骗。

国家反诈中心提醒

投资理财，请认准银行、有资质的证券公司等正规途径！切勿盲目相信所谓的“炒股专家”和“投资导师”。

切记：“有漏洞”“高回报”“有内幕”的炒虚拟币、炒股、打新股、炒黄金、炒期货、博彩网站等说法，都是诈骗。

8 虚假购物诈骗

易受骗群体

网购群体，特别是在网购平台、微信群、朋友圈等网络购物渠道淘货的人群。

作案手法

第一步：

骗子在微信群、朋友圈、网络购物交易平台上发布低价出售物品的信息。

第二步：

你发现低价销售的物品，与其聊天沟通时，对方要求你添加QQ、微信，私下转款，扫码交易。

第三步：

骗子会让你先转款但不发货，还会编造收取运费、货物被扣要交罚款、收取定金优先发货等理由，一步步诱骗你转账汇款，随后把你拉黑。

虚假购物诈骗 8

典型案例

于某在某二手购物平台浏览时，发现有一款自己**“心仪已久”的九成新手表**，价格远低于同类商品，遂添加对方QQ取得联系。在一番讨价还价后达成共识，但对方要求**不能在平台付款**，要通过对方在QQ上发来的**二维码**扫码付款。于某急于得到心仪的手表，遂通过对方在QQ上发来的二维码扫码支付货款3.5万元，后被对方**拉黑**，遂报警。

国家反诈中心提醒

通过微商、微信群交易时，一定要详细了解商家真实信息，确定商品的真实性，多方面综合评估。交易时最好有第三方做担保。

切记：网购时一定要选择正规的购物平台，对异常低价的商品要提高警惕。

注销“校园贷”诈骗 9

易受骗群体

各类院校学生等群体。

作案手法

第一步：

骗子冒充网贷、互联网金融平台工作人员，称你之前开通过校园贷、助学贷等。

第二步：

骗子以不符合当前政策，需要消除校园贷记录，或者校园贷账号异常需要注销，如不注销会影响个人征信等为由，骗取你信任。

第三步：

诱骗你在正规网贷网站或互联网金融APP上贷款后，转至其提供的账户上，从而骗取钱财。

注销“校园贷”诈骗 9

典型案例

某日，小安突然接到一个自称是**“某贷款公司客服”**的电话，对方称小安在大学期间借的一笔**8000元“校园贷”**未还，现在国家正在大力整治校园贷款，如果小安再不还，将影响到个人征信。在对方的诱导下，小安向多个APP申请了贷款，最终申请到**总计1万元**的贷款并将贷款转到对方账户里。随后**无法联系对方**，发现自己被骗。

国家反诈中心提醒

不要轻信陌生人声称你之前有“校园贷”行为，更不要对“征信会受影响”信以为真。

切记：如遇以“校园贷”为借口要求转账，都是诈骗。

网络游戏虚假交易诈骗 10

易受骗群体

喜爱网络游戏的群体。

作案手法

第一步：

骗子在社交平台发布买卖游戏装备、游戏账号的广告信息。

第二步：

诱导你在虚假游戏交易平台进行交易，让你以“注册费、押金、解冻费”等名义支付各种费用。

第三步：

当你支付大额费用后，再联系对方时，才发现已被对方拉黑。

网络游戏虚假交易诈骗 10

典型案例

毛某在玩手机游戏时，突然从窗口弹出“**低价出售游戏装备**”的消息，添加对方QQ号后，对方让毛某充值200元注册账号，毛某向对方提供的账号转账成功后，对方又让毛某再次**充值1200元**作为开通账号的押金，随后，对方对毛某说：“你现在可以用你自己注册的**账户登录**了。”在登录时突然弹出一个窗口“您的个人信息出现问题，账号被冻结”，毛某看了便立刻联系了对方，对方说：“先生，您的账户确实已被**冻结**了，现在您需要**充值6600元**才能将账号解冻。”毛某听了后，立马按照对方的提示把钱打了过去，转账成功后，毛某立马联系了对方，但这时对方已将毛某**拉黑**了。毛某这才发现自己被骗，立马报警。

国家反诈中心提醒

当在网络游戏充值、账号买卖时，一定要小心！诈骗分子会以低价充值、高价回收为由，引诱你在对方提供的虚假链接内进行交易。

切记：买卖游戏币、游戏点卡，请通过正规网站操作，一切私下交易均存在被骗风险。